당신은 신(神)을 만나 보았는가?

전쟁의 서막

신과의
만남 下

────── 당신은 신(神)을 만나 보았는가? ──────

전쟁의 서막

신과의
만남 ⑤

진상현 지음

지식공감

──────── 상편 ────────

──────── 하편 ────────

하편
목차

제42장

영계(靈界)

　나의 영혼(靈魂)이 쓴 영적 면류관의 도움으로 신계나 영계 또는 사후세계를 마음대로 다녀올 수 있었지만, 영체를 가진 영혼이 보거나 들을 수 있도록 전환된 영역들에 한정되어 다양하고 많은 장면들을 정확하게 묘사할 수 없는 점을 양해하여 주기 바란다.

　그러나 내가 사후세계와 영계를 여행하면서 경험한 내용과 각종 매체나 종교 단체에서 등장하는 사람들이 경험했다는 사후세계와 영계의 모습, 특히 천국과 지옥의 모습, 그리고 신에 대하여 기술한 내용들을 냉철한 이성으로 비교하여 주길 바란다.

　매체나 일부 종교 단체 등에서 거짓 증언으로 자신이 직접 사후세계와 영계을 여행하고 신을 만났다고 주장하는 거짓 증언자들은 죽음을 맞이한 후에는 운명의 약속을 어긴 자살자와는 비교할 수 없을 정도의 영적 고통을 영계의 '영적정화소'에서 받게 된다는 사실을 알고 있기를 바란다.

현세계에서 신을 이용하여 호의호식하다가 사망한 사이비 종교가들과 거짓된 증언으로 신을 모독한 위증자들이 현세계에 살아 있었을 때 본인들의 주장처럼 단 한 번만이라도 사후세계 또는 영계를 다녀왔더라면 자신을 위한 권력이나 재물을 쌓기 위한 노력을 절대 하지 않을 것이다.

나는 진짜 사후세계를 다녀온 사람들이나 사후세계나 영계를 다녀온 영능력자들이 스스로 심성(心性)이 매우 착해지는 사유가 바로 죽음 너머에 발생하고 있는 진실을 보고 알았기 때문이라고 생각한다.

지금부터 내가 들려주는 이야기에서 나오는 환경들은 묘사하기에 많은 제약들이 있다는 사실을 인식하고 구체적 묘사보다는 내용 위주로 이해하여 주길 바란다.

파트라슈, 진돌이와 함께 영계(靈界)에 도착한 나는 알 수 없는 찬란함과 함께 우리 셋 이외에는 하늘과 땅도 없을 뿐만 아니라 아무것도 존재하지 않는 장소에 도착했다.

삼계(三界)의 대화법

현세계(現世界)에서의 대화법

물질세계가 지배하는 현세계에 살고 있는 사람들과의 대화에서는 물질세계를 통제하는 힘인 백(魄)의 역할이 매우 중요하다.

사람들은 입안에서 소리를 만들어 밖으로 내보내고, 밖에서 전달되는 소리를 귀로 들으면서 대화를 하게 되는 구조인데 입, 소리, 귀가 모두 물질이다.

사후세계(死後世界)에서의 대화법

정신세계가 지배하는 사후세계에서 영혼들과의 대화는 정신세계를 통제하는 힘인 혼(魂)의 역할이 매우 중요하다.

사후세계에서는 기(氣)의 파장과 세기로 영혼들끼리 대화하게 되는데, 영혼이 전하고자 하는 의식을 영혼 안에 있는 생기에서 생성한 후에 파장을 맞추어 상대방 영혼에게 보내게 되면 상대방 영혼이, 의식이 내장된 기(氣)를 흡수하여 인식하는 방식이다.

대화할 영혼끼리 파장이 맞으면 완벽하고 정확한 대화가 가능하지만, 대화할 영혼끼리 파장을 맞추지 못하게 되면 대화가 이루어지지 않거나 왜곡된 내용이 전달될 수 있다.

그래서 간혹 사후세계에 거주하는 영혼들이나 영신(靈神)들에게 공수를 받은 무속인이나 예언을 받은 영능력자들이 부정확한 내용을 전하게 되는 사유도 이와 관련이 있다.

영계(靈界)에서의 대화법

영계는 물질세계나 정신세계로 운영되는 장소가 아닌 비물질세계로 구성된 장소이기 때문에 특별한 도움이 없이는 영체를 가진 사람들의 영이나 사후세계에 거주하는 영혼들이 마음대로 갈 수 있는 장소가 절대 아니다.

현세계에서 사후세계로 떠나는 죽음을 맞이할 때 물질세계를 통제하는 백(魄)이라는 힘이 상실되는 것처럼, 사후세계에서 영계로 진입할 때에는 영에게서 정신세계를 통제하는 혼(魂)이라는 힘이 상실되어, 영계는 비물질적세계를 통제하는 정(精)이라는 힘만 사용하는 장소이기 때문이다.

신을 만났다고 주장하는 많은 사람들이 간증하고 증언하고 있는 내용중에서 현세계 사람들의 삶의 형태와 비슷한 천국과 극락 또는 지옥 등은 무속령들이 지배하고 있는 사후세계 또는 종교령들이 지배하고 있는 영계라는 장소다.

종교령들이 지배하고 있는 천국과 극락 또는 지옥의 형태는 말로 설명하기 어려운 형태로, 영계에서는 정신세계를 통제하거나 만들어내는 혼(魂)이라는 힘과 물질세계를 통제하거나 만들어내는 백(魄)이라는 힘이 존재하지 않고, 오직 비물질세계를 통제하거나 만들어내는 정(精)이라는 힘만 존재하기 때문이다.

영계에서 영들과 대화를 할 때에는 전달하고자 하는 내용이 파장과 관계없이 즉시 다른 영에게 전달되는 형태로 대화가 이루어진다.

진돌이는 나에게 이 장소는 우리들이 일시적으로 영계에 거주하고 있었을 때 주변을 휘어잡고 다니면서 재미있게 지냈던 추억의 장소로 영들을 정화시키는 '영적정화소' 앞이라고 알려 주었다.

진돌이의 말이 끝나자마자 갑자기 칼을 들고 장군 복장을 한 두 명의 사람들이 내 의식 앞에 나타나 우리를 보고 정중한 인사를 하고는 다시 사라졌다.

나는 파트랴슈에게 지금 나타난 사람들은 누구인지를 물어보았고, 파트랴슈는 영계라는 장소는 각종 다양한 영들을 정화시키는 장소가 많이 있는데, 이 장소는 사람들의 영들을 정화시키는 장소이며, 방금 나타난 사람들은 이 장소를 지키고 있는 신장(神將)들이라고 말해주었다. 나는 신장(神將)들의 복장이 왜 고대 장군들의 복장을 하고 있는지 그리고 내 눈에 나타났다가 사라진 이유는 무엇인지를 파트랴슈에게 다시 물어보았다.

지금 나타난 신장(神將)들은 고대 시대를 마지막으로 현세계에 태어난 사람들로서 현세계와 사후세계에서 필요한 정보를 다 습득한 상태로 더 이상 윤회를 하고 있지 않으며, 마지막 장소인 영계에서 수천 년간 필요한 정보를 더 습득하게 되면 영을 깨뜨리고 신이 되어 신계로 되돌아가는 존재들이라고 대답했다.

그리고 몇천 년이 지난 후에 이 장소로 오게 되는 영들은 칼이 아닌 권총을 지니고 '영적정화소'를 지키고 있는 신장(神將)들의 모습을 보게 될 것 같다는 사실도 추가로 알려주었다.

또한 내 의식 앞에서 사라진 신장(神將)들은 다른 장소로 이동한 것이 아니라 아직도 내 의식 앞에 있다고 말하면서, 신장(神將)들이 나에게 인사하기 위하여 내 영혼이 볼 수 있는 영역 안에 잠시 들어왔다가, 다시 영계에 거주하는 영들만이 볼 수 있는 영역으로 이동했기 때문에 지금 내 의식에는 아무것도 보이지 않을 뿐이라고 알려주었다.

나는 과거 영계에서 신장(神將)들과 신병(神兵)들을 사열하고 있을 때나 신계에서 신전을 보았을 때도 하늘과 땅은 없었지만, 지금처럼 아무것도 없는 찬란한 상태가 아니었다고 말하자 진돌이가 그때에는 내 영혼에 씌어 있던 영적 면류관이 작동하여 잠시 확장된 의식의 영역을 만들었기 때문에 지금보다 많은 부분들을 볼 수 있었던 것이라고 말해주었다.

영적 면류관을 쓴 영혼이라고 해도 영계에 거주하는 영보다는 보고 들을 수 있는 영역이 낮다고 말해주었을 때, 나는 한글 2010으로 작성한 문서를 한글 97로 출력할 때와 영계에 거주하는 영이 아닌 영체를 벗어난 나의 영혼이 영계에서 보고 있는 현실과 비슷한 상황이라는 뜻으로 이해했다.

내 의식으로는 볼 수 없지만 나의 실수로 내 의식 앞에 있는 신장(神將)들이 들고 있던 칼에 내 영혼이 베이게 되면 큰일이라고 걱정하자 진돌이는 그런 상황은 절대로 발생하지 않을 것이라고 말했다.

현세계에 살고 있는 사람들이 사후세계에 존재하는 귀신들을 눈으로 볼 수 있어도 손으로 잡을 수 없는 것처럼, 물질세계의 물질은 정신세계의 영혼을 잡을 수 없고, 정신세계의 영혼은 비물질인 기(氣)세계인 영을 잡을 수 없다고 말했다.

비록 현세계, 사후세계, 영계나 신계 등이 한 공간에 존재하는 세계는 맞지만 차원이 다르기 때문에, 서로 겹쳐있다는 사유로 물리적 충돌을 하는 일은 절대 발생하지 않는다고 말했다. 또한 높은 차원에서 낮은 차원으로 영향력을 행사할 수 있지만, 낮은 차원에서 높은 차원으로는 영향력을 행사하기는 매우 힘들다는 점도 알려 주었다.

다시 말하면 신계는 기(氣)로 영계나 사후세계 또는 현세계를 지배하고, 영계도 기(氣)로 사후세계나 현세계를 지배하지만, 사후세계가 정신적인 힘인 혼(魂)으로 현세계에 있는 물질적인 힘인 백(魄)을 완벽하게 지배하기는 사실상 어려운 사유가 사후세계와 현세계는 사실상 대등한 차원이기 때문이라는 것이다.

예로 사후세계에 존재하는 정신적인 혼(魂)의 힘을 가진 귀신을 현세계에 살고 있는 사람들이 보았다고 해서 무조건 귀신을 섬기거나 귀신이 하는 말을 믿지 않는 것과 마찬가지라는 것이다.

이때 파트라슈가 진돌이가 설명하는 말을 막고, 잠재의식에 저장된 기억들은 영혼이 즉시 활용할 수 없다는 사실을 확인하게 되어 자신이 깜짝 놀라고 있다며, 내가 현세계에 환생하게 된 특정한 목적을 아직도 전혀 기억을 못 하고 있는지 나에게 물어보았고, 나는 전혀 기억나지 않는다고 대답했다.

파트라슈와 진돌이는 내가 현세계에 환생한 진짜 목적이 있으며, 그 목적을 달성하기 위해서는 윤회로 잠재의식에 숨겨놓았던 기본적인 사실을 다시 되살려야 한다며 내가 쓰고 있던 영적 면류관을 잡고 자신의 기(氣)를 넣어 주었다.

영적 면류관은 윙~~하는 소리와 함께 붉게 빛났으며, 영적 면류관에서 나오는 기(氣)는 다시 나의 영혼으로 흘러들어와 잠재의식 속에 숨겨 놓았던 기억들을 조금씩 꺼내놓고 있었다.

제43장

윤회(輪廻)

우리 몸이 살아 있는 세포로 구성된 세포 덩어리라고 가정한다면, 무의식의 원천인 범아신을 구성하고 있는 것은 생기(生氣) 덩어리로 모든 계(界)에 존재하고 있는 움직임이 전혀 없는 기(氣)를, 움직임이 있는 활동적인 기(氣)로 만들 수 있는 존재이다.

질병을 일으키는 원인이 바이러스라는 사실을 전혀 모르고 있었던 과거에 살고 있던 사람들은 질병에 걸리게 되면 신에게 기원하거나 비상식적인 방법으로 치료하려고 노력하였을 뿐, 바이러스를 찾아 관리하려는 노력은 생각조차 하지 못하고 있었다.

하지만 질병을 일으키는 존재가 바이러스라는 사실을 알게 된 현재에 살고 있는 사람들은 온갖 과학적 탐구와 방법을 동원하여 바이러스를 사람들의 통제하에 두려고 노력하고 있다. 왜냐하면 눈에 보이지 않는 몇 개의 치명적인 바이러스로 인하여 온 인류가 한 번에 멸망할 수 있다는 사실을 잘 알고 있기 때문이다.

범아신이 보는 현세계는 작은 바이러스와 같은 아주 미세한 장소이지만, 범아신에게 치명적인 결과를 일으킬 수 있는 장소도 되기 때문에 지속적으로 관찰하고 통제하려고 한다.

바이러스와 생기(生氣)의 공통점과 차이점

바이러스와 생기(生氣)의 공통점

첫째, 바이러스가 스스로 양분을 먹고, 에너지를 만드는 능력을 가지고 있듯이, 생기(生氣)도 스스로 성장하면서 에너지가 없는 기(氣)를 활동적인 에너지가 있는 기(氣)로 변형시킬 수 있는 능력을 가지고 있다.

둘째, 바이러스가 외부 반응에 적응하고 진화하는 능력을 가지고 있듯이, 생기(生氣)도 주변 환경에 적응하며 진화할 수 있는 능력을 가지고 있다.

바이러스와 생기(生氣)의 차이점

첫째, 바이러스 스스로는 자손을 생성하지 못함에도 불구하고 자신의 DNA를 복제하여 증식할 수 있지만, 생기(生氣)는 스스로 자손을 생성하거나 복제할 수 있는 능력이 없다.
생기(生氣)는 새로 태어나거나 없어지지 않는 영원불멸의 존재이다.

둘째, 바이러스는 사람의 몸에 들어오면 자신이 좋아하는 부위로 이동하여 정착할 수 있지만, 생기(生氣)는 범아신(凡我神)이 처음 바라본 영역의 현상계, 사후세계, 영계와 신계를 벗어날 수가 없으며, 무조건 모든 윤회를 모두 끝마친 후에야 비로소 범아계(凡我界)에 존재하는 범아신(凡我神)에게로 되돌아갈 수 있을 뿐이다.

범아신이 현세계를 통제하려고 관찰할 때, 범아신의 몸을 구성하고 있던 셀 수 없이 많은 생기가 범아신에게서 떨어져 나오면서, 범아신이 관찰한 현세계로 떨어지게 된다.

현세계 영역의 일부인 우리가 사는 우주 안으로 범아신으로부터 나온 생기가 떨어지는 순간, 생기를 두껍게 감싸 보호하는 영(靈)이 되어 바이러스, 세균 등 미생물로부터 고등 생물인 사람인 영체(靈體)에 장착되어 현세계, 사후세계와 영계를 끊임없이 윤회하면서 자신에게 필요한 정보를 습득하다가 마침내 생기를 감싸고 있던 영(靈)을 깨뜨리고 의식체를 가진 신(神)이 되어 신계로 되돌아간다.

수많은 윤회 과정에서 영으로 감싸진 생기는 현세계와 사후세계에서는 육체와 정신의 확장으로, 영계에서는 의식의 확장으로 발전된 영적 성장 과정을 계속해서 경험한다.

그 후 영을 깨트리고 의식체인 신이 되어 신계로 진입한 후에도, 신계에서 더욱 발전하고 성장된 셀 수 없이 많은 정보를 수집한 후에야 범아계에 있는 범아신의 일부로 되돌아가서 범아신이 필요로 했던 정보들을 제공하게 된다.

　사람들이 바이러스나 세균을 관찰하기 위하여 눈을 현미경에 가져다 놓았을 때 우리가 모르는 어떤 존재가 우리의 눈에서 나와 바이러스나 세균에 도달한 후 필요한 정보를 가지고 다시 우리의 눈으로 되돌아온다.

　사람의 눈에서 나간 어떤 존재가 우리의 눈으로 되돌아와서 필요로 했던 바이러스나 세균을 관찰한 정보를 우리의 의식에 전달하여 주면, 긍정적 관찰 정보인 새로운 발견 등은 우리 의식의 발전을 가져오지만 부정적 관찰 정보인 충격적인 현상은 우리 의식의 퇴보를 가져올 수도 있다.

　바이러스나 세균을 관찰하려고 현미경에 눈을 가져다 놓고 다른 것을 생각하게 되면, 눈에서 나간 어떤 존재는 우리의 의식으로 되돌아오지 못하고 허공에 남게 되는데, 이러한 현상은 신이 되기를 포기하여 더 이상 윤회하는 것을 거부하면서 영원한 고통 속에 살기를 원하는 영들의 삶과 매우 비슷하며, 영능력자들은 그들이 추구하는 삶을 영생(靈生)하는 삶이라고 부른다.

　아이러니하게도 모든 세계를 지배하고 있었던 범아신은 현세계, 사후세계와 영계 그리고 신계를 끊임없이 경험하고 있는 범아신과는 비교할 수 없이 작은 생기들이 가진 축적된 정보에 의하여 성장하거나 퇴보하는 과정을 반복적으로 경험하게 된다.

　이것은 만물의 영장인 사람들이 우리 눈에 보이지 않은 작은 바이러스나 세균들에 의하여 번영할 수도 혹은 멸종할 수도 있는 상황처럼, 신이 생기를 통해 모든 계(界)를 통제하고 끊임없이 관리하지 않으면 안 되는 상호 연결적 구조에 놓여 있는 상황인 것이다.

한 사람 한 사람은 범아신에게서 나온 하나의 생기 덩어리에 불과하지만, 윤회 과정에서 생기에 축적된 정보에 따라 범아신이 성장하거나 혹은 퇴보할 수 있는 결정적 역할을 수행할 수 있기 때문에 스스로를 소중하고 중요한 존재로 인식해야 한다.

제44장

생기(生氣)와 블랙홀

우리가 사는 현세계 중 초창기 우주 전체는 모두 블랙홀이었다. 그러나 범아계에 존재하는 무의식의 원천인 거대한 신[이하 '범아신(凡我神)'으로 지칭]이 우리가 살고 있는 우주 구석구석을 관찰하고 통제하면서, 관찰하고 있던 범아신에게서 분리된 많은 생기가 우리가 살고 있는 우주로 널리 퍼져나가게 되었고, 영으로 둘러싼 생기는 우주와 함께 이미 존재하고 있었던 움직임이 없는 기(氣)들을 활동적인 기(氣)들로 점차 변형시킴에 따라 활동성이 전혀 없었던 블랙홀인 전체 우주가 점차 활기차고 팽창하는 우주로 변하게 되었다.

범아신으로부터 나온 생기를 둘러싼 영들은 물질세계, 정신세계와 기세계에 존재하는 정(精), 혼(魂), 백(魄)의 힘들을 서로 주고받는 능력들을 가지고 있는데, 이러한 능력들의 활발한 교류로 인하여 우리가 살고 있는 우주는 계속해서 서서히 팽창하게 되어 오늘날의 우주로 성장하게 되었던 것이다.

　이스트를 넣어 빵을 부풀어 오르게 하는 것과 생기를 넣어 우주를 팽창시키는 방법은 매우 비슷하다.

　빵은 반죽으로 글루텐이라는 점성의 단백질을 형성하는데, 이 안에 살아있는 효모 물질인 이스트들의 대사과정으로 발생한 가스가 채워짐에 따라 빵이 볼록해진다.

　우주는 처음에는 활동성이 전혀 없는 수축된 기(氣) 덩어리로 형성되어 있었는데, 이 안에 범아신으로부터 나온 살아있는 생기를 둘러싼 영들이 정(精), 혼(魂), 백(魄)이라는 힘을 사용하여 상호 정보를 교류하는 작용을 하여 활동성이 전혀 없었던 기(氣)가 활동적인 기(氣) 또는 기운(氣運)으로 변화면서 우주는 급격한 팽창을 하게 되었다.

　그러나 우리가 살고 있는 우주 대부분 지역을 관찰한 범아신이 미처 관찰하지 못한 지역은 생기를 둘러싼 영들이 전혀 존재하지 않아 여전히 블랙홀로 남아 있게 된다. 또한 자연스럽게 다시 블랙홀로 되돌아가는 장소도 있는데, 원인은 수많은 윤회 과정을 거쳐 의식체를 가진 생기인 신계 신들이 죽어가는 별에 살고 있던 영들을 활기찬 다른 별로 이전하는 행위로 인하여 죽어가던 별들에게는 활기찬 기(氣)나 기운을 넣어 줄 영들이 더 이상 존재하지 않게 되어 발생하고 있다.

　의식체가 있는 신계 신들이 범아신의 목적인 다양한 정보 습득과

보다 빠른 생기들의 회수를 돕기 위한 조치로, 생기를 둘러싼 영들의 윤회 활동을 적극적으로 돕고 있는데, 이러한 행위 중에서도 가장 적극적인 행위가 바로 생기를 둘러싼 영들의 별들 사이의 이전이다.

처음 탄생된 별은 생기를 둘러싼 영들의 숫자가 매우 적기 때문에 영들 사이에 기(氣)의 교류마저도 거의 없어 변화 없는 무기력한 별처럼 보인다. 그러나 신계 신들이 영들의 윤회를 촉진하기 위하여, 다른 별에 살았던 성장한 영들을 데리고 새롭게 태어난 별에게 이전하게 되면, 영들의 활발한 교류로 인하여 시간과 공간이 급속도로 팽창하는 별이 되는데 우리는 이러한 현상을 별들의 성장이라고 인식한다.

생기를 둘러싼 영들이 별에 대한 정보들을 대부분 알게 되면, 신계 신들은 생기를 둘러싼 영들을 다시 다른 별로 이전시키게 되고, 영들이 거의 남아 있지 않게 된 별은 활동적인 기(氣)의 급속한 감소와 적은 활동성으로 인하여 고령의 별이 되어 간다.

신계 신들이 다시 고령의 별이 더 이상 쓸모없다고 판단하게 되면 강력한 기(氣)로 별들을 빨리 죽게 만들며, 그 과정에서 마지막까지 고령의 별에 남아 있던 영들도 급속하게 빠져나오게 되면, 고령의 별이 있었던 자리는 원래 생기가 전혀 없었던 우주의 초창기인 블랙홀이 된다.

영(靈)적인 관점에서 바라보는 생명체인 생기(生氣)

과학자들은 태양은 수소와 헬륨 등의 원소 융합으로 끊임없이 불타고 있어 지구처럼 다양한 생명체(영으로 둘러싼 생기)가 거의 존재하지 않는다고 주장한다. 또한 다양한 생명체(영으로 둘러싼 생기)가 존재하려면 물이 반드시 존재하어야만 가능한 것으로 판단하며, 화성이나 금성 등에 물의 존재 여부에 모든 과학적 역량을 집중하고 있다.

나는 이러한 과학자들의 탐구 정신에 사람으로 태어난 영적 존재로서는 아낌없는 찬사를 보내고 있지만, 사람과 관계없는 영적 존재로서는 다른 시선을 제공하여 주고 싶다.

물론 사람이라는 생명체(영으로 둘러싼 생기)가 바라보거나 의식하는 기준이 아니므로 나의 말을 이해하기 어렵거나 과학적으로 인정하기 어렵다고 주장하여도, 사람의 관념을 넘어선 다른 차원의 영적 관념을 이야기하는 것이므로 독자 여러분들이 이런 부분의 내용은 덮거나 넘어가도 괜찮다고 생각한다.

내가 이 대목에서 말하는 내용이 일반 사람들은 이해하기 매우 어려운 차원적인 문제와 관련이 있다고 생각하기 때문이다.

우선 생명체(영으로 둘러싼 생기)들은 생명체(영으로 둘러싼 생기)들끼리 서로 끊임없이 기(氣)를 발산하고 수용하는 행위를 통해서 활동성이 없는 기(氣)를 활동적인 기(氣)로 변형시킬 수 있다.

몇 가지 예를 들면 생명체(영으로 둘러싼 생기)는 물질적인 힘인 백(魄)을 이용하여 신체에서 열이라는 에너지를 발산하거나 타인이나 다른 물질들의 에너지를 수용할 수 있으며, 정신적인 힘인 혼(魂)을 이용하여 뇌에서 느낌이나 생각이라는 에너지를 발산하거나 타인이나 다른 생명체의 생각이나 느낌의 에너지를 수용할 수 있다. 또한, 우리의 눈과 느낌으로는 전혀 알 수 없는 정(精)이라는 비물질 힘으로 다른 생명체(영으로 둘러싼 생기)와 끊임없이 기

(氣)라는 에너지를 직접 주고받거나 주변에 퍼트리기도 하며, 주변에 퍼져있는 기(氣)의 영향을 받기도 한다.

이런 사유로 생명체(영으로 둘러싼 생기)가 많은 곳은 에너지인 기(氣)의 운동이 활발한 장소가 되고, 생명체(영으로 둘러싼 생기)가 적거나 없는 곳은 에너지인 기(氣)의 운동이 거의 정체된 장소가 되는데, 예로 태풍이 발생하는 지역이나 활화산 지역 등은 생명체(영으로 둘러싼 생기)가 많은 지역이라고 보면 되고, 지하 벙커나 건물 안에 있는 지역은 생명체(영으로 둘러싼 생기)가 적은 지역이라고 생각하면 된다.

이러한 나의 견해를 바탕으로 종합해 설명하면 첫째, 태양과 지구 중에서 생명체(영으로 둘러싼 생기)가 더 많은 장소는 과학자들의 주장과는 다르게 나는 당연히 태양이라고 생각한다.

사람들이 눈으로 볼 수 있는 가시광선 안의 영역에서 생명체(영으로 둘러싼 생기)를 판단하는 과학자들의 기준으로는 태양이 지구보다는 생명체(영으로 둘러싼 생기)가 없다고 주장하겠지만, 생명체(영으로 둘러싼 생기)의 근원인 생기를 기준으로 판단하는 나로서는 태양이 지구보다 생명체(영으로 둘러싼 생기)가 훨씬 많다고 생각한다.

태양은 생명체의 근원인 셀 수 없이 많은 영으로 둘러싼 생기가 서로 기(氣) 에너지를 주고받고 주변에 끊임없이 기(氣)를 퍼트리면서 활발한 에너지가 넘쳐나는 장소로 만들었으며, 넘쳐나는 에너지는 지금 현재 우리 눈의 상태에서는 볼 수 없는 영역이지만 셀 수 없이 많은 다양한 종류로 성장한 생명체(영으로 둘러싼 생기)를 무한히 만들어내고 있다.

범아신이 더 많이 관찰한 지역은 지구가 아닌 생기를 둘러싼 영들이 서로에게 기(氣)를 주고받으며 활발하게 불타고 있는 태양이며, 태양이 바로 우리 지구라는 별이 있는 지역에서는 영적 중심지라고 나는 생각한다.

둘째, 생명체의 원천인 생기(生氣)의 확산과 소멸에 관한 나의 생각이다.

최초 범아신에게서 나온 생기를 둘러싼 영들의 숫자는 변하지 않지만, 신계에 거주하는 의식체가 있는 신들은 생기를 둘러싸고 있는 영들을 다른 장소로 옮길 수 있는 능력을 가지고 있다.

어느 한 별에 살고 있던 생기를 둘러싼 영들이 지속적인 영적 성장을 하여 자신들이 살고 있던 별을 활발한 장소로 만들게 되면, 신계에 거주하는 의식체가 있는 신들이 그곳을 더 활발한 상소로 조성할 뿐 아니라 생기를 둘러싼 영들의 영적 성장을 가속화하기 위하여 다른 별에 살고 있는 생기를 둘러싼 영들을 이전시켜 데려온다.

다양한 인종들 간의 교류를 통해 우수한 인종이 탄생하듯이, 다양한 영들 간의 교류로 우수한 영들이 탄생한다.

인류도 과거 지구에서 살고 있었던 공룡 영들과 시리우스 별 B 영들의 교류로 탄생한 새로운 종족이었다. 그리고 이전되어 온 더 많은 새로운 생기를 둘러싼 영들 상호 간의 기(氣) 에너지 교류와 확산으로 더욱 활기찬 장소가 되며, 이러한 과정을 별의 성장으로 생각하면 된다.

사람들의 경우에도 같은 인종이 아닌 다른 인종과의 교류에서
더 훌륭한 인종이 탄생하게 되듯이, 같은 지역에 있는 영를 둘러
싼 생기들도 상호 기(氣) 에너지 교류가 많이 이루어졌거나 다양
한 기(氣) 에너지가 필요하다고 인식되면, 신계에 살고 있는 의식
체가 있는 신들이 생기를 둘러싼 영들을 다른 지역에 있는 별들
로 이전시키는 행위를 하게 되고, 이전된 장소는 영적 교류가 더
활발하고 의식과 문화가 더 발달한 장소가 된다.

생기를 둘러싼 영들이 많이 이전하게 되어 점차 생기를 둘러싼
영들의 숫자가 많아지고 다양해지고 있는 별들은 신생별에서 더
활기차게 성장하는 별이 되지만, 영을 둘러싼 생기들이 떠나버려
생기들의 숫자가 점차 감소되고 있는 별들은 점점 죽음의 별이
되어간다.

생기가 거의 존재하지 않는 죽음의 별들을 영능력자들은 블랙
홀이라고 부른다.

다시 말하면 블랙홀은 범아신이 조금도 관찰하지 않아 움직임이 전
혀 없는 기(氣)를 활동적인 기(氣)로 변화시킬 수 있는 생기를 둘러싼 영
들이 존재하지 않은 초창기 우주 형태와 신계 신들에 의하여 생기를 둘
러싼 영들이 다른 별로 모두 이전되어 활동적인 기(氣)가 활동성이 전혀
없는 기(氣)로 전환된 초창기 우주 형태로 되돌아간 장소를 말한다.

블랙홀

에피소드 1 : 블랙홀은 근처에 있는 모든 것을 흡수하여 축적하는 괴물인가?

　우리가 빛을 볼 수 있는 이유는 우리의 눈에서 나간 어떤 존재가 빛의 입자를 만난 후 눈으로 되돌아와 본 내용을 의식에게 전달하여 주었기 때문이다.

　우리의 눈에서 나간 어떤 존재는 우리에게 어떻게 되돌아왔을까?

　그것은 우리의 눈에서 나간 어떤 존재가 빛의 입자를 만난 후 반사되어 되돌아왔기 때문이다. 물질세계, 정신세계, 비물질세계 등은 모두 범아신으로부터 나온 생기가 만들어낸 세계로 생기 없이는 존재가 무의미한 세계이다.

　우리의 눈에서 나간 어떤 존재, 빛의 입자, 반사 작용, 의식 등은 모두 생기가 만들어낸 물질세계(빛의 입자, 반사작용), 정신세계(의식), 비물질인 기(氣)세계(눈에서 나간 어떤 존재)이며, 생기에서 나오는 기(氣) 에너지의 발산과 흡수 및 반사작용 등 생기 상호 간 교류로 활동성과 정보의 인식 등이 이루어진다.

　다시 말하면 생기에서 만들어낸 세계[물질, 정신, 기(氣)]를 발산한 것을 받아줄 수 있는 상대적 생기가 존재하여만, 빛을 보기 위해 우리의 눈에서 나간 존재가 상대적 생기의 반사작용에 의하여 우리 눈으로 되돌아와 우리의 의식에 정보를 전달할 수 있다는 것이다.

블랙홀은 생기가 존재하지 않는 장소로 블랙홀 주변에 있는 생기들이 만들어낸 세계를 흡수하여 계속 축적하는 장소가 아니라 단순하게 통과시키는 장소일 뿐이다.

생기가 있는 장소는 시간과 공간이 팽창되어 있는 장소인 것에 비하여, 블랙홀은 생기의 활동이 없어 팽창되지 않은 초창기 우주 원형의 모습이기 때문에 팽창된 지역에 비해 상대적으로 수축되어 보일 뿐이다. 또한, 블랙홀은 모든 물질을 빨아들여 축적하는 장소가 아니고 단순하게 통과시키는 장소이기 때문에, 반드시 통과시킨 모든 물질을 뿜어내는 장소도 함께 가지고 있다.

에피소드 2 : 블랙홀은 시간과 공간을 왜곡시키는 존재인가?

일부 과학자들은 블랙홀이라는 장소에서는 시간과 공간이 왜곡될 수 있다고 주장하고 있다. 하지만 나는 시간과 공간을 왜곡하는 장소는 블랙홀이 아니라 우리가 지금 살고 있는 영으로 둘러싸인 생기가 존재하는 장소라고 생각한다.

이스트를 넣어 빵을 부풀어 오르게 하는 것처럼 영으로 둘러싸인 생기가 상호 간의 기(氣) 에너지 교류로 인하여 우주는 급속도로 팽창되면서 자연스럽게 공간의 왜곡 현상이 일어났다. 공간의 왜곡 현상을 알려면 풍선을 사다가 입으로 바람을 넣어 크게 부풀어 오르게 만들어 보면 된다.

바람을 넣지 않은 풍선의 직선적 거리가 바람을 넣게 되면 타원형의 부풀어진 모습으로 변형되면서 풍선 겉면 공간의 거리는 상당히 왜곡된다.

부풀어진 풍선 겉면에 있는 특정한 점들에서 같은 방향과 같은 장소에 있는 사물을 동시에 본 사람들이 사물의 존재를 알아차리는 상대적 시간차가 존재하게 만들고, 절대적인 시간을 경험하는 사람들에게 상대적 시간차도 존재하게 만들어 버린다.

또한, 지구에서의 1시간과 목성에서의 1시간이라는 물리적 시간의 상대적 차이도 존재하는데 활동적인 생기가 우주를 팽창시키면서 만들어낸 공간과 시간의 상대성 때문에 발생하는 상황들이다.

블랙홀을 동시에 본 두 사람의 눈에서 나온 어떤 존재가 블랙홀에 다다른 시간도 상호 간에 차이가 발생하며 그 과정은 다음과 같다.

사람의 눈에서 나온 어떤 존재가 블랙홀까지 당도하는 시간은 상대적 시간이며, 블랙홀 안에서의 시간은 절대적 시간이고, 다시 블랙홀에서 빠져나간 어떤 존재는 절대적 시간에서 다시 상대적 시간에 놓여 있게 된다.

물론 우리 눈에서 나온 어떤 존재는 반사되어 되돌아오지 못하고 블랙홀을 통과한 상태이므로, 우리는 블랙홀 안에 절대적 시간과 공간에서 발생하는 상황들을 전혀 인식하지 못한다.

직선적인 시간과 공간이 존재하는 블랙홀이 절대적 장소라고 한다면 생기가 살고 있는 우주 장소들은 부풀어 오른 왜곡된 시간과 공간이 존재하는 상대적 장소이다.

참고로 직선적 시간과 공간이 존재하는 블랙홀 안은 당연히 과거, 현재, 미래 등이 혼재되어 있는 장소도 아니며, 순차적인 시간의 흐름을 거역할 수 있는 4차원의 장소도 아니다.

　단지 상대적 시간과 공간에 익숙해진 우리 영들이 절대적 시간과 공간을 접하게 되면서 크게 느낄 수 있는 혼란이 존재하는 공간일 뿐이라고 생각한다.

　나는 절대적 시간과 공간을 가지고 있던 블랙홀 형태의 초창기 우주가 범아신이 관찰하는 과정에서 분리되어 나온 생기를 둘러싼 영들로 인하여 팽창하게 된 원인이었으며, 우주의 팽창은 절대적 시간과 공간을 상대적 시간과 공간으로 왜곡시켰음을 알게 되었다.

　또한 신계 신들의 계획에 의하여 생기를 둘러싼 영들의 이전 등으로 영들의 수가 계속해서 많아지는 우주 일부 장소에서는 급속도로 우주의 팽창이 진행되고, 영들의 수가 계속해서 줄어드는 우주 일부 장소에서는 급속도로 우주의 수축이 진행된다는 사실도 알게 되었다.

　신계 신들이 생기를 둘러싼 영들의 숫자가 점점 줄어들고 있는 고령화된 별에서는 빠른 속도로 남아 있던 영들을 이전시키는 방법인 별의 폭발도 사용한다는 점도 알게 되었다.

　그리고 생기를 둘러싼 영들이 더 이상 남아있지 않은 장소에서는 생기들이 보내는 기(氣) 에너지를 반사시키지 못하고 그대로 통과시키는 역할만 하기 때문에 블랙홀 안의 모습을 우리는 인식할 수 없지만, 생기가 보낸 에너지는 블랙홀 안에서 축적되는 것이 아니라 반드시 반대편으로 뿜어져 나온다는 사실도 알게 되었다. 또한, 영들이 보내는 기(氣) 에너지의 상대적 속도가 블랙홀 안에서는 평등한 절대적 속도로 전환되는 것을 상대적 시간 속에 익숙한 우리들은 시간이 왜곡되는 장소로 잘못 알고 있으며, 팽창된 우주 공간에 익숙해진 상태에서 일반적(수축되었다고 생각하는 것은 팽창된 공간의 상대적 개념일 뿐이다) 우주 공간 내로 진입한 것을 공간이 왜곡되는 장소로 잘못 알고 있다고 생각한다.

범아신에게서 나온 생기를 모두 다 회수하게 되면, 우리가 살던 우주는 다시 초창기의 모습인 블랙홀의 형태로 되돌아가게 된다.

우리가 사는 우주는 범아신이 존재할 때도 동시에 존재하고 있었던 장소였으며, 범아신이 우리가 살고 있는 우주를 관찰하는 과정에서 분리되어 나온 생기들의 교류로 점차 활발하게 활동히는 과정을 우주의 팽창으로 인식하다가, 생기가 다시 범아신에게로 모두 되돌아간 뒤에는 원래의 모습으로 되돌아가는 과정을 우리는 우주의 수축이라고 의식하게 된다.

우주 속에 존재하고 있는 별들은 신계 신들이 범아신에게서 나온 생기들의 빠른 윤회를 돕기 위하여 생기들을 모아 놓은 특별한 장소이다. 신생 별을 만들어 생기를 둘러싼 영들을 이전시킨 후 별의 성장이라는 과정을 거치고, 별에 대한 정보를 거의 축적한 다음에는 영들을 다른 별들로 조금씩 이전하다가 최종적으로는 남아 있던 영들을 빠른 속도로 이전시키기 위하여 별을 폭발하게 하는 행위로 신생별에 있던 자리를 원래의 우주 초창기 모습인 블랙홀로 되돌려준다.

우리는 이러한 과정을 별의 탄생, 성장, 노후, 죽음의 과정으로 인식하고 있다.

제45장

시리우스 별 B와 인류의 기원

지구라는 별에 살고 있는 사람들의 영은 지구에서 영적 성장도가 최고로 높은 존재임에는 틀림없지만, 영적 성장을 축적했던 장소가 처음부터 지구였던 것은 아니다.

지구와 멀지 않은 장소에 시리우스 별 B가 존재하고 있었고, 사람들의 눈으로 볼 수 있는 영역 밖이라 눈으로는 확인할 수 없겠지만, 그 별에는 수많은 생기를 둘러싼 영이 장착한 생명체를 가진 영체(이하 '영체'라고 한다)들이 영적 성장을 이루고 있던 장소였다.

시리우스 별과 도곤족 전설

에피소드 1 : 시리우스 별

시리우스라는 이름 자체가 그리스어로 '눈부시게 빛나는 또는 뜨겁게 불타는'이라는 의미가 담겨 있는 것처럼, 지구에서 낮에 가장 밝게 볼 수 있는 별은 태양이지만, 밤하늘에서 가장 빛나는 별은 시리우스 별이다.

시리우스 별이 위치하고 있는 별자리는 큰 개 자리로 미국에서는 dog star, 한국과 중국에서는 무서운 늑대의 눈빛이라는 의미로 천랑성(天狼星)으로 불렀는데, 고대 사람들은 천랑성(天狼星) 근처에 금성이나 화성이 머물면 전쟁이 난다고 믿었다. 영적 세계에서는 늑대 또는 개는 사후세계로 인도하는 신과 전쟁에서 선봉장 역할을 하는 신으로 인식한다.

고대 이집트에서는 지하세계의 왕이 된 신인(神人) 오시리스와 여신 이시스를 탄생시킨 근원적인 별로 보고 있으며, 중요한 건물을 건축할 때 시리우스의 첫 일출의 빛이 정문 입구에서 내부로 통하는 중앙통로에 비추도록 정교하게 설계하여 건축했다.

에피소드 2 : 시리우스 별 B

시리우스 별 B는 자신의 몸을 이루고 있던 겉부분은 폭발로 사라져 버리고, 별을 구성하는 구성 물질이 압축된 상태로 평균 밀도가 상당히 높은 뜨거운 핵만 남아 있는 점점 죽어가는 백색 왜성이다.

에피소드 3 : 서아프리카 말리공화국 도곤 지방에 사는 도곤족의 전설

도곤족은 토성이 가지고 있는 고리의 존재, 목성 주위를 돌고 있는 4개의 위성, 은하의 모양이 나선형, 블랙홀의 존재 그리고 시리우스 별 B의 존재와 시리우스 별 B가 시리우스 별 A를 60년 주기로 공전한다는 사실 등 고도로 발전된 천문학적 지식들을 가지고 있는 부족이다.

놀라운 사실은 도곤족이 옛날 조상들로부터 전수받으며 가지고 있었던 천문학적 지식이 천문학 기구가 더욱 발전된 1970년이 돼서야 천문학계에서 사실로 확인할 수 있었다는 점이다.

도곤족들은 인류가 시리우스 별에서 반인반어(半人半漁)인 노모스라는 신에 의하여 창조되었으며, 이후 우주선을 타고 지구로 내려와 살게 되었다고 주장하고 있다.

반인반어(半人半漁)인 노모스라는 신은 인류가 지구에 정착할 수 있도록 다양한 기술과 농업 등을 가르쳐 주었다고 한다.

그러나 영체(靈體)들이 시리우스 별 B에 대하여 많은 정보를 습득하여 일부는 영을 깨뜨리고 신계의 의식체가 있는 신들로 되돌아갔고, 일부는 계속해서 윤회 과정을 거치고 있었지만, 시리우스 별 B에 대한 고급 정보를 영체들이 거의 습득한 상태였기 때문에 더 다양하고 많은 고급 정보를 축적하기에는 매우 힘든 상황이었다.

그래서 신계 신들이 시리우스 별 B에 남아서 계속 윤회하고 있던 영들을 세 가지 기준에 의하여 비슷한 환경으로 조성되어 있는 다른 별인 지구로 옮기게 되었다.

첫째, 시리우스 별 B는 물과 관련이 있는 별로서 신계에서 물 계열의 신이 통제하던 장소였는데, 지구라는 별 역시 동일한 물 계열인 용왕대신(龍王大神)이라는 신이 관리하고 있는 장소였다.

둘째, 이주된 영들이 다양한 삶의 체험과 의식 확장에 큰 도움이 될 수 있도록 다양한 생물체가 살고 있는 장소여야 했는데 당시 지구에는 많은 다양한 생물체들이 살고 있었다.

셋째, 여우도 죽으면 제 고향을 그리워하여 죽음을 맞이할 때 자신의 머리를 자기가 살았던 고향 굴로 향한다는 수구초심(首丘初心)이라는 한자어처럼, 한때 자신들의 고향인 시리우스 별 B가 가장 잘 보이는 장소여야 했는데 지구에서는 시리우스 별 B가 잘 관측되는 장소였다.

당시 지구라는 별은 낮은 영적 수준으로 단순화된 의식체계를 소유한 거대한 몸집을 가진 공룡들이 지배하던 시대로, 문명 또는 문화의 발전보다는 상황에 맞게 하루 식사를 해결하는 생존 방식에 의존한 상태였다.

신계 신들은 만약 공룡들보다 영적 의식 수준이 훨씬 높은 시리우스 별 B의 영들을 이전시켜 공룡들과 함께 윤회 과정을 진행할 경우, 공룡들에 의해 영적 성장이 제한되거나 혹은 한계성이 갇혀 발전성이 없는 상황이 초래할 수 있을 것이라 판단하게 되었다.

신계 신들은 지구의 실질적인 지배자였던 거대한 몸집을 가진 공룡들을 먼저 멸종시키는 작업을 수행한 후, 시리우스 별 B에서 이주한 영들과 공룡들의 영들이 함께 장착할 수 있는 영체(靈體)인 동물을 진화라는 형식으로 만들어내기로 결정하였다.

신계 신들이 지구라는 별에서 공룡들을 멸종시키는 작업은 매우 쉽고 빠르게 진행되어, 공룡들에게 장착되었던 영들은 지구라는 별에서는 현세계에서 공룡들로 더 이상 환생하지 못하고(공룡의 멸종) 사후세계나 영계를 방황하면서 돌아다니거나 한 곳에 정착하며 살고 있었다.

영장류는 유인원과 원숭이로 나누어지며, 유인원은 다시 침팬지, 고릴라와 사람으로 성장하는 과정을 거치는데, 신계에 거주하는 신들이 사람들을 도깨비 방망이처럼 뚝딱 물질처럼 만들어 준 것이 아니라, 성장하고 진화할 수 있는 단초인 비물질적인 사상과 의식을 심어 주었고, 신들이 심어준 사상과 의식을 가진 후 진화의 형태로 성장한 영장류가 결국 인류인 사람이 된 것이다.

인류는 이렇게 현세계인 지구에 탄생되었고, 시리우스 별 B의 영들은 지구로 이전하여 사람으로 환생하는 윤회를 시작하게 되었지만, 불행하게도 이때부터 과거 지구에 살았던 공룡들의 영들과 시리우스 별 B에서 이주한 영들과의 본격적인 영적 전쟁이 시작되었으며, 차후에 지구라는 장소에서 시작된 영적 전쟁은 태양계의 일부 별들이 참여하는 대형 영적 전쟁으로 크게 확대되었다.

시리우스 별 B에서 계속해서 이전하고 있는 영들을 막으려는 공룡들의 영과 공룡들의 영에 대항하여 지구에 정착하려는 시리우스 별 B에서 이전한 영들과의 전쟁은 신계 신들이 영적 전쟁에 직접 참가하기 전까지 처참하게 진행되었으며, 거대한 영적 전쟁은 현세계, 사후세계와 영계 전 지역에서 동시에 진행되었고, 지금까지도 심각한 후유증을 남기게 된, 지구라는 별의 탄생 이후 최초로 발발한 거대한 영적 전쟁이었다.

제46장

종교(宗教)의 탄생

지구라는 별은 시리우스 별 B처럼 물을 중시하는 별로서 생기를 둘러싼 영이 성장하려면 반드시 만물을 주관하는 용왕대신(龍王大神)의 도움이나 묵인이 있어야 했다.

용왕대신이라는 신(神) 역시 지구라는 별에서 공룡 영(靈)으로 마지막 윤회를 하고, 영을 깨뜨리고 의식체를 가진 생기인 신(神)이 된 모든 공룡 영들의 영적 부모였다. 공룡 영들의 영적 부모인 용왕대신은 우주를 지배하고 있는 최고 신들의 결정인 시리우스 별 B 영들의 지구별로의 이전을 극렬하게 반대하였다.

과거 자신이 공룡 영으로 환생하여 지구에서 수많은 공룡 자녀들의 영들과 인연을 맺으며 사랑과 애착을 가져왔던 용왕대신은 윤회의 횟수가 조금 더 많아지고 윤회하는 기간도 길어질 수 있지만, 시리우스 별 B 영들의 이전 없이 지구에 살고 있는 공룡 영들만으로 지속적인 영적 성장을 도모하여, 공룡 영들이 신계 신들로 되돌아갈 수 있도록 배려해 달라고 우주의 최고 신들에게 요청하였다.

그러나 우주 최고 신들은 시리우스 별 B나 지구별에 살고 있는 생기들이 신이 되지 못하여 윤회를 거듭함으로 발생하는 고통을 빨리 줄여주고자 하였고, 충분한 정보 습득으로 더 이상 시리우스 별 B에 대한 정보를 추가로 습득할 필요가 없어진 상태에서 시리우스 별 B에 남아 있는 영체들을 문제를 빨리 해결하고자 용왕대신의 간곡한 청원을 거부하였다.

우주 최고 신(神)들이 추구하는 정신

우주 최고 신(神)들이 추구하는 정신은 '서로 소통하는 절대적 동화(同和)'이다. 후반부에 있는 하편 57장 복자(福者)의 탄생과 신(神)이 되는 과정 편에서 좀 더 상세하게 서술하겠지만, 우리 모두는 범아신에게서 나온 범아신의 일부이며, 범아신으로부터 세상에 나온 순서와 범아신에게로 되돌아가는 순서만 다를 뿐, 서로 소통하고 끊임없이 정보를 공유해야 하는 같은 부모를 가진 평등하면서 동화(同和)되어야 하는 존재이기 때문이다.

나는 우주 최고 신들의 정신을 불교 용어인 '아뇩다라삼막삼보리'라고 부르는데, 물론 불교 신자(信者)들이 말하는 오로지 부처만의 깨달음인 무상정등각과는 전혀 상관이 없으며, 누구에게나 불만이 없이 원만하면서 바르게 적용되는 하나로 동화된 절대적 평등을 의미하는 용어로 사용한다.

우주 최고 신들은 지구라는 별인 현세계에서 물질세계에 치중된 단순한 의식 체계를 가지고 생존에만 치중된 삶을 살아가고 있는 공룡 영들과 시리우스 별 B인 현세계에서 정신세계에 치중된 복잡한 의식 체계를 가지고 물질세계를 무시하면서 발전시키지 않는 시리우스 별 B 영들과의 교류로 물질세계와 정신세계를 다 같이 조화롭게 영적 성장을 시킬 수 있다는 취지를 용왕대신과 그를 따르는 용신(龍神)들에게 설명하여 주었다.

그리고 우주 최고 신들은 장기적 시간이 소요되더라도, 지구에 살고 있는 공룡 영들이 커다란 변화에 대한 혼란을 최소화하기 위하여 조금씩 변화하는 진화 방식으로 시리우스 별 B의 영들과 공룡 영들이 동시에 장착할 수 있는 영체를 만들어 주겠다고 제안했지만, 약육강식(弱肉强食)에 익숙했던 용신들은 그들이 익숙하게 가지고 있던 습관처럼 거칠게 항의하며 반항하였다.

용신들의 거친 항의는 우주 최고 신들에게 엄청난 분노를 사게 되었고, 우주 최고 신들은 우주에서 지구라는 별을 폭발시켜 생기가 존재하지 않는 블랙홀로 만들어 버리고, 지구에서 윤회하고 있던 영들은 모두 다른 별의 약한 존재들로 만들어 이전시키겠다는 징벌적 계획을 수립하게 되었다.

우주 최고 신들의 충격적인 계획을 알게 된 용왕대신은 일부 용신들을 데리고 최고 신들에게 자신들의 잘못된 행동에 대한 너그러운 용서를 구하였고, 최고 신들은 평소 인품과 평판이 매우 좋았던 용왕대신의 용서를 수용하였다.

우주 최고 신들은 폭발로 지구별을 완전히 없애 버리려는 당초 계획을 작은 운석과 지구를 충돌시켜, 지구에 살고 있던 공룡 영들을 빠르게 멸종시키는 것으로 수정하였다.

우주 최고 신들의 계획에 의하여 현세계에 살고 있었던 공룡들은 짧은 기간 안에 멸종되었고, 영계에서는 공룡 영들이 현세계에서 장착할 공룡들이 존재하지 않아 환생할 수 없게 된 공룡 영들로 가득 차게 되었다.

우주 최고 신들의 신벌(神罰)에 몹시 당황하고 억울했던 용신(龍神)들은 용왕대신에게 찾아가 울분을 토로했지만, 용왕대신은 우주 최고 신들의 진정한 목적이 공룡 영들에게 고통을 주려는 것이 아니라, 빠른 영적 성장으로 고통 없는 신계로 빨리 보내려는 것임을 알고 있었기에 용신들의 마음을 보듬어주었을 뿐 우주 최고 신들에게 항의하거나 대항하지 않았다.

용왕대신의 깊은 뜻을 이해할 수 없었던 용신(龍神)들은 포악적 기질을 가진 공중파인 드래곤파와 유순한 기질을 가진 육지파인 용파로 분리되었으며, 분리된 드래곤파와 용파들은 용왕대신에게 불만을 품고 결별을 선언하게 되었다.

공중파인 드래곤파와 육지파인 용파들의 행동에 크게 실망한 용왕대신은 일부 용신들을 데리고 바닷속으로 들어가 지구에서 일어난 일에는 일절 관여하지 않는 은둔자로 살아가게 되었다.

처음에는 공중과 육지 및 바다에서 살고 있었던 용왕대신의 주거지가 이때부터 바닷속으로 확정되었고, 지금도 영능력자들은 바닷가에서 공룡 영들의 부모인 용왕대신을 부르고 있다.

그 당시에는 지금처럼 사후세계는 거의 존재하지 않았으며, 현세계에서 죽음을 맞이하게 되면 곧바로 영계로 진입하여, 일정 기간 동안 잠시 쉬었다가 영계에 있는 '영적정화소'에서 영과 영의 정산을 통해 영을 정화한 후, 다시 현세계로 환생하는 과정이었고 그러한 과정을 안내하고 주도한 존재는 지금처럼 신계에서 온 신장(神將)들이 아니라 용왕대신을 비롯한 그를 따르던 용신(龍神)들이었다.

그러나 윤회에서 아주 중요한 역할을 수행하던 용왕대신이 바닷속으로 은둔해버리자 드래곤파와 용파 수장인 용신들은 자신들의 배반 행위가 다른 일반 공룡 영들에게 알려질까 두려워하여 영계의 '영적정화소'를 방치하고, 자신들을 따르는 공룡 영들과 함께 영계의 한 장소에 엄청나게 규모가 큰 집단 거주지 만들어서 거주하게 되었다(종교 집단 거주지의 탄생).

드래곤파 수장과 용파 수장이 '영적 정화소'를 방치한 기간은 현세계에서 공룡들의 멸종과 인류 탄생 사이의 공백 기간이다. 우주 최고 신들은 용신들이 방치한 윤회를 위해 꼭 필요한 영계의 '영적정화소'를 다시 운영하기 위하여, 신계에서 직접 신장(神將)들을 파견하게 되었고, 드래곤파와 용파의 용신들에게는 영적 성장을 위해서 '영적정화소'에 다시 들어올 때에는 그에 상응하는 신벌(神罰)을 주겠노라고 용신들에게 통보하여 주었다.

지금도 사람들의 환생을 위해 가동 중인 '영적정화소'만은 다른 '영적정화소'처럼 대표적 생물 영들이 운영하지 않고 신계 신장들이 직접 담당하고 있는 유일한 '영적정화소'가 되었다.

우주 최고 신들의 통보에 겁이 난 용신들은 앞으로는 절대로 영계의 '영적정화소'에 들어가 신벌을 받은 후 윤회하는 과정을 거치지 않을 것이며, 당연히 신계로도 되돌아가지 않고 영계에서 영으로만 사는 영생(靈生, 永生)의 삶을 선택하기로 결심하였다.

용신들이 영계에서 우주 최고 신들의 방침을 거부하고, 최초로 만든 집단 거주지가 바로 지금 현재 종교령들이 지배하며 운영하고 있는 장소인 종교 집단 거주지이다.

용신들이 당시에 만들었던 영생(靈生, 永生) 교리 의식과 집단 거주지에서 종교라는 괴물이 탄생하였으며, 이후 용신들은 신계 신들이 보낸 신장들에 의해 사로잡혀 강제로 '영적정화소'에서 영적 정화를 당한 후 시리우스 별 B 영들과 함께 사람들의 영으로 환생하게 되었지만, 다시 영계로 진입한 후에는 남아 있는 또 다른 종교령들의 도움을 받아 또다시 반복적으로 윤회를 거부하고 영생(靈生, 永生)을 추구하는 종교령들이 되었다.

종교령들의 출발점은 말보다는 주먹, 평화보다는 폭력을 좋아하는 약육강식(弱肉强食)에 익숙한 공룡 영들인 용신들의 후예들로서 이와 비슷한 영적 특성을 지금도 가지고 있다.

첫 번째로 종교령들은 과거 지구에서 살았던 약육강식(弱肉强食)의 습관을 지녔던 용신 출신이었기 때문에 내면은 평화를 사랑하는 의식보다는 서로 경쟁하고 투쟁하는 계급투쟁형 의식을 가지고 있다.

영계의 종교령들에게 영감(靈感)을 받고 있는 지금의 종교가(宗敎家)들도 자신들이 믿고 있는 신이나 종교를 위해서라면 다른 종교의 신이나 신도들을 핍박하고 정복하는 것을 복음화 또는 전도라는 허울 좋은 가면으로 포장하며 죄로 전혀 생각하지 않는 사악한 의식을 내면에 가지고 있다. 지금도 전 세계에서 발생하고 있는 전쟁·테러·약탈 및 보복의 대부분은 종교와 아주 밀접한 관련이 있다.

두 번째로 종교령들은 자신들의 죄가 일반 영들에게 드러날까 두려운 의식을 가지고 있기 때문에 비밀스러운 것을 매우 좋아하며, 일반 영들을 통제하는 방식도 새로운 지식과 지혜를 알려주기보다는 불안과 공포를 조장하거나 이용하는 방법으로 그들이 만든 세계를 통제하면서 유지하고 있다.

영계의 종교령들에게 영감(靈感)을 받고 있는 지금의 종교가들도 일반 사람들에게 도움이 되는 지식과 지혜를 알려주기보다는 재난과 멸망 및 신벌(神罰) 그리고 지옥 등을 강조하고 불안과 공포를 조장하여 이용하면서 그들이 만든 종교를 유지하고 있다.

세 번째로 영계에서 권위가 상당히 떨어지는 종교령들은 자신을 믿지 않거나 따르지 않는 신도(信徒) 영들에게 참혹한 형식으로 징벌하거나 자신이 만들어 놓은 집단 거주지에 가두어 놓고 악마라는 직책을 가진 영들에게 명령하여 지옥에서 나오지 못하도록 지키게 한다.

영계의 종교령들에게 영감(靈感)을 받고 있는 지금의 종교가들도 세상 모든 사람들이 원하는 놀라운 계획은 세우지 않고, 오직 자신들이 원하고 믿고 있는 종교 신들에게 복종하는 경우에만 천국으로 데려가고, 복종하지 않으면 지옥으로 보내겠다며 처음부터 가질 수 없는 권한을 마치 소유하고 있는 것처럼 포장하여 협박한다.

과거 모든 사람들의 죄를 사하기 위하여 자신의 아들까지 세상에 보내 주었다는 창조신의 거대한 프로젝트는 수천 년이 지난 지금에도 창조신을 선택한 소수의 사람들만 자신들이 영계에 만들어 놓은 천국을 선택하였고, 창조신을 믿지 않는 대부분의 사람들은 전혀 두려움 없이 과감하게 지옥을 선택하고 있는, 실패한 프로젝트였음이 이미 증명되었다.

전 세계에는 범크리스트교의 신을 믿지 않는 사람들의 숫자가 믿고 있는 사람들의 숫자보다 훨씬 많다. 모든 능력을 가졌다는 창조신이 추진한 계획은 2,000년이라는 긴 시간에도 불구하고 자신을 믿지 않는 더 많은 사람들을 창조했고, 앞으로도 계속 창조할 것이다.

권위(權威)는 사람들을 스스로 따르게 만들고, 권력(勸力)은 사람들을 강제로 따르게 하는 능력으로, 창조신이라는 존재가 당신은 절대 신이라고 믿지 않는 사람들을 일일이 찾아다니며, 자신은 창조신이라고 주장하고 자신을 믿어 달라고 주장하는 권위(權威)가 없는 권력(勸

力)에만 만취한 존재로 전락한 것이다.

현세계에서 종교령들의 영감을 받고 활발하게 활동하고 있는 종교가들의 모습은 불행하게도 영계에서는 좀처럼 볼 수 없는 상황으로, 종교령들이 영계에서 만들어 놓은 종교 집단 거주지에서 이탈하여 돌아다니는 종교령들과 종교가들은 신계 신장(神將)들에게 잡히게 되면 강제로 영계에 있는 '영적정화소'로 끌려가 다시 현세계로 환생하기 때문이다.

영계에서는 종교를 믿는 사람들을 찾아보기가 매우 힘들다. 그들은 영계로 진입하자마자 자신들이 믿고 있는 신이라는 존재가 살고 있는 종교 집단 거주지로 들어가서 나오려고 생각하지 않는 그들만의 세계에 완전히 빠져있기 때문이다. 그러나 나는 '영적정화소'에서 영적 정화를 받고 현세계에서 환생을 하여도 자신만이 옳다고 생각하면서 남에게 강요하는 습관만은 잘 고쳐지지 않는 점을 매우 안타깝게 생각한다.

네 번째로 영계에서 권위(權威)가 떨어지는 종교령들은 신도들에게 대접받기 위하여 자신들의 집단 내에 계급체계를 만들었으며, 상급자와 하급자를 구분하고, 하급자의 무조건적인 복종과 희생을 강조한다.
종교령들은 자신을 믿고 있는 신도들에게 자신의 생각을 완전히 버리고 오직 종교령만을 위하고 찬양하는 삶만 살아가라고 세뇌한다.

영계의 종교령들에게 영감(靈感)을 받고 있는 지금의 종교가들도 신자(信者)들에게 대접받기 위하여 자신들만의 계급 체계를 만들어 운영하고 있는데, 특이한 점은 일반적 사회에서의 계급 체계와는 다르게 자신은 희생하지 않고 하급자의 복종과 희생만을 강조한다는 점이다.

예를 들면, 종교 지도자들은 신자(信者)들에게 많은 기부나 봉사 또는 희생 등을 강조하지만, 정작 자신의 집에 있는 좋은 품질의 식탁과 의자, 그림 등을 가난한 사람들에게 기부하려 하지 않을뿐더러 신을 위해서는 모든 것을 내던지라고 하면서도 자신의 집안에는 신의 은총이라고 주장하면서 좋은 물건들을 가득 소지하고 있다.

현재 전 세계에서 교주나 종교 수장들이 자신이 거주하는 장소에 소지하고 있는 재물들을 자세하게 관찰해보면, 자신보다 훨씬 더 품질이 낮고 적은 재물을 소지하고 있는 신자들을 향해 앵무새처럼 가난한 사람들을 위해 자신이 소유하고 있는 재물들을 나누어주라고 말할 자격이 있는지 개인적으로 의심스럽다.

그들이 주장하는 천국은 하늘에 존재하여 현세계에 남겨 놓은 재물들 가지고 가지 못하는데 왜 자신이 소유한 값비싼 재물 등에 애착을 가지고 있는지 모르겠다. 재물에 대한 애착을 숨길 수 없는 본능이라고 생각한다면 자신도 실천하는 않는 일을 신도들에게 강요하는 말은 자제했으면 좋겠다.

나는 현세계에 소유하고 있는 재물은 당연히 자신이 먼저 누리고 남는 재물이 있으면 다른 사람들에게 나누어 주라고 말하고 싶다. 왜냐하면, 재물은 영계에서는 절대 사용할 수 없는 물질로, 물질로 혜택을 누릴 수 있는 장소는 현세계뿐이기 때문이다.

영계에서도 종교령들은 자신을 믿고 있는 신자들에게 온갖 희생을 강조하지만, 정작 본인의 영은 하급자 영들의 희생으로 편안한 삶을 즐기고 있는 점은 놀랍게도 현세계에서 발생하는 현상과 너무 똑같다.

다섯 번째로 영계에서 권위가 떨어지는 종교령들은 강자(强者)에게는 아주 약하지만, 약자(弱子) 특히 자기를 믿고 따르는 신자들에게는 매우 강하다.

영계에서 신장(神將)들이 종교 집단 거주지를 침범하려고 하면, 종교령들은 온갖 방법과 노력을 동원하여 화해하려고 시도하고, 신장(神將)들의 비위를 맞추려고 노력하지만, 자신을 믿고 따르는 신자들에게는 오히려 혹독하게 대한다.

특히, 싸움을 잘하지 못하고 평화적인 성향을 가지고 있는 여자령(女子靈)들에게 심한 대우를 하고 있는데, 대부분의 종교령들은 싸움을 매우 좋아하는 호전적인 남자령(男子靈)들이기 때문이다. 영들은 원래 남녀의 구분이 없지만, 영적 성장을 이룰수록 남녀 구별이 점차 뚜렷해진다(하편 53장 우리들의 이야기 편 참조).

처음에는 성(性)과 일에 대한 재능이 없었던 영이 윤회의 반복으로 습관과 재능, 그리고 신의 경지 및 신이 되는 과정에서 뚜렷한 성(性)과 하는 일의 재능이 구별되는 현상이 나타난다[하편 57장 복자(福者)의 탄생과 신(神)이 되는 과정 편 참조].

현세계에서도 고등생물일수록 성(性)의 분화 및 구별이 뚜렷해지고, 전문화된 직업이 될수록 그 일에 관한 재능 및 전문성을 가지게 되는 것과 마찬가지로 신계에 거주하는 신들은 성(性)의 구별이 완벽하게 뚜렷하며 제한된 전문적 일을 담당하고 있다.

영계의 종교령들에게 영감을 받고 있는 지금의 종교가들도 자신의 종교 수행지를 방문하는 일반 사람들에게는 웃음 띤 선한 얼굴로 반갑게 맞이하고 대화하지만, 자신을 믿고 따르는 신자들에게는 자신의 수족처럼 함부로 대하는 경우가 많다. 또한 대부분의 종교는 어떠한 사회 조직보다도 여자들을 심하게 차별하고 있는데, 직책이나 담당하는 일과 간섭받는 행태 그리고 종교적 교리 등에서 금방 이해할 수 있을 것이다.

여섯 번째로 영계에서는 모든 영들의 생각을 근처에 있는 영들이 금방 인식할 수 있는 장소이기 때문에, 교육에 의한 속임은 있을 수 있지만, 의식과 다른 내용의 대화는 할 수가 없다.

영계에서 권위가 떨어지는 종교령들은 자신을 믿지 않는 다른 영들을 설득할 수 없기 때문에 자신만의 종교 집단 거주지에 머물면서, 자신을 믿고 따르는 신자들만을 대상으로 지속적인 세뇌교육만 실시하고 있다. 세뇌교육의 특징은 스스로 믿고 따르는 권위적인 교육이 아니라 무조건 믿지 않으면 안 되는 폭력성을 띤 교육으로 '왜'라는 의식이나 분석하는 형태가 있어서는 절대 안 되는 교육이다.

자신의 생각과 의식은 버리고 이해하려 하거나 이해하려는 노력도 하지 말고, 신의 말씀만 무조건 믿고 따르는 행위인 신을 영접하라고 교육한다.

영계에서 종교 집단 거주지에 오랫동안 거주하다가 현세계로 윤회한 영들의 특징은 남의 말은 전혀 듣지 않고 자기 주장만이 옳다고 주장하는 경향이 크며, 스스로 판단하고 결정할 수 있는 능력이 많이 소실되어 영적 성장도 역시 크게 퇴보된 상태가 되어 있다.

영계의 종교령들에게 영감을 받고 있는 지금의 종교가들도 신자들을 대상으로 교육을 실시할 때 인간적인 생각과 논리를 가지고 판단하지 말고 무조건 신의 말씀만 믿으라고만 교육한다.

인간이 인간적인 생각과 논리를 가지고 판단하지 않고, 신적인 생각과 논리를 가지고 판단하면서 살아가려고 한다면 그는 단 하루도 현세계에서 살 수 없을 것이다. 신은 자신 주변에 존재하고 모든 존재(그 존재가 뱀이라고 하더라도)와 동화(同和)된 의식을 가지고 살아야 하기 때문이다.

세상에 존재하는 모든 종교 교리를 차근차근 정확하게 읽어보면, 종교 신들의 잔혹성과 폭력성, 무개념, 무분별, 차별 및 독선과 독단 등 이성적인 성향이 아닌 과거 동물들의 의식인 약육강식(弱肉强食) 성향에 깜짝 놀라게 되는데, 종교가들도 종교령처럼 시리우스 별 B의 후손들이 아니라 지구에 살고 있었던 공룡들인 용신들의 후예들로 동물적 습성을 아직도 가지고 있기 때문이다.

　일곱 번째로 신계 신장(神將)들이 지키고 있는 '영적정화소'로 가고 싶지 않은 영계에 살고 있는 종교령들은 자기를 믿고 따르는 신자들을 계속 지배하며 살기 위한 목적으로 윤회하지 않는 영생(靈生, 永生)의 삶을 지속적으로 강요하면서 세뇌 교육하고 있다.
　물론 엄청난 시간이 경과한 후에는 모든 영들은 결국 신계 신들이 되어 범아계에 있는 범아신에게로 되돌아가겠지만, 그 기간 동안 윤회 과정에서의 고통은 계속 받아야 한다는 단점이 있다.
　영계의 종교령들에게 영감을 받고 있는 지금의 종교가들도 자기를 믿고 따르는 신자들에게 지속적으로 영생(靈生, 永生)을 강조하는 교육을 실시한다. 자신이 믿고 있는 신을 믿지 않는 사람들은 멸망하여 사라지거나 영원한 지옥에서 살 것이라고 주장하고 있다.

　우선 나는 그러한 주장을 하는 종교가들에게 되묻고 싶다.

　첫째, 사람들의 영이 멸망하여 사라지게 되면 행복도 없지만 고통도 존재하지 않는데, 신을 믿음으로 영생(靈生, 永生)을 얻게 되어 영원토록 고통받는 삶을 사는 것이, 신을 믿지 않아 멸망하여 행복과 고통이 완전히 존재하지 않는 삶보다 더 좋은 삶이라고 말할 수 있는가?
　물론 영계를 다녀온 나는 영이라는 존재는 신계 신들도 새로 만들거나 소멸하게 할 수 없는 존재라는 것을 잘 알고 있다.

둘째, 영원한 지옥에 산다는 것은 영생(靈生, 永生)한다는 의미와 무엇이 다른가? 현세계에서 전쟁터나 음식물이 없는 장소 또는 심한 차별적인 장소에서 살고 있는 것 자체가 영계의 지옥보다 더 큰 지옥에서 사는 것은 아닌가?

또한 영계에 진입해서도 자기 마음대로 살지 못하고 오로지 자신이 믿고 있는 신을 위한 강요된 삶과 찬양하는 행위만 하는 영생(靈生, 永生)이 정말 행복한 삶일까?

나는 북한에 살고 있는 독재자 김정은에게 고통받고 있는 사람들의 삶이 떠올랐다(독재와 종교 체계는 매우 흡사한 체계이다).

물론 영계를 다녀온 나는 왜곡된 신들을 자신의 욕심에 이용하는 사람들과 자살자가 '영적정화소'에서 겪게 되는 신과 영의 정산 과정을 경험해야 한다는 사실을 알고 있다.

그 고통의 시간을 제외하고는 영계라는 장소는 자신의 의식을 감추어서 상대방을 속고 속일 수 있는 현세계보다, 주변 영들에게 자신이 생각하는 모든 의식이 드러나게 되어 속일 수 없는 장소이기 때문에 남을 위하는 행위를 자연스럽게 하게 되는 아주 좋은 장소라는 사실도 잘 알고 있으며, 신은 없고 신앙만 존재하고 있는 지금의 종교를 믿지 않는 무종교이면서 강력한 유신론자인 나는 지옥에서 거주할 일이 전혀 없다고 생각한다(영계와 사후세계를 경험한 나의 최대 수확은 종교가 없는 유신론자가 되었다는 사실이다).

종교는 가짜 신을 만들어 숭배하는 집단이기 때문에, 무신론자는 진짜 존재하는 신들을 부정하기 때문에 나는 둘 다 싫어한다. 참고로 진짜 신들은 시시콜콜하게 사람들의 삶에 직접 관여하지 않는다.

영계에 자신들의 종교 집단 거주지를 건설한 용신들은 자신들의 요구를 들어주지 않았던 신계 신들을 더 이상 인정하지 않겠다고 선언하고, 지구로 이전되어 오고 있는 시리우스 별 B의 영들을 사로잡아 신계 신들의 계획인 사람들의 영으로 윤회하지 못하도록 하기 위한 계획을 수립하였다.

현세계는 공룡들이 신의 신벌로 인하여 이미 멸종하고, 공룡 영들과 시리우스 별 B 영들이 장착할 사람은 아직 태어나지 않은 상황이었고, 영계는 폭력성이 있는 단순한 의식 체계로 감정적인 본능을 가지고 있던 공룡 영들이 복잡한 의식 체계로 이성적인 본능을 가진 시리우스 별 B 영들이 지구별에서 윤회하는 삶으로 영적 성장을 도모하는 것을 막기 위한 효과적인 준비를 차근차근 준비하고 있었다.

제47장

지옥(地獄)의 유래

오늘날 종교(宗教), 신화(神話)나 전설(傳說)로 전해지는 이야기들은 우리들 영들에게는 아주 오래전 과거에 발생하였던 사건에 대한 기억들의 단편적인 모음들일 뿐 미래에 발생할 일들이 아님을 독자 여러분들이 먼저 이해하고 나의 책을 읽어주기 바란다.

종교, 신화나 전설로 내려오는 이야기들은 특정 종교에서만 내려오는 것이 아니라 그보다 오래전 과거에 거의 비슷한 내용으로 우리들에게 전해져 왔었지만 특정 종교가들이 우리들에게 전해져 내려오는 이야기를 각색하여 더 상세하게 구체화했을 뿐이다.

따라서 특정 종교의 내용을 예시로 적은 것은 특정 종교를 폄하하는 것이 아니라 특정 종교가 오래전 과거에 우리들, 영들에게서 발생했던 사건들에 대한 기억들의 단편들을 더 많이 모았고, 가장 상세하게 각색하여 소지하고 있으며, 많은 사람들에게도 알려져 있기 때문에 독자 여러분들의 이해를 보다 쉽게 돕기 위한 방편으로 특정 종교적 내용을 참고로 활용하여 기술한 것임을 이해하여 주기 바란다.

신계 신들은 시리우스 별 B 영들을 지구별로 천천히 이전하기 시작했다. 그리고 처음 신계 신들이 새롭게 창조하였던 사람들의 모습은 공룡 영들이 장착했던 공룡들처럼 큰 몸체와 시리우스 별 B 영들이 장착했던 지혜로운 두뇌를 소유한 존재였다.

다시 말하면 지금처럼 조그만 몸집을 가진 힘이 약한 사람의 형태가 아니라 진화라는 형식을 활용하여 당시 지구라는 별에서 같이 생존하고 있었던 모든 생물들을 빠르게 지배할 수 있도록 힘과 지혜를 동시에 갖춘 거인(巨人)의 형태로 공룡과 시리우스 B 영들에게 선물한 것이었다(최초 인류인 거인족의 탄생).

거인족(巨人族)

오늘날 인류 문명에서 거인족(巨人族)이 존재하였다는 사실은 각종 신화와 유물 등이 발견되어 알 수 있다.

에피소드 1 : 신화나 종교 또는 전설에 등장하는 거인(巨人)들의 이야기

첫째, 그리스 신화에 나오는 거인족 기간테스가 있다. 기간테스는 대지의 여신 '가이아'에게서 탄생한 자녀들로 '가이아'는 태초부터 독립적으로 존재한 만물, 땅 또는 지구의 어머니이자 창조의 어머니인 신으로 묘사되어 있다. 또한 기간테스의 외모는 상반신은 인간의 형상을 하고 하반신 다리는 뱀의 형상을 한 모습으로 표현되어 있었지만, 2세기경 그리스 여행가 파우사니아스는 『그리스 안내서』에서 이러한 기간테스의 형상을 부정하였다. 그러나 나는 파우사니아스는 신화적 묘사를 상징성으로 받아들이지 못한 어리석은 무지(無知)로 인한 잘못된 주장으로 생각한다.

기간테스가 태초부터 존재한 대지의 여신 '가이아'에게서 태어났다는 말은 신계 신들이 진화의 형식으로 사람을 처음 창조할 때 거인으로 만들었다는 뜻이다.

그리고 기간테스의 외모가 상반신은 인간의 형상을 한 것은 지혜로운 지식을 가진 시리우스 별 B 영들의 두뇌를, 하반신 다리가 뱀의 형상을 한 것은 몸체가 큰 공룡의 영들 중 당시 영계에서 권력을 잡고 있었던 유순하면서 지상파인 뱀의 형상을 지닌 용파를 형상화하였기 때문이다.

신계 신들에게 대항하기 위하여 공룡 영들이 영계에 건설한 최초의 종교 집단지는 유순한 지상파인 뱀의 형상을 가진 다수 용파들이 권력을 잡고 공중파인 익룡의 형태를 가진 소수 드래곤 파들이 보좌하는 형식의 연합정권의 형태였으며, 뱀은 용파들의 형상이고 익룡은 드래곤파의 형상이었다. 참고로 중국인들의 신화 속에서 천지(天地)를 창조한 반고도 거인이었다.

둘째, 『성경』 창세기 6장에서 언급된 거인족 '네피림'이 있다. 창세기 6장 1절부터 6장 7절까지의 내용을 먼저 쓰고 나의 해석을 적어 놓겠지만 성경과 내가 말하는 하나님의 존재는 완전히 다르며 나는 과거 영계에서 발생한 영적 전쟁의 영웅담을 특정 종교들이 차용했다고 주장한다.

- 창세기 6장 1절부터 6장 7절까지의 내용

창세기 6장 1절

사람이 땅 위에 번성하기 시작할 때에 그들에게서 딸들이 나니

창세기 6장 2절

하나님 아들들이 사람의 딸들의 아름다움을 보고 자기들이 좋아하는 모든 여자를 아내로 삼는지라

창세기 6장 3절

여호와께서 이르시되 나의 영이 영원히 사람과 함께 하지 아니하리니 이는 그들의 육신이 됨이라 그러나 그들의 날은 백이십 년이 되리라 하시니라

창세기 6장 4절

당시에 땅에는 네피림이 있었고 그 후에도 하나님의 아들들이 사람의 딸에게로 들어와 자식을 낳았으니 그들은 용사라 고대에 명성이 있는 사람들이었더라

창세기 6장 5절

여호와께서 사람의 죄악이 세상에 가득함과 그의 마음으로 생각하는 모든 계획이 항상 악할 뿐임으로 보시고

창세기 6장 6절

땅 위에 사람 지으셨음을 한탄하사 마음에 근심하시고

창세기 6장 7절

내가 창조한 사람을 내가 지면에서 쓸어 버리되….

• 영계에서 과거 인류의 역사를 본 나의 해석

땅 위에 번성한 딸은 공룡 영들을, 하나님의 아들은 지구 밖에 있던 시리우스 별 B 영들을, 하나님 또는 여호와는 신계 신들을, 네피림은 시리우스 별 B 영들과 공룡 영들이 장착할 수 있도록 처음 신계 신들이 진화라는 형식으로 창조하여 준 거인족(巨人族)을 뜻한다.

현재 공룡 영(딸)들의 잔재들은 거의 소멸되었지만 과거에는 지구라는 별에서 성장한 영들 중 대부분을 구성하고 있었다.

시리우스 별 B 영(하늘에서 온 하나님의 아들)들의 지혜와 힘이 센 커다란 몸체를 소유한 혼용 형태(하나님의 아들들이 사람의 딸에게로 들어와 자식을 낳았다)를 선호하여, 신계 신들이 거인족인 '네피림'을 현세계에 탄생시켜 주었고 '네피림'이라는 거인족들은 지구별에서 탄생하자마자 거침없이 용맹스럽게 적응하며 살아가고 있었다.

하지만 시리우스 별 B 영들과 공룡 영들이 영계의 주도권을 차지하려고 다투는 행위와 의식 그리고 계획들을 경험하면서 신계 신들은 지구라는 별에서 다른 경쟁 동물들을 손쉽게 제압하고 적응할 수 있었던 '네피림'이라는 거인족을 선물하여 준 것을 크게 후회하였다.

그래서 시리우스 별 B 영들과 공룡 영들이 지구라는 별에서 적응하고 생존하는 과정에서 서로 다투기보다는 협동할 수 있도록 영장류에서 진화라는 형식을 활용하여 힘이 약한 존재로 다시 만들어 주게 되었고, 이 존재가 바로 지금의 사람이다.

거인족의 숫자는 계속해서 줄어들고 있었고, 사람들의 숫자는 계속해서 늘어나게 되어, 일정 기간 동안에는 거인족과 사람이 함께 공존하던 시절이 있었지만, 곧 후손들이 끊어진 거인족들은 멸종하게 되었다.

셋째, 세계 도처에는 거인족들에 대한 전설들이 있다. 그리스 전설에는 제우스가 이끄는 신족들과의 싸움에 패하여 몰락한 거인족 '타이탄'이 있고, 『성경』에는 다윗과 싸운 거인족 '골리앗'이 있다.

영국 전설에는 브리튼 섬에 살고 있던 최후의 거인 고그와 마고그가 이탈리아에서 온 영웅 '브루터스'에게 죽음을 당한 이야기가 전해져 오고 있다. 그러나 무엇보다도 인류 문화 이전에 거인족이 먼저 살았다는 전설들이 전해지고 있는데, 이집트 전설에는 초대 왕조를 거인족이 건설했다고 하며, 잉카 전설에서 잉카족들의 우주는 다섯 시대가 순차적으로 도래하였다고 주장하는데, 비라코차의 시대, 거인(巨人)의 시대, 최초의 인간의 시대, 전사들의 시대, 잉카의 시대로 거인의 시대는 최초 인간의 시대 바로 앞이었다.

그리고 수메르 왕조의 전설적인 영웅 길가메시는 4m의 거인이었다고 하며, 길가메시 이후 수메르 왕조도 거인 왕들이 통치했다는 기록이 남아 있다.

마지막으로 멕시코 마야 전설에서는 먼 옛날 거인들이 살고 있었는데 대지진으로 인하여 대부분 지상(地上)에서 멸종되었고, 살아남은 일부도 인간들에 의해 멸종되었다고 한다.

에피소드 2 : 역사적 사실에 등장하는 거인들의 이야기

1912년 미국에서는 3m나 되는 거인의 유골을 전시하였고, 1936년 독일 학자에 의해 탄자니아 에야시 호수 인근에서 키가 10m 이상으로 추정될 수 있는 거대한 뼈가 발견되었다.

2014년 남아프리카 공화국에서 1.2m 거인 발자국이 발견되기도 하였고, 독일의 브라이텐비너 동굴에서는 거인들의 유골이 발견되는 등 여러 가지 역사적 증거로 과거 지구에는 거인들이 존재하였음을 증명하고 있다.

당시에 신계 신들의 영적 성장 계획을 완전히 무시한 공룡 영들은 윤회를 거부하였기 때문에, 조금씩 지구별로 이주한 시리우스 별 B 영들만이 '영적정화소'를 거쳐 현세계에서 거인으로 살다가 다시 영계로 진입하고 있었다.

과거 지구에서 살았던 공룡들과는 다르게 시리우스 B 영들이 장착된 거인족들은 지금 현재에 살고 있는 사람들보다는 못 하지만 동물과는 크게 차이가 나는 생각과 의식이 있는 존재들이었다.

그리고 영계 지역은 다수 유순한 지상파인 용파가 최고 권력을 잡고, 소수 폭력적인 공중파인 드래곤파가 용파를 보좌하는 연합정권이 수립되어 있었다.

영계의 실질적 지배자인 용신들은 신계 신들의 직접적인 간섭을 거부하고, 공룡 영들의 윤회도 거부하면서, 스스로 신이 되어 영생(靈生, 永生)동안 영계 지역을 다스리고자 시리우스 별 B 영들이 윤회 과정을 방해하여 영적 성장을 하지 못하도록 계획을 수립하고 즉시 실행하였다.

시리우스 별 B 영이 현세계에서 거인족으로 환생한 후 죽음을 맞이하여 영계에 진입하게 되면, 공룡 영들은 즉시 시리우스 별 B 영을 사로잡아 자신들이 만들어 설치한 감옥에 가두고 있었는데 이 장소가 지옥의 유래이며 초기 형태였다. 영계 지역 종교 집단 거주지에 처음 설치된 감옥은 현재 존재하고 있는 지옥과는 크게 다른 역할을 하고 장소였다.

수감자들에게 고문과 고통을 주는 장소가 아니라, 단순하게 윤회를 하지 못하도록 방해하기 위하여 수감자들을 가두어 놓았던 장소로 다수 유순한 지상파인 용신들의 명령에 의하여 소수 포악한 성질을 가진 공중파인 드래곤파 영들이 담당하고 있는 장소였다.

조금씩 외계에서 온 시리우스 별 B 영들이 윤회를 하지 못하고 영계 지역에서 용신들이 지배하고 있는 종교 집단 거주지 안에 있는 감옥에 갇히게 되자, 현세계에 태어나는 거인족들의 숫자는 장착할 영들의 부족으로 인하여 적을 수밖에 없었다.

영계 지역을 지배하고 있었던 용신들보다 지혜로웠던 시리우스 별 B 영들이었지만, 수적 열세와 소수로 분리된 감금 생활 때문에 이와 같은 불리한 상황을 해결할 수 있는 방법을 쉽게 생각하지 못하고 있었다.

그러나 점차 시간이 흐르자 종교 집단 거주지 내 감옥에서 아무런 의문 없이 용파들의 명령을 수행하고 있는 단순한 의식체계를 가진 포악한 드래곤파 영들의 성격과 심리를 완전하게 파악한 시리우스 별 B 영들은 드래곤파 영들의 반란을 도모하기 위하여 설득을 시작하였다.

지혜로웠던 시리우스 별 B 영들이 종교 집단 거주지 내 감옥을 지키고 있었던 드래곤파 영들을 설득한 주요 내용은 두 가지였다.

첫째, 신계에 거주하는 신도 아니면서 영계에 종교 집단 거주지를 용파와 드래곤파가 함께 건설한 후에는 오직 한 명인 용파 수장만을 경배 대상자로 선정하고, 모든 공룡 영들이 영광을 받는 것이 아니라 용파 수장만이 영광을 독식하는 지금 같은 형태의 종교 집단 거주지는 언젠가는 신계에 거주하고 있는 신들에게 신벌을 받게 되는 결과를 가져올 것이므로 그러한 상황이 발생하지 않도록 용파 수장을 설득하거나, 설득이 어려우면 수장 자리에서 몰아내기 위하여 반란을 일으켜야 한다는 사실을 알려주었다.

더구나 용파들에 비하여 숫자만 모자를 뿐이지, 힘과 능력이 더 좋은 드래곤파 영들이 용파 영들과 함께 영계를 다스리지 못할망정 감옥만을 지키고 있는 존재가 되어서는 안 된다고 조언하였다.

둘째, 용파들이 주장하는 영생(永生, 靈生)하는 삶이란 신이 될 수 있는 필수적 과정인 윤회를 하지 못하게 하는 조치로, 결국에는 신도 되지 못할뿐더러 생기(生氣)들의 고향인 범아계로도 더 이상 되돌아갈 수 없게 된다고 말해주었다.

즉시 신계 신들이 제안한 공룡 영들과 시리우스 별 B 영들이 거인 족으로 환생하는 신의 계획을 인정하고 따라야 하며, 그렇게 하기 위해서는 감옥에 있는 시리우스 별 B 영들과 드래곤파 영들이 힘을 합쳐 용파들의 수장과 수장을 따르는 일부 용파들을 죽여 현세계에 존재하는 미생물로 환생시켜 문제를 해결하게 되면 영원토록 많은 공룡 영들의 존경을 받을 수 있다고 설득하였다.

시리우스 별 B 영들의 지속적인 설득은 마침내 효과를 발휘하게 되었고, 감옥의 총 책임자인 드래곤파 수장은 신계 신들의 계획을 거부하고 자신들만이 신으로 군림하고자 하는 용파 수장의 정책에 정면으로 대항하기로 결심하게 되었다.

사탄(Satan)

사탄(Satan)이란 '방해자' 또는 '적대자'라는 뜻으로 한 명뿐인 절대자 하나님에게 대적하거나 하나님을 대적하게 만드는 악한 영의 우두머리를 뜻한다. 최초로 하나님께 대적한 존재는 사탄(Satan)이었다고 하며, 창조주만 받아야 하는 숭배를 자신도 받고 싶어 했으며, 하나님과 경쟁하는 신으로 자처했다고 한다. 그래서 '대항자'라는 의미인 사탄(Satan)이라는 이름을 가지게 되었으며, 하나님을 보좌하였던 많은 천사의 무리들이 사탄(Satan)에 가담하여 반란에 참여했다고 한다.

나는 신화나 종교에서 등장하는 사탄(Satan)을 당시 영계 권력자이며 지배자인 용파 수장을 대상으로 최초로 반란을 도모한 드래곤파 수장으로 이해하고 있다.

종교 집단 거주지 내 감옥을 다스리던 드래곤파 영들은 용파 영들보다는 힘이 강했지만, 수적 열세는 극복하기가 매우 힘들었기 때문에, 드래곤파 수장이 아무리 용맹스럽고 지혜로워도 용파 수장에 대한 반란을 승리로 이끌기에는 많은 무리가 있었다. 드래곤파 수장은 용파 군대 최고 사령관이자 권력 서열 2위인 샛별을 찾아가 시리우스별 B 영들의 주장을 이야기해 주게 되었다.

드래곤파 수장 이야기를 듣게 된 용파 군대 총사령관인 샛별은 처음에는 무척 당황하며 의미를 이해하지 못했지만, 어느 것이 전체 용파를 위해 옳은 행위인가에 대하여 심각한 고민을 하게 되었다.

영계 최고 지배자인 용파 수장의 최고 조언자이자 총명했던 샛별은 많은 고민을 거듭한 끝에 용파 수장을 찾아가 드래곤파 수장의 주장과 계획을 알려주면서, 신계 신들의 계획에 순응하고 즉각적인 감옥의 폐지를 건의하게 되었다.

그러나 용파 수장은 샛별의 건의를 무시하였을 뿐 아니라, 용파 최고 군사령관 지위에서 파면하였고, 드래곤파 수장과 함께 종교 집단 거주지 안에 있는 감옥에 가두게 되었다.

루시퍼(Lucifer)

루시퍼(Lucifer)란 '빛의 수호자, 빛을 발하는 자' 또는 '횃불의 운반자'라는 뜻으로 천계(天界)에 있을 때 신으로부터 가장 사랑받은 자라고 한다. 신이 모든 천사를 통솔하는 직책을 주었지만, 이에 만족하지 않고 신의 권위에 도전하여 자신을 따르는 천사들을 이끌고 전쟁을 일으켰으나, 곧바로 신에게 패배한 후 하늘에서 지상으로 떨어진 존재가 되었다고 한다.

나는 신화나 종교에 나오는 루시퍼(Lucifer)를 당시 영계 권력자이며 지배자인 용파 수장에게 대항하여 최초의 반란을 일으킨 용파 군대 총사령관인 샛별로 이해하고 있다.

용파 수장과 샛별과의 의견 충돌 내용과 샛별에 대한 처분에 부당함을 느낀 용파 군대의 장군들이 감옥을 찾아가 샛별에게 반란을 도모할 것을 주장하게 되었다.

종교 집단 거주지 내에 있는 감옥에서 시리우스 별 B 영들과 거인족 영들의 고통, 그리고 종교 집단 거주지 안에 있는 감옥만 지키는 차별 대우를 받고 있던 드래곤파 영들을 직접 목격하고 체험하면서 그들과 소통했던 샛별은 반란군의 수장이 되어 집권자인 용파 수장을 처단하고 영계를 변혁하기로 결정하였다.

홀로 영광 받기를 좋아하고 부하들의 영들을 무시하고 있는 용파 수장은 즉시 반란군을 진압할 수 있는 군대를 모집하였으나, 군대는 모집되지도 않았을 뿐 아니라 용파 영들의 일부도 지혜롭고 총명하며 자신들을 자상하게 대우하여 주는 샛별의 반란군에 참여하였다.

영계에서 영들 사이에 거대한 전쟁의 구도는 용파 수장이 거느리는 다수 용파 영들과 전직 용파 군대 총사령관이었던 샛별이 거느리는 소수 용파 영들과 드래곤파 영들, 시리우스 B 영들 및 극소수 거인족 영들의 구도로 전개되고 있었다.

천상(天上) 전쟁의 전설(傳說)

천사 중의 천사인 대천사 루시퍼(Lucifer)가 자신을 따르는 천사들의 1/3을 이끌고 하나님의 옥좌를 빼앗기 위하여 천상에서 전쟁을 일으켰으나 실패하였다는 이야기가 전해지고 있다.

나는 이 시대에 천상(天上)인 영계에서 일어난 전쟁이 바로 당시 집권자인 용파 수장과 다수 용파 영들을 대상으로 반란을 일으킨 소수 용파 영들, 드래곤파 영들, 시리우스 별 B 영들과 극소수 거인족 영들의 연합군으로 참여하여 힘을 겨루었던 전쟁으로 이해한다.

전쟁의 초반과 중반에는 샛별이 거느리는 소수 용파 영들이 주축이 된 연합군이 수적으로는 많으나 군사적 경험이 훨씬 적었던 용파 수장이 이끄는 군대를 쉽게 격파하고 파죽지세로 영계 지역 대부분을 순식간에 점령하였다. 샛별이 이끄는 연합군의 공격을 받고 수많은 다수 용파 영들은 영계에서 죽음을 맞이하였다.

영들이 죽는다는 것은 현세계에서 맞이하는 죽음과는 전혀 다른 나약한 존재의 영이 된다는 뜻이다. 현세계에서 사람으로 태어날 수 있는 능력을 가진 영이 영계에서 죽음을 맞이하면 나약한 영이 되어 윤회 과정을 통해 현세계에 태어나더라도 미생물 등으로 태어날 수밖에 없다는 뜻이다. 영은 새로 생겨나지도 없어지는 존재도 아닌 불생불멸(不生不滅)의 존재이지만 능력과 힘은 증가할 수도 혹은 감소할 수도 있다.

영계 대부분 지역에서 격돌한 전쟁을 모두 패한 용파 수장을 따르는 영들은 마지막 10개의 대규모 종교 집단 집단지에 몰려 있었다. 모든 영토를 샛별 연합군에게 상실하게 된 용파 수장은 바다 지역에 은둔하고 있던 용왕대신을 찾아가 자신들을 구해달라고 요청하였다(현세계, 사후세계와 영계는 동일한 지역에 있지만 차원이 다른 세계로 이해히면 된다).

용파 수장은 용왕대신의 또 다른 자녀인 용파 샛별이 일으킨 반란으로 설명하지 않고, 지구별로 이전하여 온 시리우스 별 B 영들의 반란으로 설명하였으며, 지금 용왕대신의 후손들인 지상파인 용파와 공중파인 드래곤파가 시리우스 별 B 영들에 의해서 모두 죽임을 당하게 되었다고 속였다.

신이었던 용왕대신도 모든 사실을 알고 있었지만, 자신의 소중한 자녀인 공룡 영들을 살리기 위하여 전쟁에 참여할 명분을 얻고 싶었을 뿐이라고 나는 생각한다.

이에 격분한 용왕대신은 자신의 최측근 신인 7명의 전쟁 신을 시리우스 별 B 영들의 반란을 진압하는 데 활용하라며 용파 수장에게 파견시켜 주었고, 곧바로 7인의 전쟁 신들에 의한 대반격이 시작되었다.

신(神)이 보내준 7대 천사의 전설(傳說)

- 『실낙원』

황금 구름으로 싸여 있는 옥좌 주변에서 한 음성이 울려 나왔다. 적들을 힘으로 제압하는 것이 좋으리라. 가라, 미카엘, 천군(天軍)의 지휘자여!

- 『요한 묵시록』 20장 1절~3절

나는 또 한 천사가 끝없이 깊은 구렁의 열쇠와 큰 사슬을 손에 들고 하늘로부터 내려오는 것을 보았습니다.

그는 늙은 뱀이며, 악마이며 사탄(Satan)인 그 용을 잡아 천 년 동안 결박하여 끝없이 깊은 구덩이에 가둔 다음….

- 『요한 계시록』 12장 9절

큰 용이 내쫓기니 옛 뱀 곧 마귀라고도 하고 사탄(Satan)이라고도 하며….

- 『이사야』 14장 12절

루시퍼(Lucifer)야, 네가 어찌 하늘에서 떨어졌느냐! 민족들을 연약하게 하였던 네가 어찌 땅으로 끊어져 내렸느냐!

나는 천군(天軍)의 지휘자인 미카엘을 용왕대신이 보내준 7대 전쟁 신들의 수장으로 보며, 큰 용은 공중파인 익룡의 모습이었던 드래곤파인 사탄(Satan)이 아닌 지상파인 뱀의 모습이었던 전직 용파 군대 총사령관이였던 샛별인 루시퍼(Lucifer)로 본다.

옛 뱀이라는 표현은 천상의 전쟁에서 패한 샛별이 자신들과 같은 오래된 친족이었음을 뜻하며, 그 용을 잡아 천 년 동안 결박하여 깊은 구덩이에 가두었다는 것은 종교 집단 거주지 내에 있는 감옥에 가두었다는 뜻이다.

그리고 용파가 아닌 드래곤파인 사탄(Satan)은 감옥에서 고문과 고통을 주었지만, 같은 종족 용파인 루시퍼(Lucifer)에게는 같은 종족인 용파들을 지키라고 했던 네가 어찌 땅인 영계 감옥에 갇히게 되었냐고 책망하였을 뿐이다.

(종교 서적에서는 하늘을 천국으로 땅을 지옥으로 표현했다.)

마침내 용왕대신이 보내 준 7명의 전쟁 신들은 용파들의 마지막 보류였던 10개의 대규모 집단지를 지켜냈을 뿐만 아니라 공격을 가하고 있던 샛별이 이끄는 연합군을 완전히 괴멸시킴으로써 마침내 최초로 발생하였던 영계에서의 반란을 진압하게 되었다.

샛별이 이끄는 연합군이 용왕대신이 보내 준 7명의 전쟁 신들의 용맹함을 보고 두려움에 떨면서 은유적 상징으로 7대 용신들에게 붙여신 별명이 '바다에서 나오는 일곱 머리 열 뿔 달린 짐승'이었다.

바다에서 나온 일곱 머리 열 뿔 달린 짐승 이야기

에피소드 1 : 바다에서 나온 일곱 머리 열 뿔 달린 짐승의 뜻

바다는 영계 지역 중에서 용왕대신이 살고 있던 장소를 말하며, 일곱 머리란 용왕대신이 용파의 수장에게 보내 준 7명의 전쟁 신을 말한다.

열 뿔은 샛별이 이끈 연합국의 반란으로부터 7대 전쟁 신들이 지켜낸 용파 영들의 마지막 피난처인 10개 종교 집단 거주지를 말하며, 뿔은 많은 영들이 많이 모여 있다는 의미다.

에피소드 2 : 뿔의 의미

뿔은 발기한 남자의 성기를 본떠 만들었기 때문에 많은 자녀를 낳았거나 낳는다는 인적 풍요와 많은 사람들을 거느리고 있다는 권위를 상징한다.

고대 사람들은 가면이나 관에 뿔을 장식하면 힘이 증대되어 권위가 향상된다고 믿었는데, 발기한 남자의 성기를 힘으로 인식하는 현대 사람들의 생각과 매우 흡사하다.

뿔은 동물 새끼들에게는 없고 성체에게만 있으며, 이빨과 발톱을 사용하는 육식동물에게는 필요 없지만, 빨리 달아나기 위해 발톱이 날카롭지 않은 초식동물들에게는 육식동물들의 공격을 방어하기 위하여 뿔이 필요하다(뿔은 공격용 무기가 아닌 방어용 무기이다).

현실세계에서도 뿔이 달린 동물들은 포악한 육식동물이 아닌 유순한 초식동물이지만, 뿔이 달린 상상 속의 존재는 사람들에게 해를 끼치는 악당이나 악마로 인식되고 있다.

이렇게 인식하게 된 사연은 나중에 영계에서 무속령들의 선조가 된 지상파인 용파 영들을 영계에서 몰아내고, 영계의 실질적인 지배자가 된 종교령들의 시조(始祖)인 드래곤파 영들이 자신의 후손들에게 영감(靈感)과 교육을 통해 지속적으로 뿔을 부정적인 이미지로 교육했기 때문이다.

최초의 영적 전쟁 당시 드래곤파 영들은 마지막으로 남아 있었던 10개의 종교 집단 거주지인 장소(뿔은 영들이 많이 모여있다는 의미를 가짐)를 점령하지 못하고, 용왕대신이 보낸 7명의 전쟁 신들의 대반격으로 패하게 되었고, 점령에 실패했던 10개의 종교 집단 거주지인 장소를 뿔이라는 트라우마로 계속 의식하고 있었다.

용파 수장은 반란에 참여했던 소수 용파 영들, 시리우스 별 B 영들 및 거인족 영들을 모두 종교 집단 거주지 안에 있는 감옥에 가두고 고통과 고문을 가하기 시작하였는데 이것이 지옥의 시초이자 유래이다.

지옥은 신계 신들이 계획한 시리우스 B 영들과 창조한 거인족 영들의 영적 성장을 하는 윤회를 막기 위하여 단순하게 가두는 종교 집단 거주지 안에 설치된 감옥에서 시작되었지만, 반란 사건 이후에는 반란에 참여한 연합군 영들을 가두고 고문과 고통을 가하는 장소인 지옥으로 변화되었다.

그러나 용왕대신과 용왕대신이 파견한 7대 전쟁 신들의 용서로 드래곤파 영들과 샛별을 따르던 소수 용파 영들은 고통과 고문을 받는 상황을 면제받게 되었고, 시리우스 별 B 영들과 거인족 영들만 계속해서 지옥이라는 장소에서 고통과 고문을 받게 되었다. 이때의 시대를 '용왕대신의 시대'라고 부른다.

신계 신들의 계획에 의해 창조된 거인족들의 영들이 윤회를 잘하지 못할 뿐만 아니라 종교 집단 거주지 내에 설치된 지옥이라는 장소에서 고통과 고문을 받고 있다는 소식을 듣게 된 신계 신들은 크게 분노하여 태양계를 주관하던 태양 신에게 지구별 안 영계 지배 세력인 용파 영들을 즉시 제거하라고 명령하였다.

그리고 공룡 영들과 시리우스 별 B 영들의 전쟁 원인과 행위에 크게 실망한 신계 신들은 공룡 영들과 시리우스 별 B 영들이 서로 다투지 않고 협동심을 발휘하여 살아갈 수 있도록 하기 위하여 지구 생태계를 손쉽게 장악할 수 있도록 창조하여 주었던 거인족(巨人族)에 대한 계획을 폐지하여 거인족이 자연적 소멸을 하도록 만들었으며, 거인족 대신 몸집이 작은 존재인 사람의 탄생과 번성으로 영적 성장 계획을 수정하였다.

사람의 탄생 배경

신계 신들은 당초에는 공룡 영과 시리우스 별 B 영들이 현세계에서 윤회를 할 때 장착할 육체인 영체(靈體)를 지구 생태계에서 손쉽게 적응할 수 있고 모든 생태계를 쉽게 장악할 수 있는 거인족으로 결정하였다.

거인족은 공룡들처럼 큰 몸집과 시리우스 별 B 영들처럼 지식과 지혜를 함께 갖춘 존재로 지구 생태계 안에서는 어떤 적수도 존재할 수 없는 무소불위의 능력을 가진 뛰어난 존재였다. 그러나 신계 신들이 영계에서 발발한 공룡 영들과 시리우스 별 B 영들의 영적 전쟁을 본 후에 크게 실망하게 되었고, 서로 의지하고 협동하면서 살아갈 수 있도록 몸집이 매우 작은 사람으로 영적 성장 계획을 수정하게 되었다.

영적 전쟁에 대한 신계 신들의 신벌로 몸집뿐만 아니라 영적 성장 속도마저 크게 낮아져 영장류에서 새로운 진화 형식으로 탄생한 초창기 사람들의 의식과 행위는 동물들과 아주 흡사한 삶을 살게 되었으며 진화 속도 및 영적 성장 속도도 현재와는 비교할 수 없을 정도로 더디게 진행되었다.

이에, 태양을 주관하던 신이 자신을 보좌하던 전쟁 신인 3명을 파견하여 용왕대신이 파견했던 7대 전쟁 신들과 집권세력인 용파 수장 및 영들을 제거하고 영계를 완전히 장악하였으며, 드래곤파 영들은 영계 서쪽 지역을 다스리고, 시리우스 별 B 영들은 영계 동쪽 지역을 다스리게 하였다.

이에 용왕대신이 용파 영들을 보호하기 위하여 직접 전쟁에 참여하려고 하자 신계 신들의 사자(使者)인 죽음을 관장하는 신, 진돌이가 지구별을 방문하여 용왕대신의 요청을 일부 수락하는 방식으로 중재하게 되었다.

신계 신들의 허락으로 용왕대신은 현세계와 영계의 중간 지역인 사후세계를 크게 확장시켜 용파 영들에게 제공하였고, 영계에서 쫓겨난 유순한 지상파인 용파 영들은 용왕대신의 인도로 영계 지역 아래에 있는 사후세계라는 장소에 정착하여 살게 되었다(사후세계의 탄생과 무속령이 된 용파 영들의 유래).

이후 영계에서 용파 영들을 몰아내고 드래곤파 영들과 시리우스 별 B 영들에게 지배할 영토를 준 영웅인 태양 신을 보좌하던 3명의 전쟁 신들을 삼신(三神)으로 부르게 되었으며, 이 시대를 '권력의 태양 시대'라고 부르게 되었다.

또다시 많은 시간이 흐른 뒤 수많은 윤회 과정을 통해 영계로 진입하여 들어오는 사람들 영의 숫자가 점차 많아지면서, 영계 서쪽 지역에서는 윤회하여 영계로 진입하는 사람들의 영과 영계 서쪽 지역의 지배자인 드래곤파 영들과 영적 갈등이 점차 심화되다가 마침내 큰 영적 전쟁이 또다시 발발하게 되었다.

드래곤파 영들과 사람들의 영들과의 밀고 밀리는 치열한 영적 전쟁 결과 마침내 사람들의 영이 드래곤파 영들을 영계 서쪽 지역에서 몰아내고 그들이 만들어놓은 종교 집단 거주지를 장악한 시대를 '행복의 달 시대'라고 부른다.

그러나 사람들의 영은 시리우스 별 B 영들처럼 지혜롭지 못하여 점차 영계에서 자신들이 몰아낸 드래곤파 영들의 행위를 닮아 더욱 악해진 종교령들로 변질되었고, 이를 막고자 신계 신들은 사람들의 의식 혁명 주체인 정도령(正道靈)들의 탄생을 준비하게 되었다.

지금 우리는 '행복의 달 시대'가 끝나고 '권위의 별 시대'를 맞이하는 준비를 하고 있는 의식의 대변혁 시대에 살고 있다.

의식 혁명 주체로 준비된 정도령(正道靈)들이 영계 서쪽 지역을 다스리던 사람들의 영인 종교령들과 사후세계를 지배하고 있는 용파 용신들을 몰아내고 사람들에게 새로운 의식을 제시하고 정화시켜주는 시대를 '권위의 별 시대'라고 부른다.

영계나 사후세계에 대한 무지(無知)로 인하여, 현세계에 살고 있으면서 영적으로 고통받고 있었던 '행복의 달 시대'를 종식하고 정도령(正道靈)들의 무한탐구와 충실한 노력으로 영계나 사후세계의 영적 구조를 완벽하게 이해하여 사람들의 삶을 스스로 제도하여 주는 '권위의 별 시대'를 열게 된다.

마지막으로 지금으로부터 수만 년이 흐른 뒤 사람들의 영들이 현세계, 사후세계와 영계를 모두 알고 완벽하게 대처하는 시대를 '완성의 정도(正道) 시대'라고 부르는데, '완성의 정도(正道) 시대'의 마지막은 종교가들이나 도교가(道敎家)들이 흔히 주장하는 하늘에서 하나님이 직접 내려와 심판하는 종말이나 개벽이라는 사건이 발생하는 것이 아니라 지구별의 순차적인 폐쇄를 진행하고, 지구에 남아 있던 사람들의 영을 다른 별로 이전시키는 것을 말한다.

정(精)이라는 기(氣)의 힘만을 사용하는 신계 신이나 영계에 거주하는 신장(神將)들이 현세계나 사후세계라는 장소에 특정한 목적을 가지고 이미 거주하고 있거나 많이 방문하였더라도, 현세계에 살고 있는 사람들이 현세계에서나 혹은 꿈으로 사후세계를 여행하면서도 볼 수가 없었던 이유는 사람들의 영이 직접 보거나 듣거나 느낄 수 있는 영역의 한계가 있기 때문이다.

신들의 재림과 심판을 기다리는 사람들은 자신들이 직접 보거나 듣거나 느낄 수 있는 영적 영역을 확대한다면, 이미 우리와 함께 존재하고 있는 신들을 보게 되거나 알 수 있기 때문에, 재림에 대한 허구를 금방 인식할 수 있을 뿐만 아니라 신들이 자신을 믿지 않는다는 사악한 사유로 사람들의 영들을 심판하려는 계획도 타당한 이유도 없음을 알게 될 것이다.

또한, 신들의 계획이 자신을 신으로 믿어달라고 요구하거나 자신을 경배하라고 말하거나, 언제 무슨 일들이 발생한다고 이야기해주는 배포가 아주 작고 소심한 성격을 소유한 존재들이 아님을 알게 될 것이다.

신들은 지금까지 세 번에 걸쳐 사람들을 크게 진화시켜 왔으며, 앞으로도 인류가 멸종하기 전까지 몇 차례에 걸쳐 사람들의 몸과 생각과 의식의 영역을 확장시켜 줄 것이며, 그러한 역할은 아마 미래에 탄생하게 될 정도령(正道靈)들이 신의 영감(靈感)을 받아 많은 사람들에게 여러 가지 방법으로 전해줄 것이라고 나는 확신한다.

만물(萬物)의 부모인 신계 신들은 특정한 사람에게만 어떤 지식과 지혜를 결코, 전달하지 않을 뿐더러 전달 방식도 사람들에게 갑자기 나타나 놀래주거나 재난을 일으키는 행위 등 영적으로 자신들보다 나약한 사람들에게 충격을 주는 방식이 아닌 신의 계획에 의하여 자연스럽게 변화되어 이루어지는 최소화 방식으로 신들의 계획을 진행하였으며 이와 관련된 대표적 세 가지 사례를 이야기해 주겠다.

첫째는 신들은 사람들을 진화라는 형식으로 창조한 후 일정 시간이 지난 뒤 사람이 동물과 다르다는 사실을 인식시켜 주었다.

물론 영은 미생물로부터 식물, 동물과 사람에 이르기까지 등급에 따른 장착의 대상이 다르며, 영계의 '영적정화소'를 거친 후 현세계로 환생할 경우에는 대부분 영들이 동물에서 사람으로 장착되는 상향식으로 진행되지만, 신과 영의 정산을 한 극히 일부는 사람들은 동물로 장착되는 하향식으로 내려갈 수도 있다.

여기에서 말하는 사람이 동물과 다르다는 사실의 인식 개념은 일정 등급에 도달한 삶을 뜻하는 말이며, 사람으로 환생한 영은 특별한 사유가 없는 한 지속적으로 사람으로 환생하고, 동물로 환생한 영은 영적 등급이 상향되지 않는 한 다음 생(生)에도 동물로 환생한다는 의미로 생각하면 된다.

이 말은 사람들의 영의 영적 성장 단계가 신계 신들의 의식과 행위에 근접하였을 뿐 아니라, 신이 되기 위한 준비를 하고 있으라는 의미의 영감(靈感)이다.

이러한 신계 신들의 영감(靈感)은 사람들이 스스로 과거 타인으로 태어난 영들을 신으로 섬기고 인식하는 연습도 하게 만들고, 신계나 영계처럼 문명사회를 만들 수 있도록 진화시켰다. 신이 되기까지 갈 길이 먼 동물들의 영에게는 주지 않은 선물로 아무리 뛰어난 동물도 자신들과 같이 태어난 동족인 동물을 섬기고 경배하지 않으며, 심지어는 동물들을 위한 문명사회를 구축할 의식도 가지고 있지 못한다.

둘째, 신계 신들은 사람들의 영이 빠른 영적 성장을 하여, 영을 깨고 신이 되기를 바라는 의미로 서로 소통하고 지식을 축적할 수 있도록 언어와 문자를 선물하였다.

언어는 같은 지역 같은 시대에 사는 사람들끼리 서로 소통하면서 지식을 축적하게 만들었으며, 문자는 다른 시대 다른 지역에 사는 사람들끼리 서로 소통하면서 정보를 축적하게 도와주어서, 궁극적으로 사람들의 영의 영적 성장 기간을 단축하는데 기여를 하였다.

셋째, 지금 시대에 일어나는 일들로 의식의 확장에 대한 영감(靈感)을 주기 위하여 인문철학자(사상가와 과학자를 말한다)들을 탄생시켜 주었다.

인문철학자의 한 축인 과학자들은 끊임없는 과학적 탐구와 이성적 판단력으로 물질세계와 정신세계의 번영과 발전에 이바지하고 있으며, 앞으로 태어나게 될 인문철학자의 한 축인 정도령(正道靈)들도 끊임없는 영적 세계의 탐구로 만물(萬物)의 운행 원리와 사후세계 및 영계의 삶을 파악할 것이다.

신계 신들은 우리들의 친근한 부모로서 자신들의 영광보다는 우리 모두의 영의 발전을 도모하는 존재이며, 특히 특정한 사람에게만 특혜를 주는 소심한 존재이기보다는 모두를 위한 보다 큰 계획을 수립하고 실천하는 배포가 큰 존재임을 알아주기 바란다.

이제부터 각 시대를 좀 더 자세하게 서술하도록 하겠다.

제48장

용왕대신(龍王大神)의 시대

1. 기간

영계를 지배하고 있던 용파 영들이 용왕대신이 파견한 전쟁 신인 칠성 신들의 도움을 받아, 샛별이 이끄는 반란군들을 진압한 때부터 신계 신들의 중재로 용왕대신이 용파 영들을 데리고 영계에서 사후세계로 이동한 때까지

2. 시대 특징

- 신전(神殿) 및 제단(祭壇) 탄생
- 지옥(地獄) 탄생
- 행운의 숫자 7에 대한 믿음과 용왕대신(龍王大神)과 칠성(七星) 중시 문화 탄생
- 인신공희(人身供犧) 문화 탄생

영계에서 발생한 일들이 수천 년에서 수십만 년이 지나면 사후세계나 현세계의 삶의 양식에도 투영되고 실질적으로 영향력을 미치게 된다. 신계 사회가 영계 사회를 지배하고 인도하여 가듯이, 영계 사회는 현세계와 사후세계의 삶을 지배하면서 인도하여 간다는 사실을 알아주었으면 좋겠다.

다시 말하면 영계에서의 삶의 방식이 수천 년에서 수십만 년이 지나면 차원이 다를 뿐 사후세계나 현세계에서 살아가고 있는 삶의 방식으로 적용된다는 뜻이다.

물론 기(氣)세계인 영계에서 구성되어 있는 형태와 물질세계와 정신세계인 현세계와 사후세계에서 구성되어 있는 형태는 차원적으로 확연하게 다르게 보일지라도 근본적인 구성 방법은 자연스럽게 닮아간다는 사실을 이해하라는 의미이다.

에피소드 1 : 영계(靈界)에서 일어난 일들

자신들의 마지막 피난처인 10개 종교 집단 거주지에서 샛별이 이끄는 반란군들에게 사방으로 포위된 용파 영들은 공포와 두려움에 떨고 있었다. 용파 영들이 특히 무서워한 존재는 샛별이 이끄는 같은 종족인 용파도, 시리우스 별 B 영도, 거인족 영들도 아닌 포악한 성격을 가진 드래곤파 영들이었다.

사탄(Satan)이 이끄는 드래곤파 영들은 전쟁에서 패하여 사로잡힌 용파 영들을 감옥에 가두지 않고 무조건 살해하여 영의 힘을 완전히 위축시켜 버렸다. 영이 죽는다는 의미는 현세계에서 환생할 때에도 미생물 이하로만 운영할 수 있을 정도로 힘이 약해진 존재가 된다는 뜻이다.

한 번 죽음을 맞이한 영이 다시 용파 영들처럼 영적 성장을 이루기 위해서는 셀 수 없이 많은 윤회 기간이 필요하기 때문에 용파 영들의 공포심은 극에 달해 있었다.

샛별이 이끄는 조직적인 군대는 없지만, 유순한 성질도 가진 용파 영들이 유일하게 가지고 있던 한 가닥 희망은 지구 만물(萬物)의 어머니이자 지구별의 수호자인 용왕대신뿐이었다. 다른 여러 별들과는 다르게 지구라는 별은 물과 관련있는 별로 용왕대신이 모든 영들의 생명을 주재한다.

용파 수장은 영계 바닷속에서 은둔하고 있던 용왕대신을 알현하고 자신들이 시리우스 별 B 영들의 교활한 계획으로 인하여 샛별이 이끄는 용파 일부 영들과 드래곤파 영들이 속아서 영계에서 반란을 일으켰다고 말했다. 그리고 전쟁이 끝나면 용파 영들과 드래곤파 영들이 모두 시리우스 B 영들에게 죽음을 맞이하게 될 것이라고 주장하였다.

용왕대신은 처음에는 용파 영들과 드래곤 파 영들인 공룡 영들도 시리우스 별 B 영들과 함께 지구라는 별에서 윤회를 하면서 신계 신들이 되는 것이 매우 바람직하다고 판단하고 있다며 용파 수장의 도움 요청을 거절하였다.

그러나 용파 수장은 시리우스 별 B 영들의 사주를 받고 있는 드래곤파 영들이 용파 영들을 감옥에 가두는 수준이 아니라 죽이고 있기 때문에 영적 성장을 이루기 어려우며, 만약 반란이 성공하게 된다면 용파 영들은 단 한 명도 결코 신계 신들이 될 수 없다고 말했다.

용왕대신은 반란군도 모두 자신의 자녀라고 생각하기 때문에 직접 전쟁에 참여하지는 않지만, 자신의 최측근인 7인의 전쟁 신들인 칠성(七星) 신들에게 용파 수장을 도와 반란을 진압하라고 명령하였다.

7인의 전쟁 신인 칠성(七星) 신들은 용파 영들의 마지막 보류지였던 10곳의 종교 집단 거주지를 차례차례 돌면서 사방으로 포위하고 있던 반란군들을 하나씩 제거하기 시작하였다.

마침내 샛별이 이끄는 반란 연합군을 완전히 괴멸시키고, 반란에 가담했던 용파 영, 드래곤파 영과 시리우스 별 B 영 및 거인족 영들을 모두 사로잡아 용파 수장에게 건네주었다.

반란을 진압한 용파 영들은 반란에 참여했었던 소수 용파 영, 드래곤파 영, 시리우스 별 B 영들과 거인족 영들을 감옥에 가두고 온갖 고문을 하면서 고통을 주게 되었는데, 이 장소가 나중에 지옥으로 발전하게 되었다.

그러나 용왕대신과 용왕대신이 보낸 칠성(七星) 신들은 같은 동족인 공룡 영이였던 용파 영들과 드래곤파 영들에게는 고문과 고통을 가하지 말라는 당부를 용파 수장에게 전달하였고, 용파 수장은 어쩔 수 없이 요청을 받아들이게 되었다.

감옥이 변질된, 지옥이라는 끔찍한 장소에서 반란에 참여하였던 샛별이 이끌던 소수 용파 영들과 드래곤파 영들은 단순하게 간혀 있었던 반면에, 시리우스 별 B 영들과 거인족 영들은 계속해서 온갖 고문과 고통을 용파 영들에게서 받고 있었다.

용왕대신이 보내준 칠성(七星) 신들의 도움으로 전쟁에서 승리한 용파 수장은 용왕대신과 칠성 신들의 공적을 기념하기 위하여 아주 특별한 형상인 제단(祭壇)과 신전(神殿)을 영계에 만들어 기념하게 되었다.

용왕대신에게 감사의 표현으로 만든 최초의 제단은 층층으로 쌓아 올린 계단 형태가 아니라, 고대 이집트 왕조 때 태양 신앙의 상징으로 세워진 기념비인 오벨리스크처럼 높고 기다란 형태의 큰 기념물이었다.

제단(祭壇)은 영계 영들이 제단(祭壇)을 바라볼 때 저절로 용왕대신의 공적을 우러러볼 수 있도록 조성한 건축물이었다. 또한 신전(神殿)은 칠성(七星) 신들이 용파 영들과 함께 편안하게 거주할 수 있도록 만든 것으로, 초기 신전(神殿)의 형태는 다른 영들이 거주하는 장소보다는 조금 더 화려하게 만들었지만 작은 크기로 조성된 장소였을 뿐이다.

몰살 직전에 극적으로 살아날 수 있었던 용파 영들은 용왕대신이 파견한 7인의 전쟁 신들을 칠성(七星 : 7명의 큰 신이라는 뜻)이라고 부르며 행운의 숫자이자 신성(神聖)한 숫자로 인식하고 용왕대신과 더불어 자신들을 수호하는 최고의 신으로 섬기게 되었다.

신성(神聖)한 수 7

7이 신성한 숫자로 여겨지게 된 여러 가지 설들이 있다.

첫째, 점성술(占星術)에서는 사람의 운명은 태양계 안에 있는 일곱 유성들의 운동에 의해서 결정된다고 한다.

둘째, 종교적 습관에서 유래된 방위의 숫자로 동·서·남·북과 위·아래 그리고 중앙이다. 기독교적 개념에서는 하늘의 완전한 수 3(성부–聖父·성자–聖子·성령–聖靈)과 땅의 완전수 4(동·서·남·북)를 의미한다. 바빌로니아 신전(神殿)은 7층이었으며, 이슬람교에서는 기도할 때 신체의 일곱 부분(얼굴, 두 팔, 두 무릎, 두 발)을 사용한다.

셋째, 사람의 일생을 7년씩 10단계로 나눈 솔론의 사상과 중국에서는 여자의 수로 여겨지는 속설이 있다. 그러나 학자들은 그 어떤 설보다도 7이 행운과 신비한 숫자로 여기게 된 것은 종교적 영향력 때문이라고 생각한다.

용왕대신은 용파 수장과 용파 영들이 만들어 준 장소인 신전에는 오지 않고, 계속해서 영계 바다 지역에 머물렀지만, 용왕대신이 파견한 칠성신들은 용파 수장과 용파 영들이 만들어준 신전에 머물면서 용파 영들을 계속 도와주고 있었다.

용파 영들은 용왕대신과 그의 부하들의 도움으로 위기를 극복한 것이 아니라 자신들 스스로의 전략으로 영계에서 발생한 최초의 반란을 진압했다고 착각하고, 신장(神將)들이 지키고 있는 '영적정화소'를 제외한 영계 대부분 지역을 종교 지역으로 복원시키고 스스로를 신이라고 말하기도 하고 신으로 추대되기도 하였다.

공룡 영들은 아직까지는 영을 깨뜨리고 신이 되지 못한 존재임을 망각하고 있는 점과 자신들 스스로 신이라고 주장하는 잘못된 의식들을 고쳐주기 위하여 용왕대신이 직접 용파 수장을 만났다.

그리고 지구별에 존재하고 있는 용파 영들과 드래곤파 영들 그리고 시리우스 별 B 영들과 거인족 영들 모두는 절대적으로 평등한 존재이며, 지속적인 윤회 과정으로 영적 성장을 도모하여 진짜 신들이 되어야 한다고 권유하였으나, 용파 수장과 용파 영들은 용왕대신의 충고를 받아들이지 않았다. 용파 수장과 용파 영들에게 다시 한 번 크게 실망한 용왕대신은 다시 칠성(七星) 신들을 데리고 영계 바다 지역으로 되돌아갔다.

영의 숫자는 많지만 전투력이 뛰어나지 못한 용파 영들은 칠성(七星) 신들이 영계 바다 지역으로 되돌아갔다는 사실을 지옥에 갇혀 있던 영들에게 숨기기 위하여, 칠성 신들이 거주하던 신전으로 매일 모여서 회의를 하는 행위를 하게 되었고, 영들의 회의로 인하여 영이 단순히 거주하던 신전도 신전과 제단이 혼용된 커다란 형태의 신전으로 변화하였다.

그리고 감옥에 갇혀있는 영들 중에서 특히 성질이 포악한 드래곤파 영들이 다시 반란을 도모할 것을 방지하기 위하여, 용파 전직 군대 총사령관이었던 샛별과 그 부하들을 지옥에서 풀어주고 자신들을 위험으로부터 보호하는 임무를 다시 주었다.

또한 공룡 영들과 시리우스 별 B 영들의 환생으로 태어나는 거인족 영들의 수적 증대를 막기 위하여, 거인족 영들이 영계로 진입하는 순간 모두 사로잡아 영계 감옥에 가두어 더 이상 윤회하지 못하도록 방해하였다.

용파 영들의 훼방으로 현세계에서는 거인족의 탄생이 크게 감소하게 되었으며, 거인족의 숫자도 지금 현세계에서 번성하고 있는 사람들의 숫자와는 비교할 수 없을 정도로 굉장히 적었다.

공룡 영들과 시리우스 별 B 영들 모두가 거인족으로 윤회하여 빠른 영적 성장을 이루어 신계 신들이 되기를 진심으로 바라던 신계 신들의 계획이, 영계를 지배하고 있는 용파 영들에 의해서 크게 방해받고 있을 뿐만 아니라, 윤회하여 영계로 진입한 거인족 영들까지 시리우스 별 B 영들과 함께 지옥이라는 장소에서 고문과 고통을 받고 있다는 사실을 알게 된 신계 신들은 다시 크게 분노하게 되었다.

그리고 공룡 영들과 시리우스 별 B 영들이 서로 도우면서 보다 빠른 영적 성장을 도모하기보다는 영계 지역을 서로 차지하기 위해서 다투는 행위들을 보고 크게 실망하였다.

다툼을 막기 위한 방편이면서 서로 힘을 합치지 않으면 지구 생태계를 손쉽게 장악할 수 없도록 하기 위하여, 거인족보다 훨씬 몸집이 작고 힘도 약하며 수명마저 짧은 사람을 진화라는 형식을 빌려 새롭게 탄생시켰으며, 차후에는 공룡 영들과 시리우스 별 B 영들이 거인족이 아닌 사람으로 윤회하도록 조치하였다.

이러한 거인족 폐지 계획인 신계 신들의 조치는 자연스럽게 거인족들이 후손들을 낳지 못하게 만들어 자연적 소멸로 진행되었고, 결론적으로는 거인족과 사람이 함께 살았던 기간은 사람들의 생각보다 훨씬 짧았다.

거인족에서 사람으로 윤회 계획을 수정한 신계 신들은 태양을 주관하던 신에게 영계 지배 세력인 용파 영들을 영계에서 모두 제거하여 사람으로 윤회하도록 조치하라고 명령하였다.

태양을 주관하던 신(神)은 자신을 보좌하던 전쟁 신인 3명인 삼신(三神)을 지구별에 속한 영계에 파견하여 용파 영들을 차례차례 제거하기 시작하였다.

태양 신을 보좌하던 삼신(三神)이 영계에 침입하여 용파 영들을 죽이고 있다는 소식을 들은 용왕대신은 칠성(七星)신을 용파 영들에게 다시 파견시켜 주었지만, 태양을 보좌하던 삼신(三神)에게 크게 패하여 오히려 사로잡히게 된다.

마침내 태양을 보좌하던 삼신(三神)은 영계 지역을 지배하던 용파 수장과 용파 영들을 모두 사로잡아 지옥에 가두고, 순차적으로 '영적정화소'로 데리고 가서 현세계로 환생을 시키고 있었으며, 영계 지역을 크게 두 지역으로 분리하여 드래곤파 영들은 영계 서쪽 지역을 다스리게 하고, 시리우스 별 B 영들은 영계 동쪽 지역을 다스리게 하였다.

용파 영들이 큰 위기에 빠졌다는 소식을 영계 바다 지역에서 듣게 된 용왕대신은 감금된 지옥에서 자신의 자녀인 용파 영들을 구출하고, 영계 지역을 다시 되찾아 주기 위하여 삼신(三神)들에게 직접 전쟁을 선포하였다.

용왕대신의 강력한 반발에 부딪친 신계 신들은 시리우스 별 B에서 신계로 진입하여 신이 되었던 죽음을 관장하는 신 진돌이를 지구별로 파견하여 용왕대신과 삼신(三神)들과 함께 영계 전쟁을 해결할 방법을 협의하였다.

용왕대신은 신계 신들에게 영계 감옥에 갇혀 있는 용파 영들은 즉시 석방하고, 용파 영들이 거부하고 있는 현세계 사람으로의 환생을 강제하지 말라고 요청하였다. 신계 신들은 용왕대신에게 현세계와 동일한 구조인 사후세계를 개척하여 크게 확장시키고, 용파 영들을 직접 데리고 가 거주하라고 허락하였다.

그러나 용파 영들이 다시 영계로 진입할 때나 현세계에 살고 있는 사람들의 생활에 직접 관여하는 일들이 발생할 경우에는 용파 영들에게 허락한 장소인 사후세계도 신계 신들이 정벌하여 정화시키겠다고 말했다.

용왕대신은 신계 신들의 조치에 감사드리고, 즉시 사후세계를 개척하고 확장하는 일에 몰두하여, 사후계계를 대다수 용파 영들을 이주시킬 수 있을 규모로 크게 만들었다. 그리고 영계 지옥에 갇혀 있던 용파 영들을 데리고 사후세계로 이전하여 정착하며 살게 도와주었다.

에피소드 2 : 사후세계(死後世界)에서 일어난 일들

용왕대신 시대의 사후세계는 윤회를 거부하던 공룡 영들을 위해서, 현세계 삶처럼 살 수 있도록 신계 신들의 허락을 받고 용왕대신이 직접 확장한 세계로 물질세계와 정신세계의 차이만 있을 뿐 영들이 살아가는 방식은 매우 비슷하다.

현세계에서는 공룡 영들과 시리우스 별 B 영들이 환생하여 거인족으로 살아가면서 지식과 경험을 바탕으로 한 정보를 습득할 수 있었지만, 초창기 사후세계는 거인족의 영이 육체를 떠난 꿈속에서 사후세계를 아무리 많이 여행하여도 아무것도 관찰할 수 없는 무의미한 장소였다.

지금은 사후세계가 현세계보다 더 발달하여 꿈을 꾸는 사람의 영들은 현세계보다 사후세계에서 무의식적으로 더 많은 지식과 경험을 습득하고 있다. 이와 관련된 진화로 거인족들의 수명(壽命)은 현재 사람들의 수명들보다 훨씬 길었지만, 잠을 자는 시간만큼은 오히려 현재 사람들보다 훨씬 짧았다.

에피소드 3 : 현세계(現世界)에서 일어난 일들

공룡 영들과 시리우스 별 B 영들이 현세계에서 환생한 거인족들은 몸집도 아주 크고 힘도 강하면서 수명까지 길었기 때문에 지구 생태계를 손쉽게 장악할 수 있었다. 그러나 거인족 영들은 무의식으로 축적한 정보(지옥에 갇히고 온갖 고문과 고통을 받은 일 등) 때문에 현세계에 살다가 영계로 다시 되돌아가는 죽음을 무척 두려워하였다.

종교적 행위와 방식도 없었고 전혀 몰랐던 거인족들은 자신들이 죽음을 맞이하게 되면, 죽음을 맞이한 영이 영계로 올라가지 못하도록 자신의 시체 위에 커다란 돌을 덮어 놓았다(최초 돌무덤과 고인돌 제작유래).

심지어는 신계 신들의 계획에 의하여 수명이 길게 태어난 존재임에도 불구하고, 거인족 자신들의 지도자들이나 동족(同族)들을 죽여서 눈에 보이지 않는 존재들에게 충성을 다짐하게 되는 행위도 서슴지 않았는데 이러한 행위는 나중에 사람들에게도 인신공희(人身供犧)이라는 풍습으로 전승되었다.

눈에 보이지 않는 존재들에게 도전하지 않고 충성을 다짐하는 상징성을 가진 동족(同族) 제물 풍습은 처음에는 힘이 강해 반항 또는 반란을 도모할 수 있을 것 같은 거인족의 지도자들과 남성들 위주로 제물을 선택하여 희생시키다가 나중에는 제물로 구하기 쉬운 힘이 약한 여성이나 아이들로 변경하여 희생시키게 되었다.

당시 영계를 지배하고 있었던 용파 영들이 영계로 진입한 거인족 영들을 사로잡아 지옥에 가두고, 자신들 또한 거인족 영들로 환생하지 않았기 때문에, 현세계에서 살고 있었던 거인족은 번성하지 못하였으며 숫자도 굉장히 적었다.

제49장

권력의 태양 시대

1. 기간

신계 신들이 파견한 죽음의 신 진돌이의 중재로 영계 서쪽 지역
은 드래곤파 영들이 지배하고, 영계 동쪽 지역은 시리우스 별 B
영들이 지배하였으며, 사후세계는 용파 영들이 지배하기 시작한
시대부터 시작하여 윤회 과정으로 점점 숫자가 늘어난 사람들의
영들에 의하여 드래곤파 영들이 영적 전쟁에서 패하고 영계 서쪽
지역의 지배권을 사람들의 영들에게 상실할 때까지

2. 시대 특징

- 행운의 숫자 3에 대한 믿음과 태양 신과 삼신(三神) 중시

- 3대 영(종교령, 도교령, 무속령) 체계 확립

- 다신교(多神教) 및 여신(女神) 종교 체계 확립

- 약육강식(弱肉强食)과 정복의 시대

- 최초 제천(祭天) 문화 시작 및 제사장(祭司長) 시대

- 새 종족인 사람의 탄생과 주체성 인식
- 사람들의 번성과 모계(母系) 중심 사회 구축

에피소드 1 : 영계(靈界)에서 일어난 일들 – 영계 서쪽 지역

영계 서쪽 지역을 지배하게 된 드래곤파 영들은 자신들의 반대파인 용파 영들을 도와준 용왕대신과 자신들을 종교 집단 거주지 안에 설치된 지옥에서 구해준 태양 신과 삼신(三神)들도 섬기지 않았다.

왜냐하면 영계 지역 모두를 지배할 권리는 자신들만이 가지고 있다고 믿고 있는 드래곤파 영들은 신계 신들과 태양 신을 보좌하던 삼신(三神)들로 인하여, 영계 동쪽 지역을 시리우스 별 B 영들에게 빼앗겼다고 생각했기 때문이었다.

영계 서쪽 시역을 지배하는 드래곤파 영들도 과거 영계를 지배하던 용파 영들처럼 자신들이 신이라고 주장하면서, 윤회하고 있는 영들을 사로잡아 가두어 놓을 지옥을 더욱 확장하고 있었다.

신계 신들의 계획인 현세계에서는 진화의 형식을 빌려 영장류에서 사람이라는 종족이 탄생하게 되었고, 점차 많은 사람들의 영들이 영계로 진입하고 있었다.

드래곤파 영들은 영계로 진입하는 사람들의 영들을 대부분 사로잡아 지옥이라는 장소에 가두었지만, 힘이 나약하여 자신들에게 도전하지 못할 것이라고 판단한 여자 영들에게는 굉장히 부드럽게 대우해주었고, 자신들에게 기회만 되면 도전할 것으로 판단한 남자 영들에게

는 아주 혹독하게 대우하였다.

처음에는 영계로 진입하는 사람들 영의 숫자가 매우 적어 통제하기가 쉬웠으나, 윤회 과정으로 일부 드래곤파 영들도 사람들의 영으로 환생하기 시작한 후부터는 영계로 진입하는 사람들 영의 숫자가 많아지게 되었고, 다른 동물 영들까지도 사람으로 환생하기 시작한 상황에 직면하게 되면서 영계로 진입하는 영들을 혼자만의 힘으로는 도저히 통제할 수가 없게 되었다.

사람들의 영보다도 점차 숫자가 적어지게 된 드래곤파 영들은 여자 영들의 일부를 지옥이라는 감옥에서 풀어주고, 자신들처럼 신(神)이라는 직위를 부여하게 되는데 이것이 최초 여신(女神) 종교 체제 확립이다(사람들의 영이 최초로 섬긴 신은 남성 신이 아닌 드래곤파 영들을 돕던 여성 신들이었다).

물론 남자 영들은 여자 영들만 우대하는 드래곤파 영들의 조치에 강력하게 반발하였지만, 실질적인 비난의 대상은 언제나 힘이 약한 여자 영들이었다. 이러한 사실은 '선악과(善惡果)의 전설(傳說)'에서도 투영되어 있다.

선악과(善惡果)의 전설(傳說)

- 다음은 『창세기』에 나오는 내용

  2장 17절

  선악을 알게 하는 나무의 열매는 먹지 말라. 네가 먹는 날에는

반드시 죽으리라 하시니라

3장 4절

뱀이 여자에게 이르되 너희가 결코 죽지 아니하리라

3장 5절

너희가 그것을 먹는 날에는 너희 눈이 밝아져 하나님과 같이 되어 선악을 알 줄 하나님이 아심이라

3장 6절

여자가 그 나무를 본즉 먹음직도 하고 보암직도 하고 지혜롭게 할 만큼 탐스럽기도 한 나무인지라 여자가 그 열매를 따먹고 자기와 함께 있는 남편에게도 주매 그도 먹은지라

3장 7절

이에 그들의 눈이 밝아져 자기들이 벗은 줄을 알고 무화과나무 잎을 엮어 치마로 삼았더라

3장 16절

또 여자에게 이르시되 내가 네게 임신하는 고통을 크게 더하리니 네가 수고하고 자식을 낳을 것이며 너는 남편을 원하고 남편은 너를 다스릴 것이니라 하시고

• 나의 해석

하나님 = 남자 영들의 수장

선악과(善惡果) = 좋고 나쁨을 선택할 수 있는 강력한 권한

뱀 = 드래곤파 영의 수장 사탄(Satan)

남편 = 드래곤파 영들에게 복종하는 여자 영들을 사랑하는 남자 영

드래곤파 영의 수장인 사탄(Satan)이 자신들의 수적 열세를 극복하기 위하여 힘이 약한 여자 영들 중 일부를 지옥에서 풀어주고 강력한 권한까지 주겠다고 제안하자, 남자 영들의 수장이 드래곤파 영들의 제안을 수락하려는 여자 영들에게 강력하게 경고한다.

하나님인 남자 영들의 수장은 강력한 권한을 부여받는 선악과(善惡果)를 먹으면 죽는다고 알려준다. 드래곤파 영들의 수장인 사탄(Satan)은 여자 영들에게 강력한 권한을 가지게 되면 남자 영들의 수장인 하나님보다 더 힘이 센 권력을 가지게 될 것이라고 알려준다.

드래곤파 영들의 수장인 사탄(Satan)의 제안을 받아들인 여자 영들은 자신들 말을 따르는 남자 영인 일부 남편들에게도 사탄(Satan)의 제안을 받아들일 것을 권유하여 성사시킨다.

나중에 드래곤파 영들과의 영적 전쟁에서 승리하게 된 남자 영들의 수장인 하나님은 사탄(Satan)의 제안을 받아들인 여자 영들과 여자 영들을 도와준 일부 남자 영들에게 막대한 고통을 주었고, 여자 영들을 불평등하게 대우하면서 평등한 사람이 아닌 노예로 취급하였다.

영계 서쪽은 점차 드래곤파 영들과 일부 여자 영들이 지배하였고, 다수 여자 영들과 대부분 남자 영들은 지옥에 갇혀 지내게 되면서, 차별로 인한 영적 갈등이 점차 심화되고 있었다.

또한, 처음에는 도저히 도전할 엄두가 나지 않는 힘이 센 드래곤파 영들을 섬기는 행위로 인한 문제보다는, 자신보다 훨씬 힘이 약한 여자 영들을 자신들의 신으로 섬겨야만 했던 행위 자체가 남자 영들에게는 내적 불만과 갈등을 심화시켜 주었고, 마침내 용기를 내어 반란을 준비하게 만들어 주었다.

공룡 영의 후손들보다는 시리우스 별 B 영의 후손들이 사람인 남자 또는 여자 영으로 환생한 경우가 많았기 때문에, 사람의 영들은 드래곤파 영들보다 비록 힘은 약했지만, 힘을 능가하는 지혜로움을 가지고 있어 영적 전쟁에서 승리할 수 있는 충분한 실력을 소유하고 있었다.

지옥에 갇혀 있었던 남자와 여자 영들은 드래곤파 영들과 함께 영계를 지배하고 있었던 일부 여자 영들에게 자신들을 적극 돕고 반란에도 참여하라고 요청하였지만, 드래곤파 영들의 무자비한 폭력성을 잘 알고 있던 일부 여자 영들은 사람들의 반란에 동참하기를 거부하였다.

그 소식을 듣게 된 남자 영들은 일부 여자 영들에게 적개심을 가지게 되었고, 영계 영토 전쟁에서 승리하게 되면 사람들의 반란에 동참하기를 거부하였던 일부 여자 영들에게 반드시 이에 상응하는 대우를 하겠다고 결심하였다.

마침내 영계 서쪽 지역에서 드래곤파 영들과 사람들의 남자 영들과의 영적 전쟁이 발발하게 되었다. 드래곤파 영들의 무기는 물리적 폭력성으로 한 번 사로잡힌 남자 영들을 무자비하게 폭행하여, 다시는 자신들에게 도전할 엄두를 내지 못하게 만드는 것이었다.

반면에 남자 영들의 무기는 정신적 잔인성으로 한 번 사로잡힌 드래곤파 영들을 쉬지 않고 잔인하게 괴롭혀 다시는 자신들에게 도전할 엄두를 내지 못하게 만드는 것이었다.

물리적 무자비한 폭행과 정신적 잔인한 괴롭힘의 영적 대결은 처음에는 밀고 밀리는 막상막하의 승부였지만, 물리적 폭력이 정신적 폭력을 이길 수 없듯이 시간이 지날수록 드래곤파 영들의 물리적 무자비한 폭행을 두려워하는 사람들의 영보다는 사람 영들의 지속적인 정신적 잔인한 괴롭힘을 더 두려워하는 드래곤파 영들이 훨씬 많게 되었다.

그리고 두려움의 증대와 윤회 과정을 거쳐 점점 숫자를 늘려가는 남자 영들로 인하여, 드래곤파 영들은 사람들과의 영적 전쟁에서 마침내 패배하게 되었고, 패배한 결과 대부분 드래곤파 영들은 영적 죽음을 맞이하여 현세계 미생물로 다시 환생하게 되었으며, 극히 일부만이 살아남아 전쟁에서 승리한 남자 영들을 자신들의 신으로 섬기게 되었다.

남자 영들은 커다란 장벽을 쌓아 영계 동쪽 지역과 명확하게 분리하고, 영계 서쪽 지역에서는 지옥을 제외한 구역을 천국이라 이름 짓고 과거 공룡 영들의 행위와 똑같이 스스로를 신이라고 부르게 되었는데, 지금부터 나는 이들을 종교령이라고 부르겠다.

종교령들은 천국은 사람 영들이 지키게 하고, 지옥은 사람 영과 전쟁에서 살아남은 극소수 드래곤파 영들이 지키게 하였는데, 지옥에 갇힌 영들에게 고문과 고통을 가하는 사악하고 힘이 드는 행위들은 주로 드래곤파 영들이 수행하게 하였다.

그리고 종교령(남자 영들의 수장)들은 드래곤파 영들과의 영적 전쟁에 미온적으로 참여하였거나, 참가를 거부한 여자 영들의 지위를 크게 낮추었다.

신계 신들이 사람이라는 새로운 종족 탄생을 계획할 때에는 지혜로운 여자 영들이 힘이 센 남자 영들을 잘 인도하며 살아갈 수 있도록 만들어준 구조였지만, 종교령들의 탄생으로 인하여 힘이 센 남자 영들이 지혜로운 여자 영들을 지배하며 살아가는 구조로 왜곡되어 버렸다.

지금도 세상에 존재하는 대부분 종교들은 다른 사회 조직들과 비교하여 보면, 남자와 여자들의 지위가 평등한 구조가 아닌 남자가 여자 위에서 지배하는 구조로 되어 있으며, 이러한 뿌리 깊은 남녀차별 사상은 영계에서 거주하는 종교령들의 영감(靈感)과 현세계에 살고 있는 종교가의 사상에서 나오고 있다.

에피소드 2 : 영계(靈界)에서 일어난 일들 – 영계 동쪽 지역

영계 동쪽 지역을 최초로 지배하게 된 시리우스 별 B 영들은 자신들에게 영토를 준 태양 신과 삼신(三神)을 높이 숭배하였지만, 공룡 영들처럼 신계 신들의 큰 뜻을 잘 인식하고 있었기 때문에 제단이나 신전을 건립하지는 않았다.

삼신(三神) 숭배 사상

삼신(三神)과 관련된 설화는 세계 도처에 많이 존재하지만, 몇 가지만 간략하게 기술하겠다.

첫째, 우리나라에서의 삼신(三神) 사상은 3명의 신을 뜻하는 말과 역할을 뜻하는 말이 있다.

전설에 따르면 우리 민족은 환인(桓因)·환웅(桓雄)·환검(桓儉)을 삼성(三聖)이라고 불렀으며, 환인(桓因)은 자기의 서자인 환웅(桓雄)이 인간 세상에 마음을 둔 것을 알고 천부인(天符印) 3개를 주어 인간 세상으로 내려보냈다고 한다.

삼신[아기를 낳게 도와주는 산신(産神)의 다른 말]은 옥황상제(玉皇上帝)의 명을 받아 인간 세상에서 출산을 돕고 아기를 점지하는 신을 뜻한다.

둘째, 종교에서도 삼신(三神) 사상이 스며들어 있다. 불교 사찰 안 대웅전에서는 세 명의 부처님을 모시고, 기독교에서는 하나님 아버지인 성부(聖父)가 그의 독생자인 성자(聖子)를 이 세상에 보내어 성령(聖靈)으로써 인류를 구원한다는 사상이 있다.

나는 공룡 영들과 시리우스 별 B 영들이 윤회 과정을 거쳐 빠른 영적 성장을 이루어 신계 신들이 되기를 바라는 신들의 계획을 영계를 지배하고 있었던 용파 영들이 방해하였고, 신계 신들의 명령을 받아 지구별 지역에 속한 영계로 진입한 삼신(三神)이 용파 영들의 방해를 제거하여, 현세계에서 사람 영들의 출산과 번영에 기여한 것에 대한 전설들이라고 생각한다.

그리고 지혜로웠던 시리우스 별 B 영들은 자신들이 신이 되기 위한 과정을 경험하고 있음을 정확하기 인식하고 있었기 때문에, 신장(神將)들이 지키고 있는 '영적정화소'에서 영적 정화를 마치고, 현세계에 살고 있는 사람들로 다시 윤회를 반복하면서 빠른 영적 성장을 도모하였다.

이들은 집단 거주지에 거주하기보다는 친족 또는 개인별로 거주하였으며, 매우 자유롭게 생활하면서 예의범절과 자율적인 방식으로 그들만의 질서를 유지하고 있었다.

이들의 관념인 타인이나 신들에게 의존하지 않고 자신들 스스로 영직 역량 강화에 힘쓰는 모습은 모든 영들의 부모인 신계 신들의 계획에 부응하는 것으로 많은 영감(靈感)과 영적 지원을 신들로부터 받을 수 있었다.

포악하고 사나운 드래곤파 영들이 지배하던 영계 서쪽 지역에서는 날마다 사람의 영들과 드래곤파 영들이 치열한 영적 전쟁을 하면서 많은 영들이 영적 죽음을 맞이하는 상황이 반복해서 일어나고 있었다.

영계에서 죽음을 맞이한 영들은 영적 힘이 매우 나약해져, 다시 현세계에 환생할 때에는 다시 미생물부터 시작하여 아주 오랜 기간 동안 윤회를 반복하여 영적 성장을 이루어야 했으며, 영적 전쟁으로 죽음을 맞이한 많은 영들로 인하여 영계 서쪽에 거주하고 있는 영들의 숫자도 급격하게 줄어들고 있었다.

그러나 영계 동쪽 지역에서는 시리우스 별 B 영들과 영계 동쪽 지역으로 새롭게 진입한 사람 영들과 서로 사상을 교환하고 도움을 주면서 급속한 영적 성장을 이루어, 영계 동쪽 지역에 거주하는 영들의 숫자(사람들의 영들이 급격하게 늘어났음)는 크게 늘어나게 되었다.

그러나 이런 좋은 현상에도 불구하고 자신과 자신을 따르는 무리들만 위대한 존재가 되어야 한다는 잘못된 인식을 가진 영들이 일부 존재하였는데 이들을 나는 도교령(道敎靈)들이라고 부른다.

영계 동쪽 지역에서 사람 영들의 급격한 번성은 동일한 형태를 가지고 있던 영계 서쪽 지역에서 드래곤파 영들을 괴멸시키고 새롭게 지배자가 된 종교령들에게는 큰 위협이 되었다.

종교령들은 아주 신속하게 영계 서쪽과 동쪽 지역을 명확하게 구분하기 위하여 커다란 장벽을 설치하였고 자신들의 부하인 천사라는 직책을 가진 영들을 파견하여 자신들이 설치한 장벽을 지키도록 조치하였다.

에피소드 3 : 사후세계(死後世界)에서 일어난 일들

용왕대신은 영계 전쟁에서 패한 용파 영들의 무리를 이끌고 새로 개척한 현세계와 비슷한 사후세계로 이들을 인도하였다. 영계보다 여건이 열악한 사후세계에 도착한 용파 영들 중 일부는 용왕대신이 직접 신들이 보낸 사자(使者)인 진돌이와 태양 신의 보좌인 삼신(三神)들과 격돌하였다면 충분히 제압할 수 있었고, 자신들도 영계에서 쫓겨나지 않았을 것이라며 크게 불만을 표시했지만, 대부분의 용파 영들은 자신들을 죽음에서 구해준 용왕대신에게 감사를 드렸다.

용왕대신은 용파 무리들에게 신계 신들도 용왕대신과 마찬가지로 용파 영들의 영적 부모들로서, 자신들의 자녀나 후손들이 잘되기를 바라고 있다는 심정을 알려 주었고, 용파 영들이 영계 지옥에 갇히는 두려움이나 공포감 없이 자유롭게 영계로 진입할 수 있고, 마음만 먹으면 언제든지 영적 성장을 위해 윤회할 수 있도록 빠른 시일 내에 영계를 개선하겠다고 약속하였다.

그리고 지금은 혼란된 상황이므로 어쩔 수 없이 사후세계에 남아 있어야 되겠지만, 영계가 개선되면 언제든지 영계로 다시 진입하여 수많은 윤회를 거치고 진짜 신이 되기를 진심으로 바란다는 말을 남기고 칠성(七星)들과 함께 영계로 되돌아갔다.

그 후 용왕대신은 지혜로운 시리우스 별 B 영들이 다스리는 영계 동쪽 지역에 머무르면서, 시리우스 별 B 영들과 사람 영들을 대상으로 영적 도움을 주어, 사람 영들의 번영에 크게 기여하였으며, 폭력적이고 오랜 기간 영적 전쟁에 시달렸던 영계를 평화롭고 서로 돕는 지역으로 차근차근 변모시켜 나갔다. 그리고 사후세계에 존재하고 있었던 용파 영들에게 영계 동쪽 지역으로 진입하여, 윤회 과정을 거쳐 빠른 영적 성장을 이루라고 알려주었다.

한편, 용왕대신과 칠성(七星)이 영계로 되돌아간 뒤에 사후세계에 남겨진 용파 무리들은, 전쟁에서 패한 용파 수장을 더 이상 자신들의 지도자로 인정하지 않고, 각각 소규모로 영토를 분할하여 무리를 이끌면서 각자 나름대로 사후세계를 지배하고 있었다.

사후세계를 소규모 지역 단위로 분할하여 지배하게 된 용파 무리들의 수장들은 현세계에 살고 있는 사람들에게 다양한 민족신(民族神)의 원형이 되었다.

이 시대 초기에는 사후세계의 확장과 개발에만 집중된 시기였으며, 용파 영들이 영계에서 건설하였던 여러 가지를 모방하여 건설하였기 때문에 감옥과 지옥의 건설도 각각 지배자의 성격에 따라 선택적으로 만들어졌다.

사후세계를 개척하던 초기에는 현세계에 살고 있는 사람들과의 영적 교감이 일어나지 않았고, 민족신으로서의 대우도 받지 못했다. 그러나 중반기 이후부터는 용파 영들이 지배하던 사후세계에는 엄청난 변화의 바람이 불게 되었다.

영계 동쪽 지역으로 간 용왕대신으로부터 영계 동쪽 지역이 많이 개선되어 용파 영들이 영계로 자유롭게 진입하고, 현세계에서 사람 영들로 환생하라는 소식을 받게 된 것이다.

용왕대신의 갑작스러운 소식을 듣게 된 용파 영들은 두 부류로 갈라지게 되는데 첫 번째 부류는 용왕대신의 권고에 따라 영계로 진입하여 사람들의 영으로 환생을 반복한 후 신계로 진입하기를 원하는 용파 영들과 사후세계에 계속 남아 있기를 결정한 용파 영들이었다.

용파 영들끼리 철저하게 나누어 지배하던 사후세계 영토는 영계로 되돌아간 많은 무리의 용파 영들로 인하여 대부분의 영토가 지배자가 없는 지역이 되어 버렸다. 그러자 지배자가 없어진 사후세계 영토를 차지하기 위하여 남아 있던 용파 영들끼리 소규모 영적 전쟁이 발발하게 되었고, 지속적인 전쟁을 수행하는 과정에서 용파 영들의 영적 죽음으로 인하여 싸움을 하는 용파 영도, 영토를 다스릴 용파 영도 매우 부족한 상황이 되었다.

사후세계를 지배하던 용파 영들은 부족한 영들을 채우기 위해 현세계에 살고 있던 사람의 영들에게 깊은 관심을 보이기 시작했으며, 사람의 영들을 자신들의 편으로 만들기 위하여 영적 교감을 시도하였고, 그들이 선택한 존재가 사람들의 무리를 이끌고 있었던 현세계 초기 사람들의 지도자들이었다.

용파 영들은 현세계를 지배하고 있는 사람들의 지도자들에게 자신들의 지식인 영감(靈感)을 주면서 서로 자기편으로 끌어들이는 시도를 하게 되었고, 이러한 행위의 결과로 사람들의 지도자들 중 일부는 차크라가 열리고 영매(靈媒)인 제사장이 되어 현세계에서 사후세계에 거주하는 용파 영들을 섬기게 되었다. 물론 제사장들은 용파 영들의 형상을 전혀 모르고 있었지만, 자신들을 지켜주는 수호신들이라고 생각했다.

후에 제사장이 이끄는 사람들의 무리가 점점 커진 부족은 자신들이 모시는 용파 영들을 민족신으로 추앙하며 더 높이 섬기게 되었다. 또한, 자신들이 모시고 있던 용파 영들을 믿으며 사망한 사람의 영들은 죽음을 맞이하게 되면 영계로 진입하지 않고 사후세계에 남아 용파 영들의 노예가 되어 영적 전쟁에 참가하거나 그들의 심부름을 하기 시작하였다.

물론 사후세계 영들과 특별한 관계를 맺고 있지 않았던 영매가 아닌 대부분 사람의 영들은 곧바로 영계로 진입하여 다시 사람으로 환생하고 있었지만, 현세계 상황은 사후세계를 지배하던 용파 영들에게 대를 이어 영감을 받고 있었던 제사장들이나 영매들과 그들의 후손들의 정신적인 지배를 벗어나지는 못하고 있었다.

사후세계는 셀 수 없이 많은 여러 신들을 믿고 있는 복잡한 다신교(多神教) 집단지 또는 지배세력이 존재하지 않는 공간이 되어버렸고, 큰 힘을 가지고 있는 단일 체계 집단지는 형성되지 않았다.

그리고 '행복의 달 시대'에 영계를 지배하던 사람의 영들에 의하여 사후세계가 침입을 받기 시작하자마자 그나마 간신히 유지되었던 체계마저도 급속도로 붕괴되었다.

사후세계 일부 지역을 지배하면서 현세계에 살고 있는 제사장들과 영매들을 지배하던 용파 영들과 그 후손들을 나는 무속령이라고 부른다.

물론 현재 무속령들은 사람의 영들로 많이 대체되었지만 아직까지도 일부 사람들은 용을 신성시하며 섬기고 있는데, 그들은 과거 용과 영들이 사람 영으로 환생한 존재로 과거 지구별에서 영광을 누렸던 자신들의 선조들을 공경하고 있는 것이다. 물론 그러한 행위를 할수록 신이 되는 길은 멀고 험할 것이다.

에피소드 4 : 현세계(現世界)에서 일어난 일들

거인족을 대체할 새로운 종족인 사람들이 처음 현세계에 태어났을 때에는 신계 신들에 의해 영적 성장도가 크게 낮아진 상태로 시작하여 사람들의 삶의 행태인 의식과 행위는 동물들과 아주 흡사한 약육강식과 정복 및 개척 생활의 연속이었다.

신벌을 충분히 주었다고 생각한 신계 신들은 사람의 영들에게는 동물들과는 다른 차원 높은 영적 수준을 가지고 있다는 영감(靈感)을 전달하여 주었는데 신계 신들의 의식과 행위 등을 할 수 있는 주체성이었다. 주체성이란 자신의 역량과 가능성을 바탕으로 장래의 목표를 설정하고, 자신이 설정한 목표를 스스로 달성하기 위하여 삶을 영위하는 것을 말한다. 자아실현을 이루는 사람들과 의미가 상통하며, 영능력자들에게는 사람들의 영적 성숙도를 판단하는 자료로 쓰인다.

주체성은 신계 신들이 사람들에게 준 첫 번째 선물이었다. 신들은 특정한 사람들에게 나타나 자신의 이야기를 대신 전달하여 달라는 수준 낮은 존재가 아니다.

신계 신들에게 주체성이라는 영감을 받은 사람의 영들은 동물들과 확연하게 다른 신들의 세계인 문명세계를 건설하는 있는 가장 기초적인 정신적 기반을 가지게 되었다.

　이때를 구석기 시대라고 학자들은 부르며, 사람들은 돌을 부수며 사용하는 등 자연환경을 이용할 수 있게 되었다. 또한, 거인족 시절에 많이 정체되었던 영들의 윤회를 촉진하기 위하여 사람들의 수명은 거인족들에 비하여 매우 짧아졌고, 태어나는 사람들의 숫자는 크게 증가하게 되었다.

　현세계에 태어나는 사람들의 수가 크게 증가한 시기는 '권력의 태양 시대' 중반기 이후부터였는데 영계 동쪽에서 사람의 영들의 수요와 용파들의 영적 전쟁 발발로 인하여 사후세계에서도 사람의 영들의 수요가 급증하였기 때문이었다.

　특히 영적 전쟁이 발발하여 용파들을 도와줄 사람의 영들이 많이 필요했던 사후세계에서는 용파 영들이 제사장들이나 영매들에게 사람의 영들의 공급을 긴급하게 요청할 때가 많았는데, 그것이 바로 제사장들이나 영매들에 의해서 잔인하게 행하여졌던 인신공희(人身供犧)나 순장(殉葬)이라는 제도의 시작이었다.

　특히 순장 제도는 사후세계 용파 영들이 많은 수의 사람 영들을 동원할 때 자주 사용하던 방식으로 다음 시대인 '행복의 달 시대'를 촉진시키는 결정적인 계기가 되는 잘못된 제도였다. 사후세계를 지배하고 있던 용파 영들이 현세계에 살고 있는 사람들에게 제사장들과 영매들을 활용하여 간접 통치하였다.

간접 통치 방식은 하늘을 숭배하고 제사를 지내는 제천의식(祭天儀式)인 원시종교(原始宗敎)를 탄생시켰으며, 원시종교에서 제사장들의 역할은 용파 영들의 지시를 받고, 현세계에서 일어나는 지진·해일·폭풍·화산·벼락 등 자연재해가(사실은 신과는 관련이 없음) 신들이 일으킨 행위라는 거짓된 정보를 알려주어 사람들에게 신들에 대한 공포심과 두려움을 정신과 마음속에 새기도록 하는 것이었다.

이러한 사후세계 용파 영들의 계획은 크게 성공하게 되었고, 무리를 지은 사람들의 집단마다 큰 지역은 제사장, 작은 지역은 영매들이 다스리는 장소가 되었으며, 용파 영들이 사람의 영들을 필요로 할 때마다 제천의식이나 순장 제도를 활용하여 많은 사람의 영들을 사후세계 용파 영들에게 순수하게 바치게 하였다.

그러나 시간이 지날수록 점점 더 영이 성장한 사람들은 제천의식이나 순장으로 많은 사람들이 희생되는 것에 대한 불안감과 의구심, 그리고 동족(同族)인 사람들에 대한 측은지심이 함께 생기게 되었다.

그래서 자주 행하던 제천의식과 순장에 동원하였던 사람들의 숫자도 크게 줄이게 되었는데, 이러한 행위는 사람의 영들이 많이 필요했던 사후세계를 지배하고 있던 용파 영들에게 큰 분노를 사게 되었다.

용파 영들에 대하여 잘 몰랐던 그 시대 제사장들과 영매들은 용파 영들의 분노도 가라앉히고 희생되는 사람들의 수도 줄여보고자 눈에 보이지 않는 용파 용들에게 간절하게 빌기 시작하였는데 어느 정도

효과가 있었다(사람들이 두 손바닥을 비벼 신에게 빌거나 두 손을 모아 기도하는 행위는 이때부터 시작).

사람들이 비는 행위는 처음에는 사후세계를 지배하고 있던 용파 영들에게 산 채로 바쳐지는 사람들의 죽음을 막기 위해서 어쩔 수 없이 고안한 행동이었지만 나중에는 사람들끼리의 전쟁 또는 종교적 행위에서도 사용되기 시작하였다.

전쟁에서 진 포로들이 이긴 사람들에게 자신의 목숨을 살려달라고 요청할 때 두 손바닥을 비비면서 빌기 시작하였고 가끔은 정말 자신의 목숨을 구하는 효과도 있었다.

그 후로는 종교적 행위에서도 두 손바닥을 비비는 행위나 두 손을 모으고 기도하는 행위가 생겨났는데, 그런 행위를 하게 되면 잘못을 용서받거나 바라는 소원을 이룰 수가 있다는 잘못된 인식이 우리들의 의식 속에 저장되었기 때문이다.

그리고 이 시대에는 신계나 영계 그리고 사후세계에서도 많은 사람들의 탄생과 번성을 요구했던 시기로 사람들을 출산할 수 있는 여자들을 매우 중시하던 시대였다. 사후세계에 거주하는 용파 영들에게서 영감을 받고 현세계에서 처음으로 제단과 신전을 세우게 된 제사장들과 영매들은 앞을 다투어 다른 지역에서도 제단과 신전을 건설하였으며, 이 장소를 지키는 대부분의 사제(司祭)들을 여자로 구성하였다.

초기 사제들의 역할 중의 하나가 뛰어난 육체를 가진 사람들의 아이를 잉태하는 것이었으며, 이렇게 태어난 아이들을 양육하는 과정에서 사후세계에 자신들이 믿고 있는 신들에 대한 존경심을 배우게 교육하였으며, 아이들이 죽음을 맞이하게 되면 영계로 바로 가지 않고 사후세계에 남아 용파 영들의 충실한 종들이 되도록 만들기 위한 숨겨진 방법이었다.

사후세계 또는 영계에 대한 지식이나 영적 성장도가 낮았던 당시 사람들은 괴상하거나 다양한 신들의 형상을 만들었는데, 그 모든 형상은 관념적인 세계관이 아닌 자신들의 눈에 보이고 귀에 들린 다양한 현상만을 단순하게 참작한 것이었다. 또한 이 시대 사람들은 태양과 삼신(三神)에게 고마워하고 숭배하던 영계 동쪽 지역에서 온 시리우스 별 B 영들과 사람의 영들의 환생이었기 때문에 특히 태양 신을 숭배하였다.

그래서 나는 약육강식과 정복의 시대이면서 태양을 숭배한 사람들이 많은 이 시대를 힘을 앞세운 '권력의 태양 시대'라고 부른다. 신계 신들은 자신들의 눈에 보이고 귀에 들리는 현상만을 알고 있는 사람들에게 두 번째 신들의 선물을 주었는데 언어와 문자였다.

신계 신들이 준 선물인 언어와 문자 덕분에 현세계에 살고 있던 사람들은 자신들에게 영감을 주어 영향을 미치고 있었던 사후세계 용파 영들의 지배에서 조금씩 벗어나게 되었다.

동일한 지역에서는 언어로, 다른 지역이나 다른 시대에서는 문자로 용파 영들의 사악한 행위들이 점차 사람들의 입으로 구전(口傳)되거나 문자로 남겨지게 되었고, 언어로 듣거나 문자를 보면서 사람들은 사후세계에 살고 있는 용파 영들의 실체를 점차 파악하기 시작하여 가능한 일이었다.

116

이제 현세계에 살고 있던 사람들이 사후세계에 거주하던 용파 영들에게 반항 및 반기를 들기 시작하였고 그러한 여정은 신화로 우리들에게 전해져 내려오게 되었으며, 제사의 희생자로 더 이상 사람들을 바치지 않고 용파 영들이 노예로 부려 먹기 힘든 동물로 대체함과 동시에 많은 사람들을 죽였던 순장 제도도 점차 폐지하였다.

나중에는 죽음을 맞이한 사람의 영들이 사후세계를 지배하고 있던 용파 영들에게 도전장을 내고 영적 전쟁을 일으켜 승리하게 되었는데 나는 이 시대를 '행복의 달 시대'라고 부른다.

제50장

행복의 달 시대

1. 기간

사람의 영들이 드래곤파 영들과의 전쟁에서 승리하여 영계 서쪽 지역을 지배하기 시작한 때부터 사후세계를 지배하던 용파 영들이 분열되어 전체적인 지배력을 상실하고 소규모로 분할되는 과정, 종국에는 현세계가 영계 서쪽 지역을 지배하고 있는 종교령, 영계 동쪽 지역을 지배하고 있는 도교령, 사후세계를 지배하고 있는 무속령들의 각축전이 되어 치열한 영적 전쟁을 진행하다가 영계, 사후세계와 현세계를 모두 지배할 철학적 사고를 가진 사람의 영들인 정도령들이 탄생하기 전까지이다.

2. 시대 특징

- 신은 없고 신앙만 존재하는 사회(사람들의 영을 신으로 섬김)
- 다신교(多神敎)에서 일신교(一神敎)로 점차 변화(신의 역할 분화 현상)
- 언어와 문자의 탄생으로 철학과 종교 및 교육 실시

- 잔인성을 가진 사람 영들에 의하여 끔찍한 고문 발명
- 여신 종교 체계에서 남신 종교 체계로 전환
- 신학(神學)이 철학을 지배하는 시대
- 전문화(專門化)되는 사회 구조로의 발전
- 관념적 사유(思惟)의 시작 및 발전
- 무속인(巫俗人)이라는 영매(靈媒) 탄생 및 친족 노예제(연좌제) 확립

에피소드 1 : 영계(靈界)에서 일어난 일들

영계 서쪽 지역에서는 드래곤파 영들보다 힘이 약했던 사람의 영들인 종교령들은 지구와 가까운 화성과 달을 지배하던 전쟁 신들의 도움과 조언을 받아 전쟁을 준비하였다.

화성에서 윤회를 통해 신이 된 파트라슈를 비롯한 전쟁 신들과 달에서 윤회를 통해 신이 된 신들은 직접 지구에서 벌어진 영적 전쟁에는 참여하지 않았지만, 종교령들에게 전쟁에 관련된 고급 정보와 훈련을 철저하게 준비시켜 주었다.

그들의 도움을 받은 종교령들은 처음에는 엄두도 내지 못했던 영적 전쟁에서 밀고 밀리는 과정을 반복하다가 마침내 영계 서쪽을 지배하던 드래곤파 영들을 괴멸시켜 죽이고, 일부 영들은 사로잡아 자신들의 노예로 삼으려던 소망을 이루게 되었다.

신계 신들과 용왕대신이 화성 출신인 파트라슈를 비롯한 전쟁 신들과 달 출신인 전쟁 신들의 개입을 묵인하여 주거나 오히려 도와준 이

유는 드래곤파 영들이 행하는 영적 성장을 위한 윤회를 방해하는 행위를 더 이상 묵과할 수 없었기 때문이었다.

종교령들은 파트라슈를 비롯한 화성과 달에서 온 전쟁 신들의 도움을 매우 고맙게 여기고, 드래곤파 영들이 태양 신과 삼신(三神)들의 공적을 기념하기 위하여 만들었던 제단 및 신전들처럼 영계 지역에서 제단과 신전의 건립을 제안하였으나, 화성과 달에서 온 전쟁 신들은 종교령들의 제안을 거절하고 신계로 되돌아갔다.

이때부터 사람들의 의식 속에는 달을 보면서 자신이 바라는 소망을 비는 행위와 화성을 전쟁이나 재앙과 관련된 장소로 인식하게 되었고, 이러한 인식은 오늘날에도 현세계에 살고 있는 사람의 영들에 각인되어 있다.

달과 화성 출신 신들의 도움으로 완벽한 준비 없이 갑작스럽게 영계 서쪽 지역을 지배하게 된 사람의 영들은 드래곤파 영들이 남겨놓은 사상과 제단 및 신전을 그대로 계승하였고, 드래곤파 영들을 자신들이 섬기던 신의 지위에서 몰아내고 사람의 영들만을 자신들이 모시는 신으로 섬기게 되었다. 그러나 오랜 기간 동안 잘 정리된 드래곤파 영들의 체계화된 사상과는 다르게 짧은 기간 동안 갑작스럽게 영계 서쪽 지역을 장악한 사람의 영들이 급조하여 만든 사상은 많은 모순점들을 내포하고 있었다.

아직 영적 성장이 미약한 사람의 영들을 사상적으로 이끌어 갈 수 없었던 종교령들은 드래곤파 영들이 체계화시켜 놓았던 사상들을 단순하게 재결합하여 자신들의 교리로 만들다 보니 교리 안의 내용과 사상에 상당한 모순점들을 가지게 된 것이었다. 종교령들에게 영감을 받고 있는 현세계에 존재하는 많은 종교 서적과 사상들을 자세하게 관찰하여 보면 자체적으로 엄청난 모순과 수준 낮은 사상으로 이루어졌음을 알게 된다.

모순이란 각종 종교 교리인 종교 성전(聖典)에 언급된 사상이 서로 모순되는 경우가 많다는 것이고 수준 낮은 사상이란 그들이 믿는 신이라는 존재가 질투, 폭력, 전쟁 또는 자신만 믿어달라는 강요와 멸망 등 인류 발전에 대한 긍정적인 영감을 주기보다는 발전을 억압하는 부정적인 영감을 주는 것을 말한다.

영계 서쪽 지역에서 종교령들을 도와 드래곤파 영들을 몰아냈던 일부 사람의 영들이 이러한 교리적 모순에 대해 지적하고 제단과 신전을 없애자고 주장하기 시작하자, 자신들의 위상이 떨어질 것을 염려한 종교령들은 함께 모여 대응책을 논의하게 되었다.

온건파 종교령들은 사람의 영들뿐만 아니라 드래곤파 영, 용파 영 그리고 태양 및 달, 용왕대신과 신계 신들을 함께 모시는 다신교(多神敎) 체계를 주장하였고, 강경파 종교령들은 영계에서는 사람의 영들만을 모시는 일신교(一神敎) 체계를 주장하였다.

영계 서쪽 지역은 온건파 종교령들이 지배하는 다신교 숭배 지역과 강경파 종교령들이 지배하는 일신교 숭배 지역으로 구분되어 서로 자기들의 주장이 옳다며 다투기 시작하였다.

온건파 종교령들이 지배하는 다신교 숭배 지역에서는 예전에 사람의 영들이 드래곤파 영들을 대상으로 반란을 일으킬 때 동조하지 않았던 여자들의 영들에게도 힘을 보태 주었고, 강건파 종교령들이 지배하는 일신교 숭배 지역은 화성 출신 전쟁 신들 중 일부가 남아 도와주었다.

다신교 숭배 지역은 다양한 형태의 신들뿐만 아니라 남자 영들과 여자 영들도 자신들이 모실 수 있는 신이 될 수 있다고 선포하였고, 사람의 영들보다 오랜 기간 동안 사상적 정보를 가지고 있던 드래곤파 영들의 의식도 받아들여 일신교 숭배 지역보다는 사상적 무기가 훨씬 발달하였다.

그러나 일신교 숭배 지역은 사람과 다른 형태인 어떤 존재도 자신들이 모시는 신으로 인정할 수 없을 뿐만 아니라 과거 드래곤파 영들과 사람의 영들이 영적 전쟁을 하고 있을 때 비협조적이었으며 다신교 숭배 지역에 동조하고 있는 여자 영들에 대한 반감이 대단히 심하게 작용하여, 남자 영들만 세상 만물들을 지도할 수 있는 신이 될 수 있고, 여자 영들은 남자 영들을 보좌하는 역할만 할 수 있다고 선포하였다.

그 당시에 수립된 사상적 체계에 영향을 받고 있는 현세계에서 일신교 사상을 믿고 있는 종교들은 대부분 남자만을 신으로 섬기고 여자는 신을 보조하는 역할로 인식하게 되었으며, 사상으로 타 종교를 정복하려는 시도보다는 무력으로 타 종교를 정복하려는 성향을 강하게 가지게 되었다.

 반면에 현세계에서 다신교 사상을 믿고 있는 종교들은 대부분 신이 되는 조건으로는 남녀차별이 심하지 않았고 잡다한 다른 존재들도 자신들이 모시는 신으로 섬기고 있으며, 무력으로 타 종교를 정복하기보다는 사상으로 타 종교를 정복하려는 성향을 강하게 가지게 되었다.

 사상적 체계를 확립하지 못한 일신교 종교령들은 자신들의 주장에 이의를 제기하는 사람의 영들도 즉시 사로잡아서, 자신들이 드래곤파 영들로부터 빼앗은 지옥이라는 감옥에 가두고 잔인한 고문과 고통을 가했다.
 그리고 자신들을 믿고 있는 사람의 영들에게는 소유하고 있는 의식과 사상들을 모두 비우고, 종교령들이 만들어 놓은 교리를 분석하거나 이해하지 말고 무조건 믿고 따르라고 강요하면서 그렇지 않으면 자신들이 만들어 놓은 지옥으로 끌고 가서 잔인한 방법으로 고통을 주겠다고 공포감을 조성하였다.
 그러자 초기에는 일신교 종교령들의 통치 방식에 불만을 품은 많은 사람의 영들이 이의를 제기하면서 반감을 표시하자, 일신교 종교령들은 불만을 가진 사람의 영들을 모두 붙잡아 지옥이라는 감옥으로 데리고 가서 잔인한 고문과 고통을 주었다.
 이때부터 잔인한 일신교 종교령들에 의해 다듬어진 지옥은 처음에는 포로들에게 단순한 폭력적 행사를 하던 장소에서 점차 상상도 하지 못할 정도의 무시무시하고 끔찍한 고문의 장소로 완전히 변모하게 되었다.

영계가 점차 끔찍한 장소로 변하고 있다는 소식을 듣게 된 신계 신들은 종교령들이 지배하는 '행복의 달 시대'를 조기에 마감하고 영적 성장이 빠르게 진행되는 '권위의 별 시대'를 열어 주고자 철학적 사고를 가진 정도령(正道靈)들의 탄생을 준비하게 되었다.

일신교 종교령들은 특히 여자 영들을 천대하였는데, 자신들이 영적 전쟁에서 싸웠던 드래곤파 영들을 일부 여자 영들이 도와주었다는 사실도 있었지만, 영계와 사후세계 그리고 현세계가 점차 공룡 영들과 시리우스 별 B 영들의 영적 사망이나 윤회 과정으로 거의 소멸되어 사람의 영들로 가득 차게 되었기 때문에 사람의 영들을 낳을 수 있었던 여자 영들의 중요성이 더 이상 인정받기 어려웠기 때문이었다.

사람의 영들은 아직 신이 되지 못한 존재라는 사실을 잘 알고 있던 일신교와 다신교의 종교령들은 공룡 영들과 시리우스별 B 영들이 만들었던 신을 위한 제단과 신전이 아닌 종교령 자신들을 위한 제단과 신전을 만들어 널리 보급하게 되었다.

이것이 오늘날 현세계에서 종교 건축물(사찰, 모스크, 성당, 교회 등)들이 만들어지게 된 사상적 배경으로, 영계에 거주하는 종교령들에게 영감을 받고 있던 종교가들에 의하여 현세계에서도 점차 제단과 신전은 사라지고 종교 건축물만이 건설되기 시작하였다.

오늘날 영능력자들은 현세계에 존재하는 종교들을 자세하게 관찰하여 보면, 진짜 자신들과 함께 직접 소통하고 있는 신은 없고 믿음으로 만든 존재하지 않는 신을 믿고 있는 신앙으로 유지되고 있는 이상한 종교들로 변질되었으며, 그 원인은 영적 성장이 덜된 사람들의 영을 진짜 신으로 둔갑한 결과 여러 가지 논리적으로 맞지 않는 상황들이 발생하여 나타나게 된 현상이라고 주장한다.

종교령들은 자신들의 사상에 문제가 많다는 것을 잘 인식하고 있었기 때문에, 세뇌교육이라는 강력한 무기를 개발하여 자신들을 믿고 따르는 사람의 영들에게 무차별적으로 사용하기 시작하였다.

세뇌 교육은 공룡 영들인 용파 영들과 드래곤파 영들이 영계 지역을 지배할 시기에는 없었던 아주 독특하고 강력한 무기로, 사람의 영들이 시리우스 별 B 영들에게 전수받았던 아주 우수한 무기들 중 하나였다.

시리우스 별 B 영들이 사람의 영들에게 전수한 강력한 무기들 중에는 세뇌 교육뿐만 아니라 철학과 과학 그리고 가족을 넘어서는 소규모 집단인 친족(親族) 관념의 무기들이 있었는데, 이 무기들은 나중에 도교령과 무속령들이 주로 채택하여 사용한 강력한 무기가 되었다.

영계 서쪽 지역을 어느 정도 평정한 종교령들은 각자 자신들의 영토 구역을 지옥과 구별된 지역은 천국 또는 극락 등으로 표현하였고 거대한 장벽들을 세워 각 종교끼리도 서로 왕래나 교류를 하지 못하도록 만들었다.

이 같은 조치는 논리적으로 자신들 종교적 교리의 약점들이 타 종교들에게 드러나게 되거나, 자신들을 믿고 따르는 영들에 의해서 상호 비교되는 것을 극도로 경계했기 때문에 필연적으로 할 수밖에 없는 부득이한 조치였다.

종교령들은 시리우스 별 B 영들과 함께 거주하면서 영적 정보를 끊임없이 교류한 상태였기 때문에, 드래곤파 영들보다 계획과 작전을 잘 구상할 수는 있었지만, 아직도 소수의 시리우스 별 B 영들과 영적 사상이 매우 발달한 도교령들과 함께 살고 있는 영계 동쪽 지역 사람의 영들을 자신들이 만들어 놓은 사상으로 지배하고 통합하기에는 매우 힘들다고 판단하여 자신들의 영토 확장 방향을 영계 지역이 아닌 사후세계와 현세계로 방향을 돌려 지배세력을 확보하기 시작하였다.

지혜롭거나 총명하지 못하고 단순한 지식만 주장한 종교령늘의 사후세계와 현세계에 살고 있는 영들을 대상으로 한 사상적 침입은 예상 밖으로 크게 성공을 거두게 되었다.

왜냐하면 총명하고 지혜로운 영계 동쪽을 지배하고 있던 도교령들과 거주하는 사람의 영들이 사후세계나 현세계 상황들에 대한 관심이 전혀 없는 상태였으며, 현세계에 태어난 사람들 중에서 종교령들의 영감을 받고 있는 사람들은 선지자라는 영적 직책을 맡아서 아직 영적으로 성숙하지 못한 사람들을 대상으로 급속하게 자신들의 종교적 교리를 선전하여 크게 세력을 확장 시킬 수 있었기 때문이었다.

이 시기가 바로 독일 철학자 카를야스퍼스(1883~1969)가 주장한 철학과 종교의 탄생인 축의 시대였다고 나는 생각한다. 여기에서 말하는 종교란 제단과 신전이 있었던 원시종교(原始宗教)를 말하는 것이 아니라 종교 건축물이 있는 종교를 말한다.

영계 동쪽 지역은 힘보다는 지혜와 지식이 크게 발달한 장소로 시리우스 별 B 영들의 영향력과 도움을 많이 받은 사람의 영들이 거주하고 있었다.

영계 서쪽 지역은 부족한 종교적 논리성을 극복하고자 무조건 종교령들이 가르쳐주는 사상만 맹목적으로 믿으라고 세뇌하는 종교령들의 종교적 교리와 가르침이 가득했고 커다란 규모의 집단을 이루고 단체로 생활했다. 반면에 영계 동쪽 지역을 지배하던 도교령들과 사람의 영들은 친족이나 가족 또는 개인 등 소규모 단위로 거주하면서 자신들의 영적 성장 방법에만 관심을 가지고 노력하고 있었다.

따라서 영계 동쪽 지역에 거주하고 있던 시리우스 별 B 영들과 사람의 영들 중 일부가 신이 되어 신계로 진입하였으며, 이러한 과정을 보게 된 영계 동쪽 지역에 거주하는 영들은 다른 세계에 살고 있는 영들을 지배하면서 사는 것보다 신이 되어 신계로 되돌아가는 것이 훨씬 더 중요한 일이라고 인식하게 되었다.

이러한 인식은 자신들이 계속해서 환생해야 하는 장소인 현세계나 사후세계보다는 최종적으로 가게 되는 신계에 대한 관심을 더욱 높게 만들어 주었다.

그나마 현세계나 사후세계에 관심을 가지고 있던 존재들은 일부 도교령들로서 종교령들과 마찬가지로 소규모이지만 집단을 이루고 거주하였으며, 다른 사람의 영들을 지배하고 싶은 욕구도 가지고 있었지만, 세력의 규모는 영계 서쪽을 지배하는 종교령들을 능가하지는 못했다.

현세계에 어느 정도 관심을 가지고 있던 도교령들은 자신들이 윤회할 때 가지게 되는 육신에 대한 연구(차크라를 열어 영계나 사후세계와 교신하는 방법 등)하기를 매우 좋아하였고, 윤회를 빨리하는 방법이나 환생할 때 고통을 줄이는 방법 등을 연구하였다.

현세계에서는 현세계에 발생하는 일들을 경험하고, 영계에서는 영계에서 발생하는 일들을 경험해야 하는데, 현세계에 살고 있을 때에는 영계를 공부하고 영계에 거주할 때에는 현세계를 공부하는 청개구리 같은 습관을 가지고 있는 영들로 인식되어버린 도교령들은 영계 동쪽 지역에 거주하는 많은 사람의 영들로부터 왕따를 당하고 있었다.

신이 되어 신계로 가는 가장 확실하고 정도(正道)인 자신들이 살고 있는 장소에 맞게 살아가도록 주어진 삶에 충실함을 추구하지 않고 자신들이 살고 있지 않는 장소의 삶만 동경하는 행위를 하는 도교령들을 도저히 이해할 수 없었기 때문이었다.

영계 지역에서 도교령들을 모셨던 영들은 현세계에서 다시 환생하여도 자신들을 도사(道士) 또는 도인(道人)이라고 주장하면서, 현세계에서 자신들에게 주어진 소중한 삶을 충실하게 살지 않고 사후세계나 영계 또는 신이나 기(氣) 등의 주제로 이야기나 연구를 하면서 다른 사람들과 어울리지 못하고 현실과 동떨어진 삶을 아직도 살고 있다.

영계 동쪽 지역에 살고 있는 도교령들은 신계 신들이 교화하기 가장 힘이 드는 골칫거리로 무속령들과 종교령들과는 차원이 다르게 신들에게 반항할 수 있는 능력을 갖춘 존재들도 있었다.

에피소드 2 : 사후세계(死後世界)에서 일어난 일들

사후세계는 권력이 안정되어 잘 정리되어 있는 영계와는 다른 지역으로 소규모로 권력들이 분할되어 있거나 지배하는 존재가 없는 매우 혼란한 카오스와 같은 지역으로 변해 있었다.

지금도 영계에서 영감을 얻고 있는 종교들처럼 강력한 권력과 사상적 체계를 전혀 정립하지 못했다. 무속인들에게 영감을 주는 무속령들은 지식과 지혜가 부족하고 영적 힘만 센 공룡 영들 출신으로 사람으로 환생한 존재이다 보니 주로 전해주는 내용을 보면 이론적으로 정돈된 내용이 아닌 어린아이처럼 두서없이 말하는 수준에 머물러 있다.

사후세계 지역이 소규모로 분할된 무속령들이 지배하고 있는 상태였는데, 현세계에서 영계에 거주하는 종교령으로부터 영감을 받아 사후세계에 새로 진입한 종교가 영들과 도교령들의 영감을 받은 도인의 영들에게까지 침입을 받게 되자 정돈되지 않았던 체계는 급속도로 붕괴하기 시작하였다.

사후세계에서 무속령들의 세력이 급속도로 붕괴되자, 현세계에서도 무속령들의 영감을 받아 대규모 집단을 장악하고 있었던 제사장들과 소규모 집단을 장악하고 있었던 영매들의 권한도 급속도로 약화되어 전 세계 여러 장소에 설치되어 있었던 제단들과 신전들은 파괴되기 시작하였고, 그 장소를 종교령들의 영감을 받은 종교가들이나 사상가들에 의하여 종교 건축물들과 철학을 배우는 장소들이 대체되기 시작하였다.

사후세계에 침입한 종교령들과 도교령 부하들에게 계속해서 무속령들이 패하여 영토를 잃을 때마다, 사후세계와 동일한 지역에 살고 있는 현세계에서는 더 이상 무속령들과 교감이 이루어지지 않는 제사장들과 영매들이 힘이 크게 약화되면서 제천의식과 민족신 개념도 점차 사라지게 되었다.

사후세계에서 힘을 많이 상실한 무속령들의 마지막 선택은 과거 제사장들처럼 현세계 지도자급이 아닌 순수하고 무지(無知)한 개인들을 선택하는 것이었다.

그리고 과거처럼 많은 사람의 영들을 거느리기 위해서는 여러 사람들을 동시에 노예로 사로잡기보다는, 한 사람을 사로잡은 후 그 사람들의 친족들을 차례로 자신들의 노예로 삼아 숫자를 늘려가는 방법을 선택하게 되었는데, 그들이 선택한 사람들이 바로 현세계 무속인들이었다.

무속령들이 선택한 사람들은 극히 일부를 제외하고는, 정규 교육을 받지 못하게 하는 각종 시련을 주어 결국 평균 이하 수준의 교육을 받은 사람들로 구성하였기 때문에 종교령들에게 이성을 완전히 사로잡힌 사람들처럼 종합적인 판단력이 매우 흐려졌다.

그들도 종교령들에 의하여 완전히 사로잡힌 사람들처럼 자신이 모시고 있는 신이라고 주장하는 존재들에게 자신의 영과 육체를 언제든지 빌려줄 수 있도록 세뇌된 사람들이었다.

물질적 계약이 아닌 눈에 보이지 않는 정신적 계약을 체결한 행위로 자신이 모시고 있는 신들에게 자신의 영을 파는 노예계약을 체결한 사람들이기 때문에 죽음을 맞이하게 되면, 영계에서 자유롭게 사는 지역으로 가지 못하고, 종교령들에게 사로잡힌 사람의 영들은 영계 서쪽 지역에 설치된 종교 집단 거주지에 수용되고, 무속인들은 사후세계에 설치된 무속령들의 집단 거주지에 거주하면서 현세계와 똑같이 자신들의 영적 향상을 도모하는 삶은 완전히 잃어버리고 오직 자신들이 모시는 신들을 찬양하고 그 신들의 명령에 순응하는 노예 생활을 계속해서 이어가게 된다.

신계 신들이 첫 번째로 선물한 '주체성'을 종교령들과 무속령들에게 자기 스스로 자진해서 팔아버린 종교가와 무속인들의 영적 고통에 대하여는 신계 신들은 절대 관여하지 않는다.

사후세계는 과거에 살았던 극소수의 용파 영들과 이무기 등 그리고 시리우스 별 B 영들과 불가시한 존재 그리고 제일 많은 사람의 영 등 단일된 구성원으로 거주하는 세계가 아니라 아주 다양한 존재들이 관찰되는 장소이지만, 이들을 통합하여 지배할만한 강력한 영적 세력도 없는 아주 혼돈된 세계로 변해 버렸다.

사람들이 영(靈)적 체험으로 다녀온 장소

나는 사람들이 영적 체험을 통해 신을 만났다고 주장하는 장소들이 영계가 아닌 사후세계라고 판단하고 있다.

내가 판단하는 근거는 신을 만났다고 주장하는 체험자들의 경험이 마치 우리들이 현세계에서 보고 듣는 방식과 유사하게 자신이 체험한 장소들을 설명하고 있기 때문이다.

예를 들면, 천국을 다녀왔다고 주장하는 사람이 현세계에서 우리도 알 수 있는 건물 형태와 물건 또는 사람을 닮은 천사들을 목격했다고 주장하기도 하고, 지옥을 방문하였는데 현세계 사람들이 사용하는 불로 사람의 영들을 지진다든가 혹은 바늘로 쑤시거나 창으로 찌른다는 표현을 사용하기 때문이다.

그리고 천국과 지옥을 다녀온 사람들 중 일부가 신이라고 느껴지는 존재에게 중요한 이야기를 들었다고 주장하면서, 그 이야기의 핵심은 신이라는 존재가 현세계에 살고 있는 사람들에게 사랑을 강조했다고 말한다.

나는 체험자에게 신이 왜 사랑을 강조했는지 진심으로 물어보고 싶은 분명한 이유를 가지고 있으며, 신은 우리들에게 이야기하는 존재가 아니라 그냥 다 인식되고 인식시키는 존재이다.

다시 말하면 정말 신과 교감한 사람이라면 세상을 움직이는 운행 원리와 신이 왜 사랑이라고 말했는지에 대한 정확한 사유를 먼저 알고 이야기해야 하는데 불행하게도 정확한 사유를 이야기하는 체험자가 존재한다는 사실을 나는 아직까지 듣거나 보지 못하고 무조건 사랑이라고 말했다는 말만 되풀이하며 주장하는 체험자들만 보았다(마치 체험자들은 무조건 자신의 말만 믿으라고 주장하는 종교령들을 만나서 세뇌 교육을 받고 되돌아온 존재들 같다).

진짜 신을 만나 보았다면 사랑이 왜 중요한지 이미 저절로 인식되었기 때문에, 사람들에게 신이 왜 사랑이 중요하다고 말했는지 납득할 수 있도록 세상 사람들에게 아주 자세하게 설명하여 줄수 있다.

나는 신계의 신전을 아주 잠깐 보았는데 영계나 사후세계 그리고 사주팔자라는 운명의 운행 원리 등을 금방 이해하여 앞으로 쓸 이야기가 무궁무진하고 끝이 없듯이, 신을 만나서 교감까지 하였다면 특별한 장치가 없는 한 생기를 감싸고 있던 영이 터져버려 신을 만났다고 주장하는 체험자는 더 이상 사람의 모습을 할 수 없다고 나는 판단하고 있다.

우리의 의식과 체험할 수 있는 방법이 완전히 다른 차원으로 생성되어 있는 영계와는 다르게 사후세계는 현세계와 동일한 의식으로 구성된 장소로 굳이 차이가 있다면 물질세계가 아닌 정신적인 물질로 구성된 세계라는 사실뿐이다.

사실 차원이 다른 영계는 우리 의식을 벗어나기 때문에, 알고 있다고 해도 뭐라고 정확하게 표현할 방법이 없으며, 임사체험 등으로도 구경할 수 없는 장소다. 특별한 장치와 신들의 허락이 없는 한, 한번 영계로 진입한 후에는 절대 되돌아올 수가 없는 장소다.

사람들은 요단강을 건넜다고 표현하지만 직선상의 요단강은 아직 사후세계이며 영계는 영들이 무한히 솟구쳐 올라가서 도달하는 장소다.

에피소드 3 : 현세계(現世界)에서 일어난 일들

'행복의 달 시대'의 가장 큰 특징을 이야기하라고 하면 신계 신들이 사람의 영들에게 선물로 준 언어와 문자라고 말할 수 있다.

언어를 활용하여 다른 사람들과 다양한 의사소통을 할 수 있었고, 동굴 벽화에 여러 가지 사물을 있는 그대로 표현하는 문자(초기 문자는 그림이었다.)는 동일 지역에 살고 있는 사람들뿐만 아니라 타 지역 또는 세대 간 의사소통과 정보를 공유할 수 있게 만들어, 사후세계에서 현세계에 살고 있는 사람들에게 지시하고 있는 가짜 신들인 용파 영들의 부당한 처사인 인신공희(人身供犧)와 순장(殉葬) 제도의 부당성을 자연스럽게 알게 도와주어 반항할 수 있는 상태를 만들어 주었다.

제천의식의 희생자로 더 이상 사람들을 희생하지 않고 사후세계를 지배하고 있던 용파 영들이 부려먹기 힘든 동물들로 점차 대체하게 되었으며, 자신들을 대신하여 희생된 동물들을 추모하기 위하여 제사(祭祀) 제도를 최초로 도입하게 되었다.

사람들이 언어와 문자들을 사용하는데 어느 정도 적응을 하게 되자 신계 신들은 사람의 영들에게 언어와 문자를 선물하기 위하여 눈에 보이고 귀에 들리는 현상만을 아는 수준을 넘어서는 관념(觀念)이라는 의식을 추가로 선물하였다.

구석기 시대 그려진 동굴 벽화를 보면 사물을 있는 그대로 표현하는 사실적인 그림을 그리게 되었으나, 사람들에게 관념(觀念)이라는 의식이 생긴 후로는 자신이 생각하는 대로 그림을 그리기 시작하였다.

이러한 현상은 그림으로만 표현되던 문자가 비로소 글로 표현되는 문자로 확장되고 있는 상황으로 시리우스 별 B 영들의 지혜와 동등한 반열에 사람들의 의식이 도달되었기 때문에 가능한 현상이었다.

글이라는 문자를 사용하게 된 사람들의 영적 의식은 빠른 시간 안에 큰 성장을 하게 되었고, 더불어서 인류 역사상 세 가지 중요한 영역에 대한 생활을 할 수 있게 만들어 주었는데 철학과 종교 그리고 교육 생활이었다.

인류가 세 가지 중요한 생활을 영위할 수 있게 된 시점을 나는 독일 철학자 카를야스퍼스(1883~1969)가 주장한 철학과 종교의 탄생 시대인 축의 시대라고 표현한 시점이라고 생각하고 싶다.

축의 시대 - 카를야스퍼스

대략 기원전 900년부터 기원전 200년 사이의 기간을 말하며, 세계 4대 장소에서 사람들의 정신적 발전에 기여할 중심축이 생성되었다고 주장하였다.

중국에서는 제자백가 사상이 탄생하였고, 인도에서는 힌두교와 불교가 탄생하였으며, 이스라엘에서는 유일신(唯一神) 사상이, 그리스에서는 그리스 철학이 탄생했다.

합리적이지 못한 자신의 관점으로 다른 사람들에게 강요(제사장 및 영매 불인정)하거나 종교적 가르침을 의심 없이 무조건 받아들여서는 안 된다는 사상(인신공희와 순장 제도 폐지 등)과 눈에 보이는 외면보다는 눈에 보이지 않는 내면인 정신적 수준에 맞추어 사람들이 생활하도록 가르쳤으며, 자신들의 민족에게만 국한되는 사상이 아닌 전 세계 모든 사람들에게 적용할 수 있는 사상인 자비와 사랑 및 예의범절 등을 가르쳐 주었다.

이 시대에 일어난 정신적 발전은 지적·심리적·철학적·종교적 변화를 사람들에게 크게 일으켰으며, 오늘날까지도 사람들의 사상을 인도하고 있는 현자(賢者)들을 탄생시켰다. 그러나 이 시대 현자(賢者)들의 가르침도 종교령들의 영감을 받아 완벽하지 못해서 여자들에게는 무관심과 차별이 심하였고, 시간이 지날수록 현자(賢者)들의 가르침도 점차 왜곡되고 변질 되어버렸다.

초기에는 사람들의 영적 발전에 크게 기여하였던 종교가 지금은 오히려 사람들의 영적 발전을 저해하는 가장 큰 장애물이 되었으며, 종교령들의 지배를 받고 있는 종교가들에 의하여 무관용·전쟁·복종·증오·편협과 차별을 가르치게 되었으며, 세상 모든 사람들에게 골고루 혜택이 있던 세계관을 자신의 종교를 믿고 있는 사람들에게만 이롭게 만든 협소한 지역관으로 사상들을 환원시켜버린 결과 지금은 완벽한 악의 꽃으로 종교가 재탄생되었다.

같은 지역에 살고 있는 사람들과 소통할 수 있는 언어와 다른 지역 사람들이나 다른 시대 사람들과 소통할 수 있는 문자 그리고 추상적인 관념을 소유하게 된 사람의 영들은 동물들의 의식과 완벽하게 구별되는 문명(文明)을 일으켰으며, 이때부터 본격적으로 사람의 영들만을 자신들이 모시는 신으로 섬기는 시대를 개막하게 되었다

사람의 영들이 영계와 사후세계, 현세계를 점차 장악하게 되면서 더 이상 수적 우위가 필요하지 않다고 판단한 종교령, 도교령과 무속령들은 사람들의 영을 낳을 수 있는 여자 영들을 무시하거나 차별하였고, 오직 사람의 영들과의 싸움인 영토 전쟁에 필요한 남자 영들만을 우대하였다.

종교령, 도교령 및 무속령들에게 영감을 받고 있던 현세계에 존재하는 조직들도 점차 남자들의 위상을 높이고 여자들의 위상을 낮추거나 천대하게 되었다. 여신 종교와 다신교 체제는 점차 힘을 잃게 되고, 남신 종교와 일신교 체제가 현세계에서 큰 힘을 얻기 시작했다.

남신 종교와 일신교 체제는 세상 사람들에게 두 가지 큰 잘못된 영향을 미치게 되었는데 첫 번째는 전쟁과 잔인한 폭력성이었다. 자신들이 믿고 있는 신이라고 주장하는 존재는 다른 사람들이 믿는 신이라고 주장하는 존재들과 특별한 능력적 차별성이 전혀 없는 동일한 능력을 소유한 과거 사람들이었기 때문에, 서로 믿고 있는 신의 형상이나 능력이 크게 차별된 다신교 신들처럼 서로 믿고 있는 신들을 존중해 주거나 추가로 믿어줄 수가 없는 상호 경쟁적 상황이었다.

이러한 유일신이며 남신 체제는 갈등 심화로 인한 전쟁을 자주 발생하게 만들었으며, 여성 문화가 보존과 화합으로 상징된다면, 남성 문화는 개척과 투쟁의 문화로 역사적으로도 여자들보다 남성들이 많이 살고 있거나 비중이 높았던 시대나 국가는 전쟁을 훨씬 많이 수행하였다.

두 번째는 가부장적 권력을 활용하여 부모가 믿고 있는 종교를 자녀들도 무조건 믿도록 만들었다는 점이다. 다신교 체계의 종교는 자신들이 믿고 싶거나 더 좋아하는 신들을 직접 선택할 수 있었겠지만, 유일신 체계의 종교에서는 사람들은 다양한 신을 선택할 수 없었고 무조건 믿어야만 했다. 실제 통계상으로도 사람들의 대다수는 어린 시절 부모가 믿으라고 권해주는 종교를 성인이 되어서도 믿고 있다고 한다.

한평생 동안 많은 영향을 주고 있는 자신이 믿고 있는 종교를 타 종교들과 자세하게 비교하지도 않고, 자신이 믿고 있는 종교 교리들도 면밀하게 분석하지도 않으면서, 무조건 종교가들이 말하는 내용이 옳거나 좋다고 주장하면서 믿고 있는 행위는 자신이 살 집을 구입하려고 하는 사람이 다른 집들은 한 번도 구경하지 않거나 심지어는 계약을 체결하고자 하면서도 구매할 집의 내부도 한 번 살펴보지 않고 겉모습만 보면서 집을 구하고 있는 행위를 하고 있는 어리석은 사람들보다 더 심각한 행위들임을 전혀 모르고 있다.

'행복의 달 시대'에는 철학이 신학을 지배하는 '권위의 별 시대'와는 정반대로 신학이 철학을 지배하는 시대로 사람의 영들이 신의 구조를 이해하고 알 수 있도록 기초 지식을 주기 위한 진짜 신들의 숨겨진 반전 있는 계획이었다.

영계에 거주하는 도교령들에 의하여 영감을 얻은 수행자들은 차크라를 열어 의식을 확장하여 우주와 연결되도록 시도하고, 국가적 재앙 및 사건 등을 미리 예지하는 능력 등을 대단한 것으로 여기면서 자신들이 소지하고 있는 능력의 우월함을 과시하고 있지만, 결과적으로는 낙제자가 될 수밖에 없다.

영계에서는 현세계 공부를 하고, 현세계에서는 영계를 공부하는 행위는 국어시간에 수학을 공부하고 수학시간에 국어를 공부하는 행위와 같아서 좋은 성적을 낼 수 없는 것처럼 좋은 영적 성장을 이룰 수 없기 때문에, 준비하고 노력하는 시간들에 비해 가장 더딘 영적 성장을 하는 이들을 신계 신들은 가장 안타까워한다.

힘이 약한 소규모 집단인 무속령들의 지배를 받고 있는 무속인들은 자신들의 힘을 강하게 만들기 위하여 혈연끼리 유기적으로 결합하려고 노력하지만, 시대가 지나갈수록 그러한 노력들은 더욱더 어려워질 것이다. 왜냐하면, 영계와 사후세계 및 현세계의 운행 원리를 완전하게 파악할 수 있는 신들과 근접한 영적 성장을 갖춘 셀 수 없이 많은 정도령(正道靈)들이 곧 세상에 탄생하기 때문이다.

'눈을 감고 잠을 청해도 아침이 오면 다시 떠오르는 태양을 막을 수 없다'라는 말로 이 시대가 도래함을 대신 표현하고 싶다.

'행복의 달 시대' 초기에는 종교령들과 도교령들 및 무속령들의 힘이 비슷하였으나 말기에는 도교령들과 무속령들의 힘은 점차 미약해졌고, 종교령들의 힘만 강성한 시대라고 말해주고 싶다. 그러나 인문철학자인 정도령들이 탄생하는 '권위의 별 시대'에는 종교령들은 가장 힘들고 괴로운 시대를 맞이하게 될 것이다.

정도령들의 말발굽에 가장 비참하고 고통스러우며 괴롭힘을 당하는 존재가 바로 종교령들이며, 신이 되어 신계로 가장 늦게 되돌아가는 존재 역시 종교령들이기 때문이다.

사유는 종교령보다 훨씬 늦게 태어난 인문철학자인 정도령들이지만, 종교령들이 신이 될 수 있는 시기보다 훨씬 빠른 시기에 이미 신계 신들이 되어 신계를 지배하고 있었기 때문이다.

정도령들의 영적 무기는 무한탐구와 분석으로 종교령들의 영적 무기인 세뇌교육, 도교령들의 영적 무기인 철학과 무속령들의 영적 무기인 혈연을 모두 탐구하고 분석하여 붕괴시켜 버리고, 영계나 사후세계와 현세계의 구조나 운행 원리까지 모두 알아내어 실질적인 신계 지역을 다스릴 명백한 영적 후계자들이 되기 때문이다.

용(龍)들을 바라보는 사람들의 관점(觀點)

서양 사람들은 용이라고 하면 날개가 있고 날아다니는 드래곤을 생각한다. 서양 사람들이 생각하는 드래곤은 지상 최악의 괴물이며, 사람들에게 신으로 숭배받다가 사람들과 싸우는 사악한 괴물로, 지금은 사람들을 보좌하는 존재로 인식하고 있다.

영계 서쪽 지역에서 '권력의 태양 시대' 동안 드래곤파 영들이 사람들을 지배하고 있을 시기에는 신으로 섬김을 받고 있었지만, 점점 늘어나는 사람의 영들과 영적 전쟁을 수행하는 동안에는 사악한 괴물로, 사람의 영들에게 패하여 지옥을 지키는 수준으로 전락하게 된 지금은 사람들을 보좌하는 존재로 인식되고 있다.

현세계에서 서양 지역에 살고 있는 사람들은 드래곤파 영들과의 기나긴 영적 전쟁의 영향으로 아군과 적군을 명확하게 구별하여 표현하는 언어가 발전하게 되었다.

동양 사람들은 용이라고 하면 뱀처럼 긴 형태로 하늘을 기어 다니는 존재인 용을 생각한다. 동양 사람들이 생각하는 용은 지상 최고의 신적인 존재로 사람의 영들과 영적 전쟁을 수행한 드래곤파 영들이 아닌 용파 영들이었다.

현세계에서 동양 지역에 살고 있는 사람들은 영적 전쟁 없이 평화롭게 신으로 섬기고 있었던 영향으로 서로 경청하고 소통하려는 언어가 발전하게 되었다.

제51장

권위의 별 시대와 완성의 정도(正道) 시대

앞으로 사람들이 미래에서 겪게 될 인문철학자인 정도령(正道靈)들이 이끌어갈 '권위의 별 시대'와 '완성의 정도(正道) 시대'에 대하여 내가 상세한 기록으로 남기는 것에 대하여는 매우 적절하지 않다고 생각한다. 왜냐하면, 나보다 훨씬 뛰어나고 지혜로운 정도령들이 세상 사람들이 보다 쉽게 이해할 수 있도록 아주 자세하게 기록으로 남겨줄 것으로 믿기 때문이다. 따라서 나는 '권위의 별 시대'와 '완성의 정도 시대'를 아주 간략하게 서술하는 것으로 끝마치도록 하겠다.

에피소드 1 : '권위의 별 시대'

1. 기간

현세계에서 무한탐구의 정신과 끊임없는 노력으로 비약적인 과학 발전을 이루고 있으며, 예리한 이성적 판단력으로 영계, 사후 세계와 현세계의 영적 구조를 완전하게 이해하게 되는 인문철학자 정도령들이 탄생하기 시작한 때부터 사람들의 영적 지도를 하였던 세상에 존재하는 모든 종교들의 권위가 크게 추락하여 마침내 지역 축제나 문화제 정도의 형식으로만 남는 시기까지이다.

2. 시대 특징

- 영계는 정도령들에 의하여 모든 세력이 통합되고, 종교령, 도교령, 무속령들은 점차 소멸된다.
- 현세계 사람들이 사후세계에 존재하는 영들을 제도한다.
- 남·여 평등 시대다.
- 특정한 분야에 국한된 전문성이 매우 중시되는 사회다.

지혜롭고 총명한 인문철학자 정도령들은 무한탐구의 정신으로 현세계에 존재하는 사물과 그것을 효과적으로 작동시키는 원리를 잘 알고 있을 뿐만 아니라 사후세계와 영계의 영적 구조 및 운행 원리도 완벽하게 분석하여 자기화시키는 존재들이다.

현세계에 살고 있는 사람들은 정도령들의 도움으로 비약적 과학 발전과 의식 확장을 넓히는 긍정적인 효과도 누리겠지만, 비약적 과학 발전으로 새롭게 만들어진 많은 장치들의 부작용으로 인하여 엄청난 규모의 재앙에 직면할 수 있는 부정적 효과도 동반하고 있어, 사람들의 잘못된 사상을 적절한 테두리 안에 가두어둘 지혜가 절실하게 요구된다.

그러나 인간 존중을 부르짖는 종교와 종교가들은 재앙을 막을 수 있는 지혜로운 방법을 제안하기보다는 종교적 동기에서 오는 폭력과 갈등, 테러, 증오와 불관용으로 더 큰 재앙을 일으키는 요소들을 부추기면서 지속적으로 갈등을 확대하도록 선동하고 있다.

비약적 과학 발전으로 새롭게 만들어진 장치들을 활용하여 자신들의 종교적 영향력을 확대하고자 하는 종교령들을 막기 위하여 정도령들은 종교령들을 대상으로 영적 전쟁을 일으킨다.

영계에서는 영계 서쪽을 지배하고 있던 종교령들에게서 집단 거주지를 빼앗아 천국과 지옥이라는 장소를 분쇄하여 차별 없는 지역으로 만들고, 영계 동쪽 지역에 있는 도교령들에게는 사상적 기반을 제공하여 바른길로 갈 수 있도록 제도하며, 사후세계에 거주하는 무속령들에게 사로잡혀 노예로 지내던 많은 사람들의 영들을 구출하게 된다.

정도령들의 가장 큰 영적 무기는 끊임없는 도전과 탐구 그리고 분석이었으며, 정도령들에게 사상적 기반을 전수 받고 있는 현세계에 살고 있는 많은 사람의 영들은 더 이상 무지(無知)로 인하여 사후세계에 거주하는 영들에게 사로잡혀 자신이 원하지 않는데 강제적으로 사후세계에 존재하는 영혼들에게 빙의 되거나 신내림을 받아 무속인이 되지 않는다.

이러한 시대는 무지(無知)로 인하여 사후세계 영들에게 지배를 받고 있던 '행복의 마르스 시대'가 아니라 사후세계에 존재하는 영혼들이 가진 정보보다 현세계에 살고 있는 사람들이 가지고 있는 정보가 훨씬 더 많아 현세계에 살고 있는 사람들이 사후세계에 존재하는 영들을 제도하는 '권위의 별 시대'로 현세계와 사후세계 사이에 영적 교감들이 활발하게 이루어지며, 최근에 급변하고 있는 과학 발전처럼 지금은 상상할 수 없는 의식의 혁명적인 변화들을 경험하게 되는 시대이다.

나는 '권위의 별 시대'를 냉철한 이성이 발달한 시대로 태양처럼 따뜻한 느낌의 감성은 많이 부족하지만, 사람들의 영적 성장이 별처럼 빛나는 도약을 하게 되어, 신계 신들로부터 현세계에 살고 있는 사람들 스스로가 신이 될 수 있는 기초적 자질을 갖추었다고 판정받기 시작하는 시대로 보고 있다.

에피소드 2 : '완성의 정도(正道) 시대'

수만 년이 흐른 뒤 현세계에 살고 있는 사람의 영들이 사후세계와 영계에 대하여 모든 것을 알게 되고, 완벽에 가깝게 대처하게 되는 시대로 수많은 사람의 영들은 영을 깨뜨리고 신이 되어 신계로 진입한다.

신계 신들도 과거 지구라는 별에 살고 있던 공룡들을 소멸시켰듯이 사람이라는 종족의 종말과 사람이라는 종족을 대체할 수 있는 새로운 초인류 종족을 준비하게 된다.

현재도 초인류 종족의 탄생에 관련된 기초적 준비를 하고 있고, 영능력자들은 무의식적으로 사람들이 발명한 기계나 발견된 전파로 시작되는 물질을 착안하여 사람들이 완전히 새롭게 만들어낸 신물질로 창조된 초인류라는 사실을 알고 있다.

자동차와 사람을 비유로 든다면 자동차는 육신이고 사람은 영이라고 볼 수 있는데, 사람들이 타는 자동차는 시간이 흐름에 따라 노후하여 사용하는 데 점점 불편하게 되면, 자신에게 알맞은 좀 더 편리한 자동차로 바꾸어 탈 수 있지만, 자동차를 타는 사람 본인은 바꿀 수가 없다.

사람의 영들도 자신들에게 좀 더 편리하게 장착할 영체를 찾아 장착할 수 있도록 준비를 하게 되는데, 나는 그것을 인공지능이 탑재된 사람들이 만든 신물질로 만들어진 것이라고 생각한다.

초기에 기계와 전파 등으로 구성된 로봇과는 전혀 다른 형태의 물질로 구성된 초인류가 탄생할 것이다. 기계 인간은 과거 일시적인 거인족의 탄생처럼 과도기에 극히 일시적으로 사용되는 영체물일 뿐이다.

과거에 신계 신들이 진화라는 형식을 빌려 동물과는 완전히 차별화된 사람을 탄생시켰듯이, 발명이라는 형식을 빌려 사람과는 완전히 다른 인공지능을 갖춘 신물질을 탄생시킬 것이며, 그 물질 속에는 지금 현재 살고 있는 사람들의 영이 장착될 것이고 나는 이들을 인류와는 모든 면에서 전혀 다른 초인류라고 부른다.

세포로 구성된 사람들의 육신이 아닌, 사람들이 직접 만든 물질로 구성된 육신을 보게 되면 지금 살고 있는 사람의 영들은 큰 충격으로 받아들이겠지만, 과거 지구별에서 소멸했던 공룡 영들도 자신들과는 의식과 생활이 전혀 달랐던 사람들의 탄생을 보고 엄청난 큰 충격에 빠져 있었다.

그런 연유로 공룡 영들은 거인족 영들이나 사람의 영들을 사로잡아 윤회하지 못하게 하여 신계 신들의 계획을 방해하였지만, 그러한 행위의 최종 결과는 많은 공룡 영들이 신이 되지도 못하고 영적 전쟁의 희생자가 되어 다시 작은 미생물로부터 환생하면서 사람이 되어가는 악순환을 경험할 뿐이었다.

우리들은 먼 기간에 도래할 일들을 생각하고 정확하게 판단할 수 있도록 의식의 영역을 확대할 필요가 있다. 화성이나 달에도 지금 현재 우리의 눈에는 보이지 않고 만질 수도 없지만 셀 수 없이 많은 생기를 감싼 영들이 현세계에서 사용할 영체를 가지고 윤회를 거듭하면서 살아가고 있다.

먼 미래에 지구라는 별에서는 피부를 가지고 살아가는 사람의 영들은 점점 소멸되어 버리겠지만 우리들이 두려워할 필요는 절대 없다. 변화하는 시대의 흐름을 우리가 바꿀 수는 없지만, 초인류로 다시 환생하는 길을 선택할지, 그러한 변화를 막기 위하여 과거 공룡 영들이 했었던 것처럼 초인류로 환생한 영들과 영적 전쟁을 선택할지, 아니면 시리우스 별 B 영들처럼 다른 별로 이전을 선택할지는 신이 선택하여 주는 것이 아니라 각자가 선택하는 몫일 뿐이다.

그러나 지구라는 별이 완전히 소멸되지 않고 사람이라는 종족도 소멸되지 않은 상태에서 영을 깨뜨리고 신이 되어 신계로 진입하는 선택이 나는 가장 합리적인 선택이라고 생각하며, 그 역할은 사람의 영들로 곧 탄생할 바다 위에 있는 모래알보다 많은 현자이면서 인문철학자인 정도령들이 충분히 수행할 수 있을 것이라고 생각한다. 그러나 혹시라도 정도령들의 인도를 못 받는다고 불안해하거나 걱정할 필요는 전혀 없다.

남들보다는 조금 더 시간이 걸리겠지만 결국에는 모든 사람의 영들은 불생불멸한 존재로 신이 되어 많은 정보들을 가지고 신계로 되돌아갈 것이기 때문이며, 이것이 범아신에게서 나온 생기인 우리들의 숙명이다.

사람으로 탄생한 영들은 자신들과 완전히 다른 존재였던 공룡 영들을 신으로 섬겨보기도 하고, 자기와 같은 사람의 영들을 신으로 섬겨보기도 하였거나 지금 현재 섬기기도 하였으며, 마지막에는 자기 스스로가 신이 되어 신에 대한 기초 지식을 완전히 익히고 신계로 진입하는 과정을 경험하면서 신계에서의 삶에 필요한 정보를 축적한다.

사람들은 영적 성장을 위해 처음에는 비천한 삶을 살아보기도 하고, 부귀(富貴)한 삶을 살아보기도 하고, 마지막에는 비천한 삶과 부귀한 삶을 초월한 삶을 살아보면서, 마침내 신계에서의 삶의 방식을 터득하는 정보를 축적한다.

이 두 가지를 완성하는 지식을 제공하는 시대를 나는 '완성의 정도 시대'라고 부른다.

제52장

사후세계(死後世界) 여행

나는 영적 면류관에 저장된 정보를 통해서, 신계 신들이 공룡 영들과 시리우스 별 B 영들의 영적 성장을 돕기 위하여 지구별에 살고 있던 영장류로부터 진화(進化)라는 형식을 통해 최초 인류를 탄생시켰으며, 지금으로부터 수만 년이 흐른 뒤에는 발명(發明)이라는 형식을 통해 초인류를 탄생시키면서 현재 살고 있는 인류를 멸종시키는 과정을 보았다.

공룡 영들이 큰 변화에 놀라지 않도록 영장류를 천천히 진화시키다가 일정 시간이 흐른 뒤에는 초단기로 사람을 탄생시켰듯이, 사람들도 처음에는 기계, 전파와 인공지능 등의 합성체를 천천히 발명하고 개발하다가 지금은 상상할 수 없는 완전하게 새로운 형태의 물질을 발명하고, 발명된 물질로 만들어진 초인류를 탄생시킬 것이며, 신계 신들은 새롭게 탄생한 초인류 속에 영들을 불어넣을 것이다.

그리고 지구별에서 아직까지 신이 되어 신계로 되돌아가지 못한 영들이 초인류 영체를 가지고 윤회를 거듭하면서 살아가게 되는 장면을 본 순간 진돌이와 파트라슈는 이번에는 나에게 내가 태어나게 된 특정한 목적에 대한 정보를 알려주겠다고 말했다.

그러나 나는 진돌이와 파트라슈에게 내가 영계로 온 이유는 나의 집 근처에서 내가 만난 여자의 죽은 딸을 만나서 여자의 꿈속에 나타나게 만들기 위한 것이라고 말하고, 빨리 사후세계로 진입하여 여자의 딸을 찾아내자고 제안하였다.

파트라슈와 진돌이는 나의 영혼을 다시 붙잡고 영계를 떠나 사후세계로 빠른 속도로 다시 진입하였다. 내가 본 사후세계의 첫인상은 영계와는 전혀 다른 무질서하고 시골처럼 황량한 세계라는 느낌이었다.

영계는 종교령들이 지배하는 서쪽 지역이나 도교령들이 지배하는 동쪽 지역이나 '영적정화소'와 기타 다른 모든 장소들이 잘 정돈되어 있는 세계였지만, 사후세계는 온갖 잡다하고 정돈되지 않은 다양한 세계였다. 다른 말로 표현하자면 선진국의 정돈된 깨끗한 거리가 영계라면, 사후세계는 발전된 장소와 낙후된 장소가 함께 공존하는 후진국들의 정돈되지 않는 무질서한 장소라고 생각하면 된다.

사후세계에 거주하는 영혼들은 내가 난생처음 보는 괴이하게 생긴 불가시한 존재들이 있었고, 영계처럼 대규모 집단이 아닌 소규모 집단으로 모여 있거나 개인이 혼자 살고 있는 경우도 많았다. 그러나 사후세계를 개인 혼자 돌아다니기보다는 대부분 영들은 소규모 집단으로 이동하며 돌아다니고 있었다.

현세계와 마찬가지로 도시도 있었고 시골도 있었는데, 도시는 현세계보다 발달한 장소가 있었던 반면 시골은 현세계보다 더 낙후된 장소도 있었다.

　나는 진돌이와 파트라슈에게 사후세계는 사람들의 표정만 없을 뿐 현세계의 삶과 너무 똑같다고 말하면서 미래 SF 영화들을 만든 감독들은 최소한 사후세계를 한 번씩 구경하고 온 사람들 같다고 말했다.

　그러자 진돌이가 사후세계에 거주하는 영들이 살고 있는 장소만 현세계와 비슷한 것이 아니라 그들이 먹고 싶어 하는 것과 입고 싶은 것들도 모두 비슷하다고 응수하면서 차이점이 있다면 입이 아닌 기(氣)로 흡수하여 먹는 방식이 다를 뿐이라고 말해주었다.

　진돌이의 말을 들은 파트라슈가 그렇지만 사후세계라는 장소는 현세계와는 엄청나게 차원이 다른 세계라고 말해주면서, 나에게 깜짝 놀랄만한 놀라운 구경을 한 번 보여주겠다고 말했다. 나는 진돌이와 함께 파트라슈가 알려준 한적한 도로 위 장소에서 잠시 멈춰 서 있었다.

　파트라슈는 잠시 후 도로 위를 지나가는 토끼가 자동차에 치는 불행한 사건으로 죽음을 맞이하여 사후세계로 진입할 것이라고 알려주면서, 현세계에 살고 있는 영들이 사후세계에 진입하는 과정을 자세하게 관찰해보라고 나에게 말해주었다.

　나는 토끼를 구해주는 것이 죽음을 관찰하는 것보다 급선무가 아니냐고 반문하자 죽음의 신 진돌이가 지금 죽음을 맞이하는 토끼 영은 토끼로서 삶의 정보를 모두 축적한 상태이기 때문에 현세계에서 토끼로서의 삶을 더 오랫동안 사는 것은 토끼 본인에게도 무의미한 것이라고 주장했다. 오히려 더 빨리 영계로 되돌아가 더 큰 존재로 환생하여 새로운 정보를 영 안의 생기 속에 축적하는 것이 바람직하다고 생각한다고 말했다.

나는 토끼가 곧 죽는다는 사실은 어떻게 알게 되었느냐고 물어보자 진돌이가 대답하기를 육신을 잃고 사후세계로 온 영들은 영적 성장도에 따른 인식 단위를 가지고 있기 때문에 가깝거나 먼 미래를 범위의 정도만 차이가 있을 뿐 누구나 알 수 있다고 말해주면서, 나 역시 죽음을 맞이하여 내 영이 사후세계나 영계로 진입하게 되면 미래에 일어나는 일들을 자연스럽게 알게 될 것이라고 말해 주었다.

나와 진돌이와의 대화가 끝나기 무섭게 한적한 도로 위로 토끼 한 마리가 깡충 뛰어올랐고, 곧이어 라이트를 켠 자동차가 갑자기 등장하여 도로 위에 올라간 토끼를 덮친 로드킬(road kill)이 발생하였다.

순간 사람들의 영이 죽음을 맞이하는 순간 하늘로 솟구치는 현상과 똑같이 토끼 영인 흰색 기운이 하늘로 순식간에 쑥 올라갔지만, 고서(古書)에서 나오는 내용처럼 혼(魂)은 하늘로 올라가고 백(魄)이 가라앉는 현상은 전혀 없었다.

나는 죽음의 신 진돌이에게 별 특이한 현상이 아니라고 말하면서 현세계에서도 이러한 현상은 모두 알고 있다고 대답하자, 진돌이는 나에게 이러한 현상을 알고 있다면 내 잠재의식 속에 숨겨 놓았던 의식들이 많이 되돌아온 것이라고 생각한다며 여자의 딸이나 함께 찾으러 나서자고 말했다.

나는 광활한 사후세계에서 어떻게 여자의 딸을 찾을까 고민하자 진돌이가 현세계와 사후세계는 동일한 지역이므로 딸의 영혼이 어떤 존재들에 의해 잡혀서 멀리 가지 않았다면, 내가 사는 근처에서 찾으면 곧 발견할 수 있을 것이라고 대답해 주었다. 죽음의 신 진돌이와 전쟁의 신 파트라슈와 함께 나의 집 근처로 이동하여 딸의 영혼을 찾아다니고 있었다. 그러던 중 내 눈 바로 앞에서 머리는 삼각형(三角形), 올챙이 꼬리, 입에는 뱀의 혀를 날름 거르고 있는 새까만 검은색의 조그만 형체가 돌아다니고 있었고, 기분이 몹시 나빠진 나는 두 손가락으로 이상한 형체를 꽉 잡았고, 이상하게 생긴 형체를 가진 뱀은 나를 향해 혀를 계속 날름거리고 있었다.

나는 지금도 무의식적으로 뱀의 형상을 몹시 싫어하는 성향을 가지고 있는데, 내 손가락으로 뱀의 형상을 잡고 있는 것을 보자 몹시 짜증이 나서 새까만 검은색인 조그만 형체를 가진 뱀을 풀어 주었고, 뱀은 상상할 수 없을 정도의 빠른 속도로 주변 숲 속으로 사라져 버렸다. 나는 정말 희한하게 생긴 괴물을 보았다고 말하자, 옆에 있던 진돌이와 파트라슈 모두가 나를 의아하게 바라보면서 좀 전에도 보지 않았느냐고 나에게 되물었다.

그 말을 들은 나는 현세계처럼 육신을 가지고 있어 감정이 전달되는 대화를 하는 형식이었다면, 파트라슈와 진돌이에게 놀림을 당했다는 느낌으로 내가 크게 화를 냈을 것이지만, 지금 내가 풀어준 존재는 내가 처음 본 것이 맞다며 나의 의사만 전달하여 주었다.

죽음의 신 진돌이는 내 잠재의식 속에 숨겨 놓았던 의식들이 아직은 되돌아오지 않은 상태라고 말해주면서, 좀 전에 내가 잡은 희한하게 생긴 뱀은 우리들이 함께 방금 전에 목격하였던 그 토끼의 영혼이라고 말해 주었다. 그러나 일반적인 토끼 영혼은 아니며, 현세계에서 사람들이 흔히 말하는 도(道)를 수행한 토끼라고 주장하였는데, 그 이유는 죽음을 맞이하여 사후세계에 진입하자마자 현세계에서 살았던 토끼의 모습에서 아주 빠른 시간 안에 자신이 좋아하는 형태로 모습을 변형하였기 때문이라는 것이었다.

토끼 영은 과거 현세계에서 뱀, 올챙이 등 파충류로 태어난 때가 많았고, 그 시절로 환생하였던 시절을 가장 좋아하였기 때문에, 자신의 영 안에 잠재하고 있던 의식을 작용하여 좋아하는 부분들을 옛 모습으로 곧바로 변형시켰다는 것이다. 그리고 자신의 말에 대한 증거를 보여 주겠다면서, 나를 사후세계에 있는 다른 장소로 데리고 갔다.

그 장소는 방금 현세계에서 사망하여 사후세계로 진입한 많은 사람의 영들이 남아 있었는데, 형태들은 모두 사람의 모습을 하고 있었다. 그런데 사람의 영들을 안내하는 존재들을 자세히 살펴보니 얼굴은 일부 뱀의 형상을 하였지만, 몸은 사람의 형상을 가진 존재가 있었고, 반대로 얼굴은 사람의 형상이었지만 몸은 뱀의 형상을 하고 있는 존재들도 있었다. 뱀의 형상들뿐만 아니라 온갖 잡다한 형상들이 혼합된 존재들이 아주 많았고, 그들은 갓 진입한 사람의 영혼들을 노예처럼 부려먹고 있었다.

죽음의 신 진돌이는 얼굴의 일부가 뱀의 형상을 한 영혼을 가리키

154

며, 저 영혼은 과거 뱀과 사람의 형상으로 윤회를 거듭하였지만 뱀으로 생활한 삶을 가장 좋아했던 존재이기 때문에 뱀의 형상을 선택한 것이라고 말해주었다.

지금 갓 들어온 사람의 영혼들은 지금은 모두 사람의 형상을 하고 있지만, 수십 년에서 수백 년이 지나도록 사후세계에 계속 남아 있게 되면 자신의 과거들을 조금씩 알게 되고, 과거를 알게 된 영혼들은 자신들의 형상을 과거 즐거운 삶을 살았던 시절에 존재했던 모습이나 전혀 새로운 자신이 좋아하는 모습으로 변형시킬 수 있다고 말했다.

자신의 모습을 변형시킬 수 있는 영적 성장이 높은 사후세계에 존재하는 영혼들이 현세계에 살고 있는 사람들을 대상으로 그 사람들이 존경하는 신선이나 장군 또는 용 같은 신비스러운 존재의 형상들을 하고 나타나서 영혼이라면 누구나 할 수 있는 가까운 미래에 발생할 일들을 말해주게 되면 이러한 사실을 알지 못하는 무지(無知)한 사람들은 깜짝 놀라면서 자신이 모시는 신으로 섬기게 된다고 말했다.

진돌이의 말을 들은 나는 그 말이 맞는다면 지금 큰 개의 형상을 하고 있는 진돌이와 파트라슈도 과거에는 개로 윤회한 적이 있으며, 그 시절을 가장 좋아한다는 뜻이냐고 물어보았다.

죽음의 신 진돌이와 전쟁의 신 파트라슈는 둘 다 내 말에 긍정을 하면서, 기회가 된다면 우리가 환생하게 된 특정한 목적을 설명할 때 내가 질문한 부분에 대하여 대답해 주겠다고 말했다.

나는 진돌이에게 그럼 지금처럼 귀엽고 큰 개가 아닌 다른 형상으로 변해 보라고 말했다. 내 말을 들은 진돌이는 갑자기 신생대(新生代)에 살았던 15m나 된다는 거대한 뱀인 티타노보아보다 상상할 수 없을 정도로 큰 10층 높이의 고층 아파트만 한 형체의 뱀으로 변한 후에 내 앞에서 커다란 뱀의 얼굴을 들이밀고는 나에게 혀를 날름거렸다.

그때 어디선가 아주 큰 뱀이 나타나 나를 뱀의 입안으로 꿀떡 삼켜 버렸고, 갑자기 깜깜한 공간에 갇힌 나의 영혼은 신검(神劍)을 생각하고 칼을 만든 후 뱀의 몸통을 가르면서 뱀의 몸 밖으로 겨우 빠져나왔다. 그러자 나를 잡아먹었던 아주 큰 뱀은 다시 사람으로 변하여 어디론가 사라져 버렸고, 거대한 뱀의 형상을 한 진돌이를 보고 주변에 있던 다른 영혼들은 벌벌 떨면서 거대한 뱀을 향해 연신 절을 하고 있었다.

죽음의 신 진돌이는 다시 덩치 큰 파라오하운드의 개의 형상으로 되돌아와 내 앞에 서 있었다.

나는 진돌이에게 많고 많은 형상 중에서 왜 커다란 뱀의 형상을 하였느냐고 물어보자 내가 제일 싫어하는 형상이 뱀이라는 것을 이미 알고 있기 때문에 가장 싫어하는 형상을 보여준 것뿐이라고 대답했다. 사후세계는 현세계에서 동물의 왕국과 비슷한 삶을 사는 장소라고 말해주면서, 이러한 사실 확인은 같이 돌아다니다 보면 저절로 알게 될 것이라고 말했다.

대부분의 영혼들은 현세계에서 살았을 때뿐만 아니라 죽음을 맞이할 때 마지막 모습만을 진짜 자신의 모습이며 영원(永遠)한 모습으로 착각하고 사후세계에 진입하여 살아간다고 말했다.

그러다가 사후세계에 오래 거주하면서 영혼들의 형상은 자신이 마음대로 선택한 모습으로 변형할 수 있다는 사실을 알게 되고, 자신들이 과거에 살았었던 모습이나 미래에 살고 싶은 모습으로 변형하여 살아가고 있다고 말했다. 그리고 더 영적 성장을 이루게 되면 빛의 모습으로 영혼이 바뀌고, 영혼이 신이 되면 무형상이 최종적으로 되는데 바로 무형상의 모습이 진짜 신의 모습이라고 말했다.

그러나 깨닫지 못한 사람들은 영혼들이 신선이나 신의 형상으로 변하여 나타난 상황을 보았거나 빛을 보고 신을 보았다고 착각하여 숭배한다고 말해주었다. 같은 의식 수준을 가진 영혼이 신이나 빛의 형상으로 변형하여 사람들 앞에 나타나서 현세계에 살고 있는 학교 선생님들의 가르침보다 훨씬 낮은 수준으로 인류에게 미래를 알려주는 예언과 깨달음을 준다는 말들을 전해주면, 어리석은 사람들은 영혼들이 한 말들을 신이 한 말씀이라고 받들면서 맹신하는 잘못된 선택도 하고, 심지어는 다른 사람들에게 영혼들이 전해 준 낮은 수준의 말들을 실천하라고 권하기까지 한다고 말했다.

이러한 잘못된 현상들이 발생하게 된 원인은 현세계에 살고 있는 사람들이 영계나 사후세계에 대하여 관심과 분석을 하지 못하게 하고 무조건 믿으라고 강요하는 종교령들과 무속령들의 계획된 훼방과 사람들의 짧은 인생 기간 때문이라고 말해주었다. 그 말을 들은 나는 개가 사람으로 착각하는 이론에 대하여 읽었던 글이 생각났다.

애완견을 키우는 사람들은 자신이 기르던 개가 자신도 사람으로 착각하며 살고 있는 것 같다고 말하면서 웃는다. 그러나 집에서 기르는 애완견이 자신을 사람으로 착각하게 된 원인을 정말 알고 있다면 결코 웃지 못할 수도 있다.

개는 무리생활을 하는 동물로 태어난 후부터 3개월까지는 무리생활에 필요한 서열(序列) 정하기, 싸움하기 등을 부모, 형제 개들과의 무리생활로 함께 익혀야 하는 사회화(社會化) 기간을 반드시 거쳐야 하는데, 불행하게도 사람들의 욕심으로 생후 3개월 이전에 부모 개들과 형제 개들과 떨어져 개다운 행동 패턴을 전혀 익히지 못하고, 사람들의 무리 속에서 생활하면서 사람들의 행동 패턴만을 익히게 된다. 개는 스스로 사람으로 착각한 것이 아니라, 일부 사람들의 욕심을 채워줄 도구로 전락하여 개답게 행동하는 행동 패턴을 상실한 것뿐이다.

어릴 때 사람들의 행동 패턴을 익히지 못하고 늑대들의 행동 패턴을 익혀 사람이 되지 못한 늑대소년이 탄생했듯이, 일부 애완견을 사랑한다고 주장하는 사람들은 강아지가 어릴 때 개들의 행동 패턴을 익히지 못하고 사람들의 행동 패턴을 익히게 인위적으로 만들어서 성인 개가 되지 못한 아이 개로 만드는 자신의 욕망을 우선시하는 사람들이라고 비판하고 싶다.

나는 가끔 방송에서 애완견을 사랑한다고 주장하는 일부 사람들의 몰지각한 행위들을 보면서 화가 많이 난다. 개에게 선글라

스를 씌어주고, 옷과 신발을 입히고, 안아서 이동시키고 심지어는 냄새를 제거하기 위하여 꼬리를 자르거나 자녀를 낳지 못하게 불임 수술을 시키면서 자신들은 애완견을 사랑한다고 말하는 사람들의 모습을 지켜보면서 다음 생애에는 현재의 개와 견주가 서로 반대로 태어나도 그러한 행위를 당한 개인 자신이 행복할 것 같냐고 되묻고 싶다.

애완견을 키울 수 있는 자격이 되는 사람은 개를 개답게 키울 수 있는 사람이지, 자신의 욕망이나 욕심을 채우기 위해 멋대로 사람의 행동 패턴으로 키우는 사람이 아니다. 진정 사랑한다는 개들에게 개만의 행동 패턴을 잃어버리게 하는 사람은 결코 아니라고 생각한다.

사람들도 다른 종족들을 신으로 섬겨보기도 하고, 다른 사람을 신으로 섬겨보기도 하면서 지금까지 영적 성장을 이루었으며, 이제는 스스로가 신이 되어 신계로 갈 수 있는 의식을 받아들일 수 있는 아주 기초 단계까지 어느새 도달하게 되었다.

현재까지는 사람들이 영계나 사후세계에 대한 탐구심도 매우 부족하고 연구까지 더디게 진행되어 낮은 수준의 정보만을 가지고 있었고, 수명(壽命)마저도 매우 짧아 깨달음을 얻는 시간도 부족하였으며, 다른 사람들에게 전수하여 줄 방법까지도 매우 부족하였다.

그래서 일찍 자신들의 무리에서 떨어져 나온 애완견이 자신들의 행동 패턴을 잃어버리고 사람들의 행동 패턴을 자신들의 행동 패턴으로 착각하며 살아가듯이, 영에 대한 탐구심과 깨달음을 얻기까지 수명이 매우 짧았던 일반 사람들의 의식은 사람의 영들은 사람의 형상만을 가지고 영원토록 살게 될 것이라고 착각하고 있다.

이제 세상에는 조금씩 우리들의 의식을 크게 확장시켜줄 인문철학자인 정도령들이 태어나고 있고, 사람들의 수명도 점점 늘어나게 될 것이다. 그리고 현재까지는 사람들이 아직까지 몰랐던 영계와 사후세계에 대한 진실들이 정도령들에 의해서 조금씩 수면 위로 나타나게 될 것이다.

참고로 애완견의 행동 패턴은 개의 행동 패턴이 아닌 사람의 행동 패턴이며, 사람의 영은 영원(永遠)토록 사람의 형상만 하는 것이 아니라 변화무쌍한 형상을 하게 된다는 사실도 세상 모든 사람들이 나중에는 자연스럽게 알게 되는 정보라는 것을 알아주기 바란다.

이번에는 파트라슈가 우리 주변에 있던 옛 서양식 건축물인 커다란 성(城)을 가리키며, 이 장소를 다스리는 영이 성 안에 살고 있는 것 같다고 말하면서 저 성을 방문하자고 나에게 제안했다.

나는 저렇게 큰 성은 누가, 어떻게 지었느냐고 파트라슈에게 되물어보면서, 저 장소를 지키는 영들에게 잡히게 되면 어떻게 되는지 걱정하는 말을 꺼내자 파트라슈와 진돌이가 걱정하지 말고 자신들만 믿고 따라오라고 대답했다.

사후세계에서의 이동은 신체를 이용하여 걸어가는 것이 아니라 의식의 이동이므로 빠르게 성이 있는 장소로 갈 수 있었으나, 우리는 주변을 천천히 살펴보면서 이동하고 있었다.

괴이한 형체를 한 사람, 홀로 남은 사람 또는 소규모 무리를 지어 다니는 사람 등이 보였고, 현세계와 차이점이 있다면 모두가 집을 가지고 있는 것이 아니라 대부분은 거주하는 장소가 없었으며, 잠을 자지 않는 대신 전혀 움직이지도 않고 그대로 멈춰 서 있는 존재들도 많이 있었다.

파트라슈는 영의 모습과 사는 장소만 보아도 영의 능력과 힘의 세기를 금방 알 수 있다고 나에게 가르쳐 주었다. 죽은 모습 그대로 있는 영들은 굉장히 힘이 약한 영들로 시간이 흐른 뒤 영의 힘을 회복하면 힘의 세기에 따라 변화무쌍하게 변신하며, 한자리에 멈춰 있는 영 역시 굉장히 힘이 약한 영들로 처음 사후세계에 진입하여 돌아다니다가 엄청난 보복을 당한 존재들로 두려움 때문에 움직이지 못하는 경우와 영의 능력을 회복하지 못하여 자유자재로 움직일 수 없는 존재들이라고 말했다.

현세계가 물질로 건축물을 만들어낸다면, 사후세계는 정신과 약간의 기(氣)를 혼용하여 자신이 거처할 장소인 건축물을 만들어내는데, 대부분의 영들은 건축물을 만들 능력도 부족하고, 건축물 안에 거주하지 않더라도 현세계에 살고 있는 사람들처럼 큰 불편함도 느낄 수 없어 건축물을 만들어 내지 않는다고 말했다.

건축물의 크기와 화려함은 사후세계 영의 힘을 나타내는 표식임을 알고 있기에 우리들도 지금 이 지역을 다스릴 것으로 생각되는 옛 서양식 건축물인 커다란 성을 방문하는 것이라고 말했다.

내가 현세계에 살고 있는 장소는 대한민국으로 동양식 건축물이 대부분이었지만 사후세계에 내가 살고 있는 장소는 서양식 건축물들이 더 많았다. 내가 있는 장소도 서양식 정신과 종교가 동양식 정신과 종교를 이미 지배하고 있어 나타난 현상이었다.

나는 파트라슈에게 영들은 능력에 따라 이동 속도도 큰 차이가 나지만, 주변을 완전히 인식할 수 있는 능력도 가지고 있다는 사실을 이미 알고 있다고 주장한다면 파트라슈 역시 성의 주인이 누구인지 알고 있지 않느냐고 질문하였다.

파트라슈는 자신의 영적 전파력의 세기는 현세계 사람들이 말하는 거리로는 수천 km까지는 대충 알고, 수백 km까지는 정확히 알고 있다고 대답하면서, 지금 내가 생각하는 성 안의 성주(城主)는 왕의 형상이나 기사(騎士)의 모습이 아니라고 말해 주었다.

이 지역을 다스리는 성주는 매우 악덕한 존재이며, 그를 제거하는 모습을 나에게 보여주면서 약간의 사후세계에 관련된 정보를 추가로 전해주고 싶다고 말했다. 그 말을 들은 나는 딸이 있는 장소도 이미 알고 있었지 않느냐고 되물어보자 옆에 있던 진돌이가 사후세계에 진입하기 전부터 당연히 딸이 있는 장소를 알고 있었다고 나에게 말하면서, 딸을 만나기 전에 꼭 먼저 만나야 하는 존재가 있다고 말했다.

나는 파트라슈와 진돌이와 함께 성을 향해 계속 날아가면서 이동했다. 그러나 성을 향해 가까이 갈수록 계속해서 가까이 오지 말라는 경고의 의식이 점점 강해져 나는 약간 불안감이 엄습했다.

그러자 파트라슈는 나에게 현세계에서 사람들의 역할도 사회나 문명이 발전할수록 분화(分化)가 일어나게 되어 더 전문적인 일들을 수행하게 되는데, 현세계보다 발달한 사후세계나 영계는 역할 분화(分化)가 더 잘 이루어지고 있으며, 특히 신계는 분화(分化)라기보다는 특정 역할이 특화(特化)된 장소라고 말하면서, 지금은 신계 신이 아닌 영계 영의 모습으로 왔지만 자신은 과거 신계에서도 전쟁의 신이었기 때문에 사후세계에 남아 있는 어떤 존재든지 이길 수 있다고 확신하고 있다며 걱정하지 말라고 말했다.

나와 파트라슈 그리고 진돌이가 성 근처로 다가갔을 때 성 안에서 조그만 흰색 기운이 나오더니 성보다 더 큰 존재로 변했는데, 영화 〈고스트 버스터즈〉에 나오는 마시멜로 맨처럼 생겼지만, 통통한 모습이 아니라 바싹 마른 형상이었다.

처음에는 성에서 나와 성보다 더 크게 변한 성주의 형상을 본 나는 잠시 깜짝 놀랐지만, 계속해서 진돌이와 파트라슈와 함께 성을 향해 날아가고 있었다. 그런데 갑자기 '마시멜로 맨'의 모습을 한 성주가 성의 크기에 두 배 되는 길이로 두 팔을 길게 뽑고는 가까이 오지 말라며 우리들을 향해 계속해서 막 흔들어댔다.

파트라슈는 성주의 영이 스스로 죽음을 맞이할 때를 알고 있는 것 같다고 말하면서, 동물들도 싸우는 상대에게 크기를 과장하고, 사람들도 자기보다 센 사람들에게 자신이 소유하고 있는 능력보다 과장된 능력인 허세를 부리듯이 영들도 과장된 힘을 보여주려고 변화무쌍한 형상들을 상대방에게 보여주게 되는데, 이러한 현상을 반대로 생각하면 모두가 상대에게 질 것이라는 두려움의 또 다른 표현 방식 중 하나라고 생각하면 된다고 말하고 즉시 파트라슈는 개의 형상을 벗어버리고 강렬하고 찬란한 빛으로 형상을 바꾸어 곧바로 혼자서 성주에게로 엄청나게 빠른 속도로 날아갔다. 그리고는 섬광(閃光)이 번쩍 빛나던 순간 찬란한 빛과 함께 황금색으로 된 빛이 함께 우리 앞에 나타났다.

찬란한 빛은 다시 개의 형상인 파트라슈로 변했고, 황금색 빛인 성주 영을 신검(神劍)으로 내리쳤다. 파트라슈가 신검으로 내리칠 때마다 황금색 빛은 다양한 색깔의 빛으로 변하였으며, 최종에는 흰색으로 변화게 되었다. 그러나 파트라슈는 흰색으로 변한 빛을 계속해서 신검으로 내리쳤고, 흰색 빛이 빛의 발광(發光)이 전혀 없는 흰색으로, 그리고 최종에는 조그만 형태의 흰 먼지 같은, 우리들이 흔히 말하는 오컬트 같은 존재로 바뀌었다.

그러자 파트라슈는 흰 먼지를 잡고는 영계에 있는 신장(神將)을 불러 신장(神將)들에게 '영적정화소'로 데려고 가서 윤회시키라고 명령하였고, 신장(神將)들은 흰 먼지를 잡아 영계로 빠르게 솟구쳐 올라갔다.

나는 흰 먼지는 현세계에서 환생을 하게 되면 어떤 존재로 태어나게 되는지를 파트라슈에게 물어보자, 옆에서 구경하고 있던 죽음의 신 진돌이가 박테리아나 세균 정도 급이 되지 않겠느냐고 대신 대답하면서, 다시 사람의 영 정도 수준이 되려면 수백만 년 이상은 윤회를 계속하여야 할 것 같다고 말해주었다.

그리고 우리가 있는 주변을 가리키며 사후세계에 방금 진입하고 있는 사람의 영들을 자세하게 살펴보면 흰색 기운이 똘똘 뭉치자마자 영들의 등급에 따라 각종 색깔로 빛나는 빛으로 변하여 존재한다고 말했다. 나는 나에게 씌어 있던 영적 면류관을 작동시켜 주변을 살펴보자, 모든 영들의 형상들이 빛의 존재들로 바뀌어 보였다.

파트라슈는 물질로 구성된 현세계에서는 건축물을 없애게 되면 건물의 잔해가 남게 되지만, 정신으로 구성된 사후세계는 건축물을 없애게 되면 잔해가 전혀 남지 않는다고 말하면서 성을 파괴하기 시작했다. 정신과 기운으로 만들어진 성은 신기루처럼 내 눈앞에서 점차 사라져버렸다. 나에게 되돌아온 파트라슈는 사후세계에 존재하는 영들의 힘을 판단하는 근거는 세 가지로 보면 된다고 하였다.

첫 번째 존재는 매우 나약한 존재로 현세계에 살고 있다가 사후세계에 진입한 지 오래되지 않은 존재이거나 영적 힘이 매우 약한 존재로, 그들의 특징은 사후세계에 살면서도 현세계의 삶을 공유하기를 바란다고 말해주면서 대표적인 예가 무속인들의 영들이라고 말해주었다.

영적 힘이 약한 존재로 사후세계에서 자신들의 영적 능력으로는 거주하고 싶은 건축물에 살 수도 없고, 먹고 싶은 음식도 만들 수 없기 때문에, 현세계에 살고 있는 자신의 부하들인 무속인과 도인 또는 종교가들을 이용하여 제사 등의 형식으로 차려진 음식을 기($氣$)로 흡수하여 자신들의 욕망을 채우고 있다고 말했다.

그리고 자신들 스스로 정신력을 활용하여 사후세계에서 건축물과 음식물을 만들어 보려고 자기들끼리 모여 살면서 영적 능력을 향상시키는 공부를 하는 존재들이라고 말해 주었다.

두 번째 존재는 현세계에 존재하는 건축물과 음식, 또는 살고 있는 사람들에게 거의 관심도 없고 관여하지도 않으면서 오직 자신의 영적 능력 향상에만 힘을 쏟는 영들이라고 말했다. 주로 이러한 영들이 처음에 연습하고 훈련하는 힘은 자신의 형상을 마음대로 변화시키는 능력들이라는 것이다.

이들의 극히 일부가 현세계에 살고 있는 사람들에게 나타나게 되면 빛으로 인식되거나 각종 신으로 숭배받게 되는데, 사람들의 넋에게 따뜻한 기운을 불어넣어 줄 수 있거나 변화무쌍한 형상들을 보여줄 수 있기 때문이라는 것이다.

세 번째 존재는 가장 힘이 센 존재들로 무속령들의 지배자급인 영들로 기($氣$)와 자신의 정신을 이용하여 건축물과 각종 무기인 살($煞$)들을 만들어낼 수 있는 존재들이라고 말했다

우리가 사는 문명이 동물들이 살아가는 환경과 완전하게 다른 것처럼 영계의 환경은 현세계와 사후세계에 건설된 문명과는 차원이 다른

세계이므로 현재 우리가 인식할 수 없는 어떤 존재물들로 꽉 차 있는 세계라는 것이다. 반면 사후세계는 의식과 일부 기(氣)로서 건축물과 시설들을 만들 수 있는 능력을 가진 존재들이 매우 부족하여, 사후세계 대부분이 텅텅 빈 장소가 되어 있으며, 현세계로 표현하자면 영계는 대도시 중앙이고 사후세계는 시골과 같은 느낌을 가진 세계라는 것이다.

물론 사후세계를 체험했다는 사람들이 다녀간 장소가 화려한 것을 보아서는 다양한 시설들을 만들 수 있는 힘이 센 존재들이 지배하는 사후세계 장소였다고 본다는 것이다.

신기루처럼 사라진 성을 바라보는 아쉬운 나의 마음을 잠시 접고 나는 파트라슈에게 딸을 만나기 전에 내가 꼭 만나야 하는 존재가 누구인지 알려달라고 하였다. 그러자 파트라슈는 현세계에서 과거에 이미 만나본 존재라고 대답하면서 내가 다시 만나게 되면 무척 반가울 것이라고 대답했다. 파트라슈의 말이 끝나기도 전에 내 눈앞에 관세음보살과 신장(神將)들이 나타나 반갑게 우리들에게 인사를 건넸다.

내 눈앞에 나타난 관세음보살의 형상을 보고, 현세계에서 내가 10년 전에 친척 형과 함께 잠자리에 들었을 때 만나 보았던 상황이 의식 속에 떠올랐다[상편 16장 악몽(惡夢)과 우리가 말하는 신(神)의 실체 편 참조].

알 수 없는 검은색 물체가 나의 영을 붙잡고 끝이 보이지 않는 나락으로 데려가고 있을 때, 나는 엄청난 공포심과 두려움에 떨고 있었으며, 마음까지 무너져 내리는 느낌을 동시에 받았다. 이러한 위기에 처한 상황에서 관세음보살을 외치고 다시 되살아난 기억이었다.

나는 관세음보살에게 그때 도움을 주셔서 매우 감사했다고 인사를 건네자, 관세음보살은 오히려 자신이 나에게 큰 도움을 받고 있다고 말해 주었다. 그러자 진돌이가 관세음보살에게 나는 영적 능력이 매우 낮춰진 상태이기 때문에, 과거 일들은 전혀 기억하지 못하고 있으니, 우리들의 이야기와 관계 그리고 특정한 목적을 가지고 환생한 사연에 대하여 말해주어야 한다고 말했다. 그리고 나와 관련된 전쟁의 신 파트라슈, 죽음의 신 진돌이 그리고 관세음보살 사이의 상호 관계에 대한 이야기를 듣게 되었다.

제53장

우리들의 이야기

에피소드 1 : 특화(特化) 이야기

나는 우리들의 이야기를 듣기 전에 관세음보살에게 평소 내가 궁금했던 상황을 먼저 물어보고 싶었다. 내 앞에 있는 관세음보살은 현세계에서 모습을 드러내서 많은 사람들을 도와주었던 존재가 맞는지, 그리고 남자 성(性)을 가진 존재인지 아니면 여자 성(性)을 가진 존재인지 물어보았다.

관세음보살은 현세계 사람들이 만나 보았다는 관세음보살은 한 사람이 아니라 셀 수 없이 많은 여러 명의 존재들이며, 내 앞에 서 있는 자신과는 전혀 관련 없는 존재들이라고 말해주었다. 단, 꿈의 형식이 아닌 물질세계인 현세계에서 직접 모습을 나타냈다면 영계로 가지 못하고 사후세계에서 돌아다니는 영혼으로 판단된다고 하면서, 그러한 존재들에게 이끌리어 자신의 정신과 마음을 흔들리지 말라고 하였다. 그리고 내 앞에 있는 관세음보살의 성(性)은 가냘프고 예쁘게 생겼지만 남성이라고 말했다.

이때 관세음보살 옆에서 듣고 있던 진돌이가 나에게 특화(特化)의 개념에 대하여 먼저 이해하여야 한다고 말했다. 물론 사람의 영들과 동물의 영들은 서로 교류하면서 환생을 하고 있었지만, 동물의 영들에서 사람의 영들로 한 단계 올라가는 것은 상당한 시일이 걸리며, 반대로 사람의 영들에서 동물의 영들로 한 단계 내려가는 것도 영에게는 큰 사건이 발생한 것이라고 말했다.

사람들이 동물인 영장류에서 진화의 형식을 빌려 탄생하게 되었지만, 동물들이 가질 수 없는 주체성과 언어와 문자의 사용, 관념 등 의식의 확장 능력 등은 신계 신들이 영감으로 사람들에게만 준 선물이라고 말했다.

교육과 부단한 훈련을 받은 동물들이 일시적으로 사람들의 의식과 행동들을 따라 할 수 있는 것 같이 보이지만 곧 개념 확장에 대한 의식 영역 문제 때문에 문명과 문화를 창조하는 데에는 난관에 부딪치게 될 것이라고 말했다.

신계 신들의 영감을 받은 사람들은 동물들과 확연하게 다른 문명과 문화를 창조하였는데, 문명과 문화는 신계 신들의 삶의 형식 중 최저로 낮은 단계이면서 기초 단계라고 생각하면 된다고 하였다.

문명과 문화의 기초는 동물들의 삶과 확연히 다른 형태로 사람들이 흔히 말하는 역할 분담인 분업에서 처음 찾을 수 있으며, 우리들은 그것을 특화의 가장 기초라고 생각하면 된다고 하였다. 고대 사람들도 처음에는 동물들처럼 일을 분담하지 않고 혼자서 모든 일을 처리하면서 살았다고 말했다. 하지만 문명과 문화가 발전할수록 사회는

보다 복잡하고 다양해지게 되면서, 보다 빠르고 효과적으로 맡은 일들을 처리하지 않으면 안 되는 상황에 직면하게 된다고 말했다.

혼자서 모든 일을 하기보다는 여러 사람이 나누어서 일을 하게 되면, 맡은 일들을 익숙하고 빠르게 처리할 수 있으며 능률성뿐만 아니라 효과성도 발휘할 수 있다고 말했다.

현세계보다 사후세계가 훨씬 복잡한 세계이고, 사후세계보다는 영계가 훨씬 복잡한 세계이며, 영계보다는 신계가 상상할 수 없을 정도로 고도로 발전되고 복잡한 세계로 자신이 맡은 일에 대한 역할이 분업(分業)을 넘어 특화(特化)되지 않는다면 운영될 수 없는 세계라고 말했다.

과거 문명과 문화가 발전하지 않았던 사회에서는 나라의 최고 권력자인 왕이 직접 죄인을 잡아다 신문하고 벌을 주기도 하였으나 사회가 발전한 지금은 왕조차도 직접 죄인을 잡아다 신문하지 못하며, 죄인을 잡아들이는 사람은 경찰과 검찰에 종사하는 사람들이며, 죄인들에게 법의 규정에 따라 벌을 주는 사람도 재판소의 법관들로서 왕이 혼자 할 수 있었던 일들이 점차 여러 사람들이 세분화하여 처리하게 되는 분업화가 이루어지고 있다고 말했다. 그러나 아직 특화되지 않고 분업만 이루어진 발전이 덜 된 국가에서는 최고 권력자인 대통령의 강력한 의사가 하부 말단 조직까지 영향을 미칠 수 있는 구조를 계속 유지하고 있다고 말했다.

그러나 세밀한 단위로 특화된 업무를 하는 신계는 큰 규모 단위로 역할이 분업된 현세계에서는 상상할 수 없을 수준으로 신들이 담당하는 역할이 아주 세분화되어 있으며, 최고 신이라고 할지라도 큰 방향에 대한 결정권과 중대한 사건에 대한 개입만 있을 뿐 세밀한 업무에 대한 신들의 권한과 역할에 대하여는 큰 사유가 없는 한 직접 관여하지 않는다고 말했다.

신계에서 신전은 강력한 존재를 섬기고 예배하는 장소가 아니라 여러 신들이 모여 회의하는 장소이듯이, 신계에서 발생한 일들에 대한 첫 번째 판단과 구속력을 발휘할 수 있는 존재는 해당 분야를 담당하고 있는 특화된 신이며, 특화된 신이 결정한 판단은 최고 신도 특별한 사유가 없는 한 이의를 제기하지 않고 존중한다고 말했다.

최고 신들의 역할은 신계가 미래로 나아갈 방향성과 공통되고 중요하면서 심각한 문제를 해결하는 큰 줄기의 역할만을 담당할 뿐이지 세세한 일에 관여하는 것이 아니라고 말했다.

지금 내 앞에 서 있는 관세음보살은 신계 신으로 갈 수 있었으나, 스스로 신계로 가기를 포기하고 사후세계에서 영혼들을 제도하고 있는 존재로 특정한 역할은 깨달음의 지혜를 주는 신장(神將)일 뿐이라고 말해주었다. 그러므로 현세계 사람들이 흔히 말하는 소원을 들어준다든가 혹은 악마를 물리쳐 주는 존재 혹은 사람들의 병을 고쳐주는 존재와는 전혀 관련이 없다고 말해주었다.

영이 성장하여 신에 가까워질수록 어떤 분야에 전문적 지식이나 경험을 가진 전문가에서 특정한 일에 큰 능력을 발휘하는 특정인이 되고, 특정인보다 더 세밀하고 깊은 지식과 경험을 가지게 되었을 때 비로소 신이 될 수 있다고 말해주었다. 이러한 과정으로 신이 된 존재들을 분야(分野)의 신들이라고 하며, 신계에서는 하급 신들이 된다고 하였다.

특정한 분야에 대한 정보만 계속 습득하여 짧은 기간 내에 하급 신이 되는 방법이 있고, 모든 분야에 대한 정보를 계속 습득하여 긴 기간이 소요되지만 고급 신이 되는 방법이 있다. 재능이란 신이 되는 과정이다[상편 4장 지식과 경험의 산물이 재능(才能) 편 참조].

나는 그럼 내 앞에 서 있는 관세음보살은 깨달음을 주는 지혜의 신장(神將)이냐고 물어보자 죽음의 신 진돌이와 전쟁의 신 파트라슈가 동시에 내 말이 맞다고 대답해 주었다.

에피소드 2 : 성(性)의 분화(分化)

나는 관세음보살을 보면서 남자이면서도 어떻게 이렇게 예쁜 모습을 할 수 있는지를 물어보자, 이번에는 전쟁의 신 파트라슈가 성의 분화에 대하여 설명해 주겠다고 나섰다.

미생물일수록 성(性)이 분화되지 않듯이 원래 초창기 영들도 남·여라는 성이 존재하지 않는다고 말하면서, 성별은 영들의 선택일 뿐이라고 말해주었다.

처음에는 어느 정도 영적 성장을 많이 한 대부분 영들조차도 환생할 때마다 남·여를 결정하지 못하고 번갈아가면서 환생하고 있다고 말해 주었다.

신계에 거주하는 상급 신들의 대부분은 남자 성을 가진 신들이지만, 최고 등급을 가진 신들의 대부분은 여자 성을 가진 신들이다. 남자 신들은 특정한 분야에 특화된 능력을 발휘하는 존재들이지만 여자 신들은 남자 신들을 조합하는 능력을 가진 존재들이다.

지혜로운 제갈량, 위엄과 무력이 뛰어난 관우, 의리 있는 장비, 용맹한 조자룡들의 지배자는 개별적 능력은 모두 떨어지지만 황실 출신이라는 명분을 적극 활용한 유비로 특화된 남자 신들을 지배하는 존재는 극소수의 여자 신들이다.

그러나 자신이 잘할 수 있는 능력이 시간이 갈수록 점점 특화되듯이, 신에 점차 가까워질수록 자신이 좋아하는 성(性)도 자신에게 특화되도록 동일하게 선택하게 되는데, 남자의 성(性)을 선택한 영들은 점점 의식이 남자다워지고, 여자의 성(性)을 선택한 영들은 점점 의식이 여자다워진다고 말해주었다. 그래서 신계의 신들은 무형상이지만, 영계에서 고급 영들의 형상을 보면 남자 영들은 아주 잘 생겼고, 여자 영들은 정말 예쁘다고 말해주었다.

그러나 그것은 영의 형상이 예쁜 것을 말하는 것일 뿐, 성장한 영도 현세계에서 환생할 때에는 자신에게 필요한 정보를 습득하기 위하여 못생긴 사람이나 선천적 혹은 후천적으로 장애를 입고 있는 사람으로 선택하는 경우가 많기 때문에 품성인 인격으로 영적 성장을 판단해야지 절대로 외모로 판단해서는 안 된다고 말했다.

　지금 내 눈앞에 서 있는 관세음보살은 영이며 보이는 형상이 예쁘기 때문에 높게 성장한 영으로 인식해도 된다고 말했다. 나는 파트라슈에게 내 앞에 서 있는 관세음보살은 계속 여자로는 환생하지 않고 남자로만 환생하는지를 물어보자, 파트라슈는 관세음보살은 사후세계에서 많은 영들을 제도한 후에는 더 이상 윤회하지 않고 신이 되어 신계로 되돌아갈 것 같다고 말했다. 그리고 참고로 신계 신들이 진화의 형식을 빌려 사람들의 탄생을 계획할 때에는 신계처럼 지혜로운 여자 영들이 힘이 센 남자 영들을 잘 인도하며 살아갈 수 있도록 만들었다고 말해주었다(하편 49장 권력의 태양 시대 편 참조).

　지혜로운 여자 영으로 특화되면 힘이 센 남자 영들보다는 훨씬 빠르게 신이 되어 신계로 되돌아가는 장점이 있지만, 현세계와 사후세계 그리고 영계를 윤회하는 과정에서는 남자 영들보다 더 많은 고통과 불리한 조건을 극복해야 하는 과제가 있다고 말했다.

　대부분의 영들은 이러한 장·단점을 알고 있기에 자신이 더 빨리 신이 될 수 있는 여자 영을 선택할지 혹은 유리한 윤회 과정의 삶인 남자 영을 선택할지 고심하게 되며, 남·여를 번갈아가며 환생하다가 자신에게 맞는 성(性)을 최종적으로는 선택하여 자신에게 맞는 성을 가지고 지속적으로 윤회하여 마침내 특정한 성을 가진 존재로 특화된다고 말했다.

남성 동성애자인 게이나 여성 동성애자인 레즈비언은 자신이 선택한 성이 우월하다는 의식을 영 안에 축적한 존재로 과거 현세계에 살았을 때 남·여가 서로 어울리지 못하게 만든 분리된 환경 속에서 삶을 살았던 사람들인 수행자들이 환생할 때 주로 나타나는 현상이라고 말해주었다.

성소수자들은 환생할 때 자신이 선택한 성과 윤회하는 과정에서 습득한 정보에 대한 성에 대한 정신적 괴리로부터 나왔다고 생각한다. 자신의 육체적 성과 정신적 성이 다르다고 느끼는 성소수자들은 과거 현세계에 살았을 때 이성에 의하여 큰 고통을 받아 다음 생애는 동성으로 태어나지 않고 이성으로 태어나려고 하였으나 무의식중에 영이 다시 동성을 선택하고 현세계에서 환생할 때 나타나는 현상도 일부 있다며 참고적으로 알고 있으라고 말해주었다.

에피소드 3 : 나와 진돌이 그리고 파트라슈와의 관계

나의 아버지와 어머니는 셀 수 없이 많은 윤회를 경험하면서 마침내 신계 최고 신의 지위에 올랐고, 나의 부모인 최고 신이 셀 수 없이 많은 윤회를 경험하는 과정에서 나와 최고 신은 부모와 자녀의 관계로 처음 인연을 맺어 놓았다.

나 또한 많은 별에서 셀 수 없이 많은 윤회를 거듭한 결과 영을 깨뜨리고 신이 되어 신계로 진입한 후에 최고 신이 된 부모들을 만났으며, 부모에게는 어느새 서열 4위의 귀여움을 받는 존재가 되어 있었다. 내가 특화한 능력은 공포로서 신계 신들이 나에게 붙여준 또 다른 이름은 공포의 대왕이었다.

나에게는 두 명의 아주 친한 신들이 있었는데, 시리우스 별 B에서 최종적으로 윤회하여 신이 된 존재인 진돌이로 특화된 능력은 죽음이었다. 또 하나의 존재는 화성에서 최종적으로 윤회하여 신이 된 존재인 파트라슈로 특화된 능력은 전쟁이었다.

공포, 죽음과 전쟁으로 특화된 우리 셋은 신계 어느 누구에게도 밀리지 않는 막강한 힘을 가진 존재로 신계에서도 명성이 아주 높았지만 가혹하게 업무를 처리한다는 평가를 받고 있었다.

항상 함께 몰려다니며 가혹하게 업무를 처리하고 있는 나와 진돌이 그리고 파트라슈의 의식을 완화시키기 위하여 높은 신들은 셋을 함께 다니지 못하도록 분리하여 특별한 업무를 주었다.

처음 분리한 존재는 죽음의 신 진돌이로 지구별에서 용왕대신과 삼신(三神)과의 분쟁을 해결하도록 파견되었고, 분쟁을 해결하는 과정에서 삼신(三神)과 드래곤파 영들의 반대편인 용왕대신과 용파 영들과 심각한 마찰이 있었다. 죽음의 신 진돌이는 지구별의 분쟁 해결 과정에서 자신의 임무를 훼방한 용파 영들에게 많은 불만을 가지고 신계로 되돌아왔다.

두 번째 분리한 존재는 전쟁의 신 파트라슈로 종교령들이 드래곤파 영들을 몰아낼 때 필요한 고급 정보를 제공하고 훈련을 도와주었고, 이로 인하여 전쟁에는 직접 참여하지 않았지만 드래곤파 영들과 깊은 원한 관계가 생겼다.

진돌이와 파트라슈는 공룡 영인 용파 영들과 드래곤파 영들의 영적 성장을 위해 자신들이 신계에서 파견되어 중재하거나 도운 것이지만, 오히려 자신들을 미워하는 공룡 영파들의 대접으로 인하여 공룡 영들에게 몹시 분노하고 있었다. 나와 진돌이, 그리고 파트라슈는 지구별에서 신계로 진입한 공룡 출신의 신들을 몹시 싫어하였고, 잘못된 부분이 있으면 가혹하게 처분하기를 반복하였다.

신계 신들은 끊임없이 공룡 신들에 대한 우리들의 가혹한 처분에 대하여 높은 신들에게 문제를 제기하였지만, 높은 신들은 우리들에게 어떤 제재도 가하지 않고 지켜만 보고 있었다.

우리들은 어떤 행위를 하더라도 높은 신들이 우리들에게 어떤 제재를 가하지 않을 것이라고 오판하고 힘 약한 공룡 신들이 잘못할 경우 사로잡아 혹독한 처분을 하여 현세계의 고등 생물이 아닌 미생물로 다시 환생시켜 버렸다. 공포의 대왕인 나와 죽음의 신 진돌이 그리고 전쟁의 신 파트라슈의 위세에 눌린 일반 신들은 우리들에게 감히 대적조차 하지 못하고 일방적으로 당하면서도 순응하고 있었다.

그러던 어느 날 나와 진돌이, 파트라슈가 함께 신계를 돌아다니고 있던 중 공룡 신의 일종인 용파 신을 우연하게 만나게 되었고, 나는 아무런 이유도 없이 신검으로 용파 신을 심하게 내리치고 영계로 떨어뜨려 버렸다.

이 일은 신계에서 큰 사건으로 비화되었다. 나로 인하여 죽은 신, 즉 영계로 떨어져 다시 윤회를 하여야 하는 존재가 바로 나의 아버지인 최고 신에게 지혜와 지식을 가르치고 있던 스승 신이 제일 사랑하고 있던 딸이었기 때문이었다. 물론 신들의 자녀는 바다 위의 모래알보다 더 많지만, 모든 자녀를 공평하게 좋아하거나 싫어하지는 않는다. 좋아하는 자녀는 신들이 항상 돌보아주지만 싫어하는 자녀는 전혀 돌보지 않고 방치한다.

스승 신은 아버지인 최고 신을 만나 나에 대한 강력한 처벌을 요구하였고, 아버지인 최고 신은 스승 신의 딸이 억울하게 받았던 처벌과 동일한 처벌을 나에게 내리겠다고 약속하였다. 그리고 아버지인 최고 신은 형벌을 주관하는 신들을 파견하여 우리들을 사로잡고자 하였지만 우리들은 힘을 합쳐 강력하게 대항하였다. 형벌을 주관하는 신들이 속수무책으로 우리들에게 당하게 되자, 마침내 아버지인 최고 신이 직접 수많은 높은 신들을 거느리고 우리들에게 와서 크게 꾸짖고, 우리들이 스승 신의 딸에게 행한 동일한 형벌인 합당한 처벌을 받으라고 말했다.

우리들은 아버지인 최고 신과 높은 신들에게 우리들의 잘못을 시인하고 죄송하다며 진심으로 용서를 구했지만, 평소 가혹하게 처벌한 우리들의 행위에 불만을 가지고 있던 높은 신들은 우리들의 요청을 외면하였다. 아버지인 최고 신과 높은 신들은 우리들을 사로잡아 일정한 장소에 격리시키고 처벌 방법과 수위를 결정하기 위하여 신전에 모여 회의를 하였다.

　이때 높은 신들이 신전에 모여 회의하는 장소에 함께 참가하고 있던 나의 어머니인 최고 신이 나와 진돌이 그리고 파트라슈가 크게 반성하고 있으니 더 이상 괴롭히지 말라고 요청하였다. 그러나 신전에 모인 높은 신들의 대부분은 동일한 처벌을 원한다며 자신들의 주장을 여전히 굽히지 않자, 나의 어머니인 최고 신은 우리들이 격리되었던 장소로 직접 찾아와 나와 진돌이 그리고 파트라슈 생기(生氣)의 힘을 일시적으로 크게 낮추고 영을 덮어 신계에서 영계로 내려보냈다.

　다시 영을 뒤집어쓴 우리들의 생기는 일시적 혼란에 빠졌지만 최고 신들과 높은 신들이 용서하여 준다면 언제든지 영을 깨트리고 다시 신계로 다시 되돌아갈 수 있는 상태였다. 그러나 아버지인 최고 신과 높은 신들은 누구에게나 공평한 세상인 신계의 운행 법칙을 준수하기 위하여 영계로 신장들을 보내 신적 형벌로 우리들의 영적 힘을 더 크게 낮추려고 시도하였다.

　영계에서 우리들과 신계 신들이 보낸 신장(神將)들이 대치하고 있다는 소식을 듣게 된 어머니인 최고 신은 신계 높은 신들에게 크게 분노를 표출하였고, 높은 신들은 최고조로 긴장한 상태가 되어 있었다. 어머니인 최고 신의 특화된 능력은 파멸과 새로운 시작이었다.

　아버지인 최고 신은 스승 신에게 미안한 상황을 표현하였고, 스승 신은 우리들에 대한 강력한 처벌 요구를 철회하고, 자신의 딸이 빠른 시일 내에 다시 신이 되어 신계로 되돌아올 수 있도록 도와줄 것을 요청하였다.

아버지와 어머니인 최고 신은 스승 신에게 스승 신의 딸에게는 영적 성장을 빨리 이룰 수 있도록 도와주는 신장들을 필요한 상황이 되면 항상 곁에 두겠다고 약속했다. 최고 신과 스승 신의 합의로 영계에서 우리들과 신계 신들이 보낸 신장(神將)들과의 일촉즉발의 대치 상황은 끝나게 되었고, 신장(神將)들은 모두 신계로 되돌아갔다.

나와 진돌이 그리고 파트라슈는 최고 신과 스승 신이 합의한 내용인 스승 신의 딸의 영적 성장을 빨리 도와 신이 되어 신계로 다시 되돌아오도록 만들기 위하여 우리들도 힘을 보태기로 결정하고 때를 기다리면서 영계의 '영적정화소' 근처에서 살고 있었다.

우리들은 영계에 살고 있으면서도 용파 후손인 이무기나 뱀의 형상을 좋아하는 영들을 대상으로 때로는 화풀이도 하고 교화도 시키면서 나름대로 재미있게 지내고 있었다.

어느 날 신계에 자주 왕래하고 있던 죽음의 신 진돌이와 전쟁의 신 파트라슈가 지구별에 있는 영들의 영적 성장을 촉진하기 위하여 과거 드래곤파 영들을 영계에서 몰아낸 것처럼 영들의 윤회를 막는 종교령, 도교령 및 무속령들을 제압하고 영계, 사후세계와 현세계를 정화하고 초인류의 탄생을 준비하기 위하여 신계 신들이 정도령들을 탄생시킬 계획을 수립했다고 알려주었다. 우리들은 과거 신계 신들이 인류인 사람들을 영장류에서 진화라는 형식으로 탄생시킨 후 주체성이라는 영감을 주어 동물들과 확연하게 구별되게 만들고, 다시 언어와 문자를 주어 공룡 영들을 신으로 섬겼던 타 종족들의 정신적 지배에서 벗어나게 하면서 사람이 사람만을 신으로 섬기게 만드는 무속령, 도교령 및 종교령들을 탄생시켰듯이, 지금은 인문철학자인 정도령들을 탄생시켜 비약적인 과학 문명의 발전을 이룩하고 영적 의식을 크게 확장시켜 발명이라는 형식으로 수만 년 뒤에는 진화로 탄생한 인류는 완전히 멸종하고 사람들에 의해서 만들어진 초인류가 지구별을 지배하게 한다는 계획을 알게 되었다.

사람의 영들이 과거 공룡 영들처럼 멸종되기 전에 신이 되어 신계로 되돌아가지 못했다면, 인류가 멸종한 뒤에는 초인류의 형상을 싫어하여 시리우스 별 B 영들처럼 다른 별로 이전하거나 혹은 지구별에 남아 초인류로 다른 종족의 영들과 같이 환생하거나 영계로 진입한 다른 영들의 윤회를 막기 위하여 영적 전쟁을 하는 세 가지 선택만을 할 수 있다는 것도 알게 되었다.

우리들은 스승 신의 딸이 인류가 멸종하기 전에 신이 되어 신계로 되돌아오는 방법에 힘을 보태기로 결정하고, 신계 신전으로 되돌아가 나의 부모인 최고 신과 스승 신 그리고 높은 신들에게 스승 신의 딸이 빨리 영적 성장을 이룰 수 있도록 도울 수 있는 우리들의 계획을 제안하게 되었다.

우리들의 계획은 영계, 사후세계와 현세계의 상호 연관 관계에 대한 많은 정보를 책으로 발간하여 스승 신의 딸이 우리들이 발간한 책을 읽고, 영적 지식을 축적시켜 윤회하는 과정에서 무속령, 도교령, 종교령들에게 사로잡혀 영생(永生, 靈生)을 추구한다며 윤회 과정을 일시적으로 멈추거나 영적 성장 속도를 더디게 하는 일이 없도록 하겠다는 계획이었다.

우리들의 계획에 대하여 스승 신은 감사하다는 뜻과 함께 우리들에게 지식과 지혜를 주겠다고 하였으며, 칠원성군(七元星君)과 태양 신과 달 신 그리고 지구별의 지배자인 용왕대신이 우리들을 적극 돕겠다고 말했다. 나의 부모인 최고 신은 스승 신의 딸이 신이 되어 신계로 되돌아오면 우리들이 과거에 저질렀던 모든 죄를 사하여 주고 신계에서 다시 살 수 있도록 조치하겠다며 우리들을 따뜻하게 감싸 주었다.

그리고는 세상 사람들에게 알려줄 책의 내용에는 영계나 사후세계 그리고 현세계에 대한 다양한 정보를 주는 것도 중요하지만, 무엇보다도 사람을 비롯한 모든 영들은 최종적으로는 신이 되어 신계로 되돌아오게 되며, 나중에는 모든 영 누구나 신계의 최고 신이 되어 많은 세계들을 책임져야 하는 소중한 존재들임을 꼭 알려 주라고 말했다.

또한 세상 사람들의 영적 성장을 도모하기 위한 신들의 제단을 만들라고 하면서 여기에서 말하는 신과 제단은 신계 신들을 섬기고 숭배하는 장소가 아니라 세상 모든 사람들은 누구나 신이 된다는 사실을 깨닫게 만드는 장소로 제단을 구경한 사람들이 자신의 소중함을 인식하면서 신이 되기 위한 영적 성장은 자신의 끊임없는 노력과 인내로 이루어지는 것이지 신들에게 기원하여 선택받는 선물이 아니라는 것을 스스로 알게 하라고 말했다.

신들의 제단에서 신(神)은 자신(自身=神)을 뜻하는 말이다. 우리들은 본래 신들이므로 타 종족이나 다른 사람들을 섬기고 지배받는 종교적 의미의 제단이 아니라, 자신이 축적한 정보가 범아계 전체를 바꿀수 있을 정도로 소중한 존재임을 스스로 알게 만드는 즉 타인이나 다른 존재들의 도움이 아닌 자신(自身=神) 스스로 영적 성장을 이루려는 자각을 깨닫게 만드는 제단을 뜻한다.

그 말을 들은 스승 신도 우리들이 영적 세계에 관한 책을 발간하고 신들의 제단을 건설할 시기에는 스승 신의 딸의 운명을 세상 사람들을 위한 제단인 건축물을 세우는 것을 돕기 위하여 지식인이자 건축가의 숙명으로 바꾸어 주겠다고 약속하였다.

우리들은 다시 영계로 되돌아왔다. 그리고 용왕대신의 도움으로 사전 적응을 위해 지구별에서 각자 한 번씩 환생을 경험하게 되었다.

첫 번째 환생를 한 존재는 죽음의 신 진돌이로 이집트 근방 지역에서 태어났고 죽음을 맞이하여 사후세계에 진입하여 많은 사람들에게 영적 영감을 주었고, 죽음을 인도하는 신인 파라오하운드의 형상으로 추앙받으면서 영계로 되돌아왔다.

두 번째 환생을 한 존재는 전쟁의 신 파트라슈로 로마 근방 지역에서 태어났고 죽음을 맞이하여 사후세계에 진입하여 많은 사람들에게 영적 영감을 주었고, 전쟁의 신인 늑대개의 형상으로 추앙받으면서 영계로 되돌아왔다.

세 번째 환생을 한 존재는 나로 용왕대신의 직접적인 보호 아래 바다에서 커다란 물고기로 태어나서 즐거운 생활을 마감한 후 바로 영계로 되돌아왔다.

지금 영계에서는 사람들의 영적 성장을 촉진하기 위한 신계 신들의 계획으로 신계에서 직접 온 수많은 신장(神將)들이 종교령들과 도교령들이 영들을 사로잡아 지배하고 있는 집단 정착지를 파괴하기 위하여 영적 전쟁 준비를 모두 끝마치고 대기하고 있는 상태였다.

신장(神將)들에게 종교령과 도교령들이 사로잡혀 죽음을 맞이하게 되면 현세계에 살고 있는 종교가와 도인들은 더 이상 종교령들과 도교령들에게 영적 영감을 받지 못해 종교나 도교의 교리와 행위로는 사람의 영들을 사로잡기가 점차 어려워져 종교와 도교는 점차 쇠락의 길을 걷게 될 것이다.

현세계에서도 인문철학자인 정도령들이 탄생하게 되면, 사후세계에 대한 다양한 정보를 알게 된 정도령들에 의해서 사후세계를 지배하고 있던 무속령들도 현세계를 지배하고 있던 힘을 잃게 되며, 무속인들의 말과 지시를 현세계에 살고 있는 사람들이 더 이상 믿지 않게 되어 점차 무속도 쇠락의 길을 걷게 될 것이다.

나와 파트라슈 그리고 진돌이는 지금의 시기가 우리들이 현세계에 환생할 시기라고 판단하고, 스승 신, 칠원성군, 태양 신, 달 신과 용왕대신에게 통보하여 주었다.

우리들이 현세계에 환생한다는 소식을 들은 어머니인 최고 신은 나의 영에 영적 면류관을 씌어주었고, 아버지인 최고 신은 우리들을 축복해 주었으며, 스승 신은 우리들이 현세계에 태어난 지 얼마 되지 않아 딸이 현세계에 태어나게 되며, 지식인이자 건축가로 성장할 것이니 나의 말년에 함께 사람들 스스로 영적 성장을 도울 수 있는 신들의 제단을 건설하고 되돌아오라며 축복하여 주었다.

나는 신계 신들의 축복을 받으며 특정한 목적을 부여받고 현세계에 태어났고 진돌이와 파트라슈는 나를 보좌하기 위하여 영체가 아닌 영으로 나와 함께 현세계로 오게 되었다.

제54장

관세음보살의 회향(回向)

내가 만난 관세음보살은 인도 지방에서 가난하고 비천(卑賤)한 계급으로 태어난 사람이었지만, 주변에 더 좋은 계급으로 태어난 어떤 사람보다도 더 명석하고 뛰어난 능력과 다양한 재능들을 가지고 있었다.

그러나 카스트제도라는 굴레로 인하여 자신이 가지고 있던 능력과 재능을 사용할 수 있는 기회를 얻을 수 없었을 뿐만 아니라 능력과 재능을 보유하고 있다는 사실조차 인정받을 수 없었다.

관세음보살의 주변에서 함께 살고 있던 사람들은 전생(前生)에 자신이 행한 선악(善惡)에 따라 현재의 삶이 결정되며, 현재의 삶을 부정할 경우에는 미래인 다음 삶에서도 반드시 선악의 결과에 따른 삶을 경험해야 한다며 힌두교의 윤회설을 가르쳐 주면서 참고 인내하라며 조언하여 주었다. 그리고 다음 생애에 더 좋은 신분과 삶을 살기 위해서는 마음에 불만을 품고 저항이나 반발을 절대로 하지 말고, 현재 태어난 생애 동안 자신에게 결정되어 있는 주어진 삶에 충실하게 순응하고, 오직 기도와 선한 업을 쌓아 더 좋은 신분으로 태어나길 바라는 행위만이 전생에 자신이 저지른 악한 업을 상쇄하는 길이라고 알려주었다.

그러나 관세음보살은 전생에 선업을 많이 쌓아 브라만 계급으로 태어난 포악한 성격을 가진 사람과 가난하고 비천하지만 유순한 성격을 가진 자신을 되돌아보면서 사람들이 말해 준 전생에서 쌓은 선하고 악했던 습관들은 현생에서는 모두 잃어버린 것이지 몹시 궁금해졌다.

그리고 힌두교 윤회설의 주장처럼 전생에 지은 악한 업을 상쇄시키기 위하여 수십 년 동안 다른 사람들에게 선행을 하고 자선도 베풀어 보았지만 자신의 삶은 조금도 개선되지 않았다.

관세음보살은 수십 년 동안이나 다른 사람들에게 선행을 하고 자선을 베풀어도 자신의 삶이 조금도 나아지지 않는 것은 내가 전생에 크나큰 죄업을 지은 결과가 아닌 또 다른 이유가 있을 것이라고 생각하게 되었다. 그리고 타고난 운명을 바꿀 수 있는가라는 의문을 가지고 인도를 떠나 근처 네팔 지역으로 구도(求道)의 여행을 떠났다.

구도 여행을 떠난 네팔 지역에서 우연하게 불교를 가르치고 있던 사람을 만나게 되었고, 전생에 자신이 쌓았던 업의 결과인 현생의 삶을 개선할 수 없었던 힌두교 윤회설의 교리와는 다르게 현생의 삶에서도 전생에 쌓았던 업을 소멸시킬 수 있을 뿐만 아니라 삶도 개선할 수 있다는 불교 윤회설의 가르침을 배우고 크게 감동하여 불교를 가르치던 사람을 자신의 스승으로 삼고 열심히 불교 교리를 배우게 되었다.

늦은 나이였지만 자신의 스승님이 가르쳐준 기도와 수행 그리고 주문인 경전 등을 용맹정진의 정신으로 수행하고 열심히 배웠던 관세음보살은 어느새 최고의 제자가 되어 있었다.

어느덧 시간이 흘러 자신을 가르쳐 주던 스승은 열반(涅槃)하게 되었고, 최고의 제자였던 관세음보살은 많은 무리들을 지도하는 종교가가 되었다. 사랑하는 제자들에게 자신이 스승에게 배웠던 불교 교리를 최고의 직위에서 직접 가르쳐 주게 되면서 명석했던 관세음보살은 두 가지 의구심을 가지게 되었으며, 그 의구심을 해결하기 위하여 몹시 괴로워했다.

첫 번째 의구심은 죽음 저편에 관한 내용이 별로 없다는 사실이었다. 불교에서 깨달음을 가르쳐 주었던 석가 부처님도 죽음 저편의 세계를 무기(無記, 虛無의 道, 禁止 하는 말)라고 말하면서 관심 밖의 일로 여겨 사후세계에 대하여 남겨 놓은 이야기가 거의 없었기 때문이었다.

두 번째 의구심은 불교 교리에서 제시하는 증거들이 너무나 불확실하고 모호하면서 어설퍼, 교리상 많은 모순점을 내포하고 있기 때문에 명석하거나 분석적인 사람들에게는 전혀 신뢰를 주지 못한다는 점이었다.

또 다른 예들을 들어보면 선악을 베푸는 대상에 관한 사항으로 모든 만물(萬物)에게 자비를 베풀어야 선업(善業)을 쌓는다고 주장하면서도 사람들은 숨을 쉴 때마다 보이지 않는 많은 미세한 생명들을 자신도 모르게 죽이고 있다는 사실이다.

큰 생물에게 베푸는 행위만이 선업이고 미세한 생물에게 잔인한 행위를 하는 것은 악업이 아닌가라는 의문점을 가질 수 있으며, 만약 모든 생물에게 동일한 자비를 베풀고 악업을 짓지 않으려면 더 이상의 삶을 살지 말아야 하는 모순점을 가지고 있다.

부처님의 가르침을 배운다면서 부양할 소중한 가족과 지인(知人)들을 버리는 행위 또한 많은 문제점을 가지고 있다. 자신이 모셔야 하는 부모와 자신이 부양할 자녀를 출가라는 교리를 가지고 버리는 행위는 학습되지 않은 저차원의 동물들이 자신만의 영달을 위하여 무책임하게 행동하는 것과 매우 유사하다. 또한 불교를 숭상하는 일부 국가들이 가난을 면치 못하는 이유가 바로 자신이 담당해야 하는 사회적 역할을 가감하게 저버린 교리로 인한 결과임도 잊지 말아야 한다.

대표적인 연기설(緣起說)마저도 연기(緣起)의 시작인 연기의 원인조차 명확하게 설명하지 못하면서 대중에게 가르치고 있어 자체적 교리의 모순들을 가지고 있다.

관세음보살은 수제자(首弟子)들에게 자신이 가르치던 무리들을 맡기고 자신이 평소 의구심을 품었던 죽음 저편의 세계, 인과응보 업과 육도윤회(六道輪廻)의 진실을 알아내어 세상에 존재하는 모든 사람들에게 자세하게 알려주겠다는 결심을 하고 늙은 나이에 구도자(求道者)의 마음을 가지고 홀로 다시 여행을 떠났다.

육도윤회(六道輪廻)

육도윤회(六道輪廻)란 생명이 있는 중생이 죽으면 그 업에 따라 여섯 가지 세상인 육도(六道)인 천상계, 인간계, 수라계, 축생계, 아귀계와 지옥계를 번갈아 태어난다는 교리이다.

첫째는 지옥계(地獄界)로 화가 난 상태로 이성이 마비된 세상을 말한다.

둘째는 아귀계(餓鬼界)로 끊임없이 탐욕을 부리는 세상을 말한다.

셋째는 축생계(畜生界)로 어리석음 속에 사는 세상을 말한다.

넷째는 수라계(修羅界)로 항상 싸움 속에 사는 세상을 말한다.

다섯째는 인간계(人間界)로 번뇌가 그칠 날이 없는 세상을 말한다.

여섯째는 천상계(天上界)로 즐겁고 만족한 상태의 세상을 말한다.

의문점은 죽음을 맞이하여 영체인 육체를 완전하게 상실한 영이 마치 죽음을 맞이한 후에도 영체인 육체를 가지고 있을 때만 느낄 수 있는 고통으로 묘사하고 있어, 내가 육도윤회를 처음 듣게 되었을 때 엄청 많이 웃었던 기억을 가지게 한 아주 재미있는 이론이다.

타 종교에서 흔히 말하는 지옥의 묘사도 육도윤회와 마찬가지로 죽음을 맞이한 후에도 육체를 가지고 있어야만 느낄 수 있는 고통들로 묘사하고 있다. 종교인들은 무종교인들과 다르게 부활을 이야기하는 것처럼 죽음을 맞이하여도 영체인 육체를 벗어 버리지 못한다고 생각하는 것 같다.

영계는 영 안에 존재하는 의식으로부터 모든 것이 발현되는 세계이므로 지옥을 믿고 있는 종교인들의 영은 지옥을 경험하게 될 것이지만, 지옥의 존재를 믿지 않는 무종교인들은 지옥을 절대 경험하지 못할 것이다.

이것은 현세계에서도 귀신을 믿는 사람들에게는 실제로 존재하는 귀신이 보이지만, 믿지 않는 사람들에게는 실제로 존재하는 귀신이라도 자신의 눈에는 절대 보이지 않는 것과 같은 이치다. 나의 경험상 영체를 벗어버린 영의 느낌 일부라도 알고 싶다면 내 말대로 한 번 실험해 보길 바란다(물론 실제로는 훨씬 더 큰 차이가 있다).

고요한 정적이 흐르는 공간에서 팔뚝을 자신의 손으로 꼬집을 때의 느낌과 놀이공원에 설치되어 있는 자이로드롭에서 내려오는 순간(정신이 육체를 잠시 잃어버린 상태일 것이다) 팔뚝을 자신의 손으로 꼬집을 때 느낌을 서로 비교해 봐라.

고요한 정적이 흐르는 공간에서는 아픈 고통을 느끼겠지만, 자이로드롭에서 내려오는 순간에는 아픈 고통을 전혀 느끼지 못하는데 영체를 벗은 영의 정신적 고통은 계속 받을 수 있어도 신체적으로 오는 고통은 전혀 느끼지 못하는 상태이기 때문이다. 따라서 현세계에서 우리들이 알고 있는 고통이라는 개념 자체가 사후세계나 영계에서는 전혀 다르다고 말해 주고 싶다.

관세음보살은 세상에 일어나는 모든 것을 알고 있다는 부처님을 만나기를 간절하게 기원하며, 깊은 산속에서 기도하며 수행하였고, 수행한 지 얼마 지나지 않아 부처님을 만나게 되었다.

부처님을 만난 관세음보살은 영안(靈眼)을 뜨게 되었고, 사람들의 가까운 미래나 여러 가지 현상들을 보게 되면서 영적 능력을 향상시켰다.

관세음보살은 자신이 만난 부처님이 자신과 항상 함께하는 수호신이며 자신이 죽음을 맞이하는 순간까지도 돌봐줄 것이라고 생각하며 열심히 섬기면서, 자신 주변에서 잡귀들에게 괴롭힘을 당하면서 살아가고 있는 사람들을 열심히 도와주었다. 그리고 마침내 죽음을 맞이하는 순간에 자신의 수호신인 부처님께 극락으로 인도하여 달라고 간절히 기도하면서 열반에 들었다.

관세음보살이 사후세계로 진입하자 자신을 가르쳐 주었던 스승과 부처님들이 마중 나와 있었고, 함께 영계에 있는 극락으로 빨리 가자고 재촉했다. 영계에 진입한 후에 관세음보살은 자신을 가르쳐 주었던 스승과 부처님을 따라서 많은 시간을 이동한 결과 비로소 광활한 종교 집단지에 도착할 수 있었다.

관세음보살이 도착한 종교 집단지에서는 이상하게 생긴 존재들이 나타나 특별한 교육을 이수하여야 한다고 안내하였고, 그 교육을 수료한 성적으로 극락과 지옥 중 한 곳이 선택되어 남은 삶을 계속 살아가야 한다고 알려주었다.

종교 집단지에서 받는 특별한 교육의 내용은 부처님과 제자들에 대한 공경심과 종교 교리 등에 관한 것이었는데, 현세계에서 종교를 열심히 믿고 있던 소수의 사람들은 특별한 교육을 이수한 후 극락이라는 장소로 거주지가 결정되었지만, 불성실하게 종교를 믿던 대다수의 사람들은 특별한 교육을 이수한 후에는 지옥이라는 장소로 거주지가 결정되었다.

관세음보살은 특별한 교육을 이수한 후 극락으로 배정되어 자신이 평소에 원하였던 매일매일 끊임없이 부처님을 찬양하는 삶을 살게 되었다. 일정한 기간이 지난 후 매일 찬양만 반복하며 살고 있는 삶에 무료함을 느끼고, 새로운 장소에 대하여 알고 싶은 욕망이 많았던 관세음보살은 종교 집단 거주지 밖에 살고 있는 영들에 대한 궁금증을 이기지 못하고 혼자서 몰래 종교 집단지를 벗어났다.

종교 집단지 밖에서는 찬양과 주문(呪文)만 외우는 자신들의 삶과는 전혀 다른, 자유롭게 여러 영들과 어울려 살고 있는 많은 다양한 영들을 만날 수 있었다.

관세음보살은 자유를 만끽하며 즐기고 있던 한 영을 만나 당신을 보호하고 있는 신이 누구냐고 물어보자, 영은 깜짝 놀라며 종교 집단 거주지에 있어야 할 영이 어떻게 탈출했냐고 되물어보면서 자신들은 신을 모시지 않는다고 말해주었다. 자녀가 부모에게 복종하는 것이 아니라 공경하듯이, 신은 자유롭게 대화하고 동등하게 만날 수 있는 우리들의 부모들이라고 말했다.

관세음보살은 영과의 대화를 통해 주체성이 부여된 사람의 영들은 자신 스스로 마음대로 계획하고 살고 싶은 삶들을 살아가야 하는 존재임에도 불구하고, 종교 집단 거주지를 장악하고 있는 종교령들에 의해서 자신이 원하는 삶이 아닌 종교령들이 원하는 삶을 강요받을 뿐만 아니라, 영계로 진입하여도 계속해서 생각 없는 노예처럼 복종된 삶을 살게 된다는 사실을 알게 되었다.

또한 현세계에 태어나서 살게 되는 삶은 자신이 영적 성장을 이루기 위해 선택한 삶일 뿐, 전생의 업이나 죄를 지은 것에 대한 처벌로써 살게 되는 삶이 아님도 알게 되었다.

그리고 종교가들에게 종교적 교리만을 배우고 믿어 이러한 진실을 전혀 알지 못하고 있는 수많은 영들이 죽음을 맞이하여 영계로 진입하게 되면, 스스로가 원하여 종교 집단 거주지로 들어가게 되며 계속해서 자신의 주체성을 잃어버린 채 복종과 노예적 삶을 살게 되어 영적 성장 기회를 상실한다는 사실도 알게 되었다.

영계 지역에 존재하는 종교 집단지에서의 세뇌 교육은 자신과 다른 더 훌륭한 영적 존재들을 인정하지 않는 편협한 신앙과 무서운 광신(狂信)과 억압 그리고 다른 세계들을 구경하거나 알지 못하게 하는 무지(無知)에 대한 내용이라고 말해주었다.

관세음보살은 영의 이야기를 듣고 큰 충격에 빠졌다.

현세계에서 사랑하는 제자들에게 자신이 가지고 있는 모든 것을 비우는 수행을 하라고 가르치고 알려준 것이, 결국에는 영적 성장을 할 수 있는 기회를 박탈하는 결과를 가져온다는 사실을 알게 된 것이다.

또한, 실제로는 자신이 직접 체험하지도 않았으면서 누군가 만든 교리만을 아무런 비판 없이 믿었던 사실도 모자라, 다른 사람들에게도 권유하며 실천하고 믿으라고 알려주었다는 사실에 대한 큰 후회가 의식 속으로 밀려왔다.

그리고 조금 더 시간이 흐르게 되면 이와 같은 현실을 전혀 모르고 있는 자신이 사랑하는 제자들도 영계의 자유로운 장소에서 맘껏 즐기는 생활을 하는 것이 아니라, 복종과 억압이 존재하는 종교 집단 거주지로 가서 살게 될 것이라는 사실을 알게 된 것은 더욱 참을 수 없는 큰 슬픔이었다.

매일 모여 종교령들을 찬양하는 단순한 삶을 사는 극락이라는 장소에서의 삶도 슬프지만, 종교령들의 말을 따르지 않는다면 날마다 고통을 안겨 주는 지옥에서의 삶은 너 괴로운 것이라고 생각했다.

관세음보살은 신계 신들이 왜 영계 지역에서 종교 집단지를 소멸시키지 않는 것인지 물어보자, 신들은 모든 영들의 부모들이라고 대답하면서 자유의지를 부여한 신들이 주체성을 스스로 반납한 영들에게는 일시적인 기간 동안(사람들의 시간으로는 수만 년의 시간으로 볼 수도 있다.) 보호할 필요성을 느끼지 않는데, 스스로 선택한 고통스러운 체험도 영적 성장에 도움이 된다고 생각하기 때문이라고 말했다.

영적 정보를 축적하는 방법으로는 간접 체험과 직접 체험의 효과가 동일하다. 직접 힘든 고행을 하는 방법보다는 고행하는 방법을 영화나 연극으로 보는 효과도 영적 성장에는 차이가 없지만 선택은 본인들의 몫이다.

관세음보살은 자신이 주도하여 세상 사람들에게 보살적 삶을 강요한 것을 깊이 후회하면서 슬프게 울었다. 마침 슬프게 울고 있는 관세음보살 앞을 지나가던 신계에서 보낸 신장(神將)이 관세음보살이 슬프게 울게 된 사연을 듣게 되었다.

관세음보살은 자신이 사랑하는 제자들이 영계로 진입하기 전인 사후세계에 내려가서 자신이 본 상황들을 이야기하여 주고 싶다는 소원을 말하였고, 그 소원을 듣고 감동한 신장(神將)은 영계의 규정을 어기고 관세음보살을 사후세계로 내려보내 주었다.

사후세계로 가게 된 관세음보살은 방금 전에 죽음을 맞이하여 사후세계로 진입하는 영들을 대상으로 영계에 대하여 여러 가지 설명을 하였으나 대부분의 영들에게 외면받게 되었고, 만나게 된 무속령들에게는 사로잡힐 때마다 많은 고초도 겪게 되었다. 사후세계에서 관세음보살의 행위는 곧 영계로 진입하는 영들로 인하여 영계에 알려지게 되었고, 영계에 있던 신장(神將)들에 의해 신계에 거주하는 신들에게도 전해지게 되었다.

사후세계에서 무속령들에게 고초를 당하면서도 다른 영들을 위해 열심히 노력하는 관세음보살의 이야기를 듣게 된 최고 신은 사후세계에 있는 관세음보살을 보호하라며 지혜와 전쟁의 신장(神將)들을 직접 파견하여 주었다.

신계 최고 신에게서 최고 신의 부하인 신장(神將)들의 보호를 받게 된 관세음보살은 더 이상 무속령들에게 사로잡혀 고초(苦楚)를 받지 않게 되었으며, 사후세계에 존재하는 어떠한 영혼도 감히 대적하기 힘든 강력한 영적 힘도 소유하게 되었다.

관세음보살은 자신을 도와준 신계 최고 신의 은혜를 매우 고맙게 여겼고, 이와 같은 인연으로 최고 신의 자녀 중 한 명이었던 내가 현세계에서 위험에 빠지게 될 때마다 몰래 숨어서 도와주었던 것이었다 [상편 16장 악몽(惡夢)과 우리가 말하는 신(神)의 실체 편 참조]

나와 죽음의 신 진돌이, 전쟁의 신 파트라슈 그리고 관세음보살은 이렇게 서로 인연을 맺고 있는 관계였다.

제55장

무속세계(巫俗世界)

나는 관세음보살에게 파트라슈와 진돌이와 함께 사후세계에서 어느 여자의 딸을 찾고 있다고 말하자, 관세음보살과 신장(神將)들이 딸은 무속령이 지배하고 있는 장소에 있다고 대답하면서 우리들과 함께 동행하여 주겠다고 말했다.

관세음보살을 보호하는 신장(神將)들보다도 영적 힘이 센 파트라슈와 진돌이가 제일 먼저 앞장을 서서 나갔으며, 나와 관세음보살은 신장(神將)들과 함께 그 뒤를 따라갔다.

어느 정도 시간이 흐른 뒤 우리들은 무속령들이 지배하는 집단 거주지에 도착하게 되었고, 그 장소에서 거주하는 영혼들의 모습과 살고 있는 삶의 형태를 보게 되었다. 이 장소에 살고 있는 무속령들은 여러 동물들과 이상한 존재들의 혼합체로 주로 아름답거나 멋있는 형상들을 가진 존재들이 아니라 험악하고 무섭거나 신비스러운 형상들을 가진 존재들이었다.

무속령들은 자신들의 집단지에 처음 진입한 영혼들에게 자신들의 영적 힘을 과시하면서 자신들의 말에 복종하지 않으면 용서하지 않는다는 겁을 주거나 협박하고 있는 중이었다. 그리고 무속령들은 새로 사후세계에 진입하여 들어온 영혼들에게 자신들은 똑같은 영혼들이 아니라 너희들의 주인인 신이라고 주장하면서 아무런 잘못을 저지르지 않은 영혼들에게 고통을 가하는 행위도 서슴지 않았다.

나와 같이 있던 관세음보살이 무속령들이 지배하는 장소는 무자비한 잔인성과 짐승 같은 도덕성이 통용되는 세계로 동물의 왕국처럼 아무런 죄의식 없이 사후세계에 진입하고 있는 사람의 영혼들을 서로 자신의 노예로 만들기 위하여 다투기도 하고 서로 사고팔기도 하지만, 영적 능력만 강하다면 상대적으로 힘이 약한 존재는 어떤 저항도 하지 못한 채 복종해야만 한다고 말해주었다.

관세음보실의 이야기를 듣고 무속령들의 행위를 자세히기 살펴보니 사로잡은 먹잇감을 놓고 먹는 순서를 정하고 있는 동물의 왕국처럼 힘이 강한 무속령들이 새로 진입한 영혼들의 일부를 어디론가 먼저 데려갔고, 남은 영혼들은 또 다른 무속령들이 데려가고 있었지만, 근처에 힘이 약한 무속령들은 이러한 과정을 바라만 보고 있었다.

나는 무속령들이 왜 사후세계에 진입하고 있는 사람의 영혼들을 필요로 하는지 그리고 무속령들에게 잡혀가는 사람의 영혼들은 도대체 누구인지를 관세음보살에게 물어보았다.

관세음보살은 현세계에서 살고 있는 사람들 중에도 사이코패스처럼 이해할 수 없는 정신을 소유한 존재들이 있는 것처럼, 사후세계에서도 일반 영혼들이 이해할 수 없는 정신을 소유한 존재들이 있는데 바로 무속령들이라고 말해주었다.

일반 영혼들의 의식과는 다르게 사후세계에 거주하는 무속령들의 의식은 현세계에 살고 있었던 시절처럼 지속적으로 물질적 풍요를 누리고 싶어 하며 육체에서 오는 고통과 쾌락의 체험도 경험하고 싶어한다고 말했다. 그러나 사후세계는 정신인 혼(魂)으로부터 오는 쾌락과 고통은 체험할 수 있지만 물질인 백(魄)으로부터 오는 쾌락과 고통은 체험할 수가 없기 때문에 현세계에 살고 있는 사람들의 육신을 가지고 싶어한다고 말했다.

그러나 현세계에 살고 있는 사람들이 자발적으로 자신의 소중한 육신을 사후세계에 거주하는 무속령들에게 줄 리가 없기 때문에, 그들의 육신을 차지 위하여 죽음을 맞이한 사람들 중에서 자신들이 원하는 육신을 가진 사람들의 조상이나 자녀 영혼들을 선택하여 먼저 사로잡는다고 말했다.

무속령들은 현세계에 살고 있는 사람들을 영적으로 지배하기 위하여 신내림이라는 영적 노예 계약과 명다리(명교:命橋)라는 영적 노예 계약을 먼저 체결하고 육신을 이용하고 있다가, 계약을 체결한 영이 죽음을 맞이하여 사후세계로 진입하게 되면 다시 사로잡아 자신들의 영적 노예로 부려 먹으면서 그 영혼들을 활용하여 그 영혼들의 자녀에게도 대를 이어 영적 노예 계약을 체결하는 데 이용하고 있다고 말해주었다. 그러나 무속령들이 사람의 영혼들과 체결하는 노예 계약은 영계에서 종교령들이 사람의 영혼들과 체결하는 자발적 영적 노예 계약 체결이 아니라 강압적이고 타발적인 영적 노예 계약을 체결하고 있다고 말했다.

이러한 사유로 종교령들과 자발적 영적 노예 계약을 맺은 사람의 영들은 문제를 해결하기가 어렵지만, 무속령들과 타발적 영적 노예 계약을 맺은 사람의 영혼들은 더 강한 영적 힘을 가진 존재가 해결하려고 노력하면 금방 해결할 수 있는 장점도 가지고 있다고 알려 주었다.

무속인의 육신을 차지하지 못하고 있는 힘이 약한 무속령들은 가족이나 조상 단위가 아닌 개인인 일반 사람들에게 직접 빙의를 시도하거나 부적이나 성물(聖物) 속에 숨어 있다가, 사람들이 부적이나 성물(聖物)을 몸에 지니게 되는 순간부터 자연스럽게 빙의를 일으켜 육체적 쾌락과 고통을 체험한다고 말했다.

나는 무속령들이 자신들을 신으로 믿고 있는 무속령이 지배하는 집단 거주지로 온 사람의 영혼들을 대하는 강압적인 모습을 보면서 현세계에서 공부한 노예 제도의 악몽을 떠올렸다. 그리고 무속세계는 현세계에서도 강한 복종과 대물림으로 유지되는 노예 사회이며, 신이라고 주장하는 강한 영이 약한 영을 강압적으로 제압하면서 유지되는 장소임을 알게 되었다.

나는 관세음보살에게 처음 많은 사람의 영혼들을 데리고 간 무속령의 급은 어느 정도인지를 물어보자 중무급의 하수인 정도 같다고 말해주면서 규모에 따른 지배 체계를 다음과 같이 설명하여 주었다.

과거에는 국가 신 또는 민족 신으로 추앙받던 대무(大巫)급의 무속령들이 존재하고 있었지만, 대부분의 대무 급의 무속령들은 용왕대신의 권유를 받고 영계로 다시 되돌아가 윤회를 거듭하여 신이 되어 신계로 진입하였기 때문에 현재 사후세계에는 존재하지 않는다고 말했다.

지금은 큰 지역을 지배하고 있는 중무급의 무속령들이 존재하고 있으며, 자신들의 지배를 공고하게 다지기 위하여, 현세계나 사후세계에서 수많은 사람의 영혼들을 사로잡아 올 수 있는 많은 잡신들을 나름대로 열심히 공부시키고 있다고 말해주었다.

중무급의 무속령들은 많은 소무급의 무속령들을 거느리고 있으며, 자신들의 지배 영역을 계속 확대하려고 시도하고 있지만, 최근에는 사후세계까지 종교령들이 진입함에 따라 그 위세가 날이 갈수록 약화되고 있는 실정이라고 말했다. 그러나 중무급의 무속령들은 약화된 위세를 만회하기 위하여, 소규모로 계속적 인력 충원을 시도하고 있는데, 이러한 시도를 현세계에서 강신무와 세습무로 이해하면 된다고 말했다.

조상신 숭배 사상은 무속령이 자신의 노예인 조상령들에게 후손들을 데리고 오라고 시키고, 영혼의 주체성을 망각한 조상령들은 아무런 죄의식 없이 무조건 주인의 명령에 따라 후손들을 데리고 오는 과정에서 생긴 것이라고 말했다.

이것은 신이 인류에게 첫 번째로 선물하였던 자신의 장래 목표를 설정하고 이를 달성하기 위하여 착실한 삶을 영위하는 의식인 주체성을 망각하고, 무조건 종교령을 따르는 영접이라는 행위도 자발적이냐 혹은 타발적이냐, 방식만 다를 뿐 무속령들과 종교령들의 행위는 모두 동일한 것이라고 말해 주었다.

마지막으로 조상 중심의 소무급의 무속령들이 있는데 조상신들을 숭배하는 과정에서 수시로 발생하고 소멸한다고 말했다. 나는 어디선가 무속령들의 노예로 살고 있을 것 같은 여자아이를 빨리 찾아서 영계로 되돌려 보내자고 파트라슈와 진돌이에게 독촉했다. 그러자 파트라슈가 대답하기를 여자아이가 잡혀 있는 장소에 우리들이 벌써 도착했다고 말하고는 한 장소를 가리켰다.

그곳에는 커다란 제단이 하나 있었고, 그 주위를 수많은 영혼들이 끊임없이 엎드려 절을 하거나 분주하게 무엇인가를 열심히 나르고 있었다. 그리고 제단에서 멀리 떨어진 장소에서는 또 다른 영혼들이 슬피 울면서 제단 주위에 모여 있는 영혼들을 바라만 보고 있었다.

진돌이는 나에게 제단 주위에서 끊임없이 엎드려 절하거나 분주하게 무언가를 열심히 나르고 있는 존재들은 부속령과 그들의 노예 영혼들이며, 현세계에서 살았을 때와 마찬가지로 물질세계에 대한 욕심이 매우 강하여 물질을 취하려는 의식을 끊임없이 작용시키는 존재들이라고 말했다.

그들은 물질을 취하려는 자신들의 욕망을 충족시키기 위하여 자신들의 자손들마저도 강제로 무속인을 만들려고 끊임없이 노력하고 있으며, 자기들의 자손이 죽음을 맞이하여 사후세계에 진입하게 되면 직접 데리고 와서 소중한 자손이 아닌 노예처럼 끊임없이 부리면서 살고 있다고 말해주었다.

제단 앞에 엎드려 있는 존재들은 무속령들을 믿고 있는 무속인들이고 그들 주위에서 분주하게 무언가를 나르고 있는 존재들은 무속인들의 후손들이거나 사로잡힌 노예 영혼들이라고 말했다. 그리고 제단에서 멀리 떨어진 장소에서 슬피 울고 있는 또 다른 영혼들은 후손들과 노예 영혼들의 선(善)한 조상령들로 노예 계약을 맺고 사는 모습을 보고 있으면서도 영적 힘이 약해 도와주지 못하고 있는 심정 때문에 슬피 울고 있는 것이라고 말했다.

이때 많은 무속인들에게 둘러싸인 무속령이 우리들에게 다가와 정중하게 인사를 하며 자신이 거주하는 장소로 우리들을 초대하였다.

많은 영혼들을 자신의 노예처럼 다루고 있는 무속령을 보게 된 나는 분노하는 마음을 가지게 되자, 내 옆에 있던 파트라슈가 나에게 어떤 생각과 의식도 가지고 있지 말라고 충고하였다.

우리들을 초대한 중무급의 무속령은 살(煞)을 만들어서 우리들에게 보낼 수 있는 존재라고 하면서, 살(煞)이란 현세계로 말하자면 총알이 아닌 레이저 같은 무기와 비슷하며, 엄청나게 빠른 속도 때문에 자칫 방심하면 먼저 맞아 영이 많이 아플 수 있다고 말했다.

무속령은 나에게 자신이 노예로 삼았던 여자아이를 우리들에게 다시 되돌려줄 테니, 아무런 문제를 일으키지 말고 조용히 되돌아가기를 바란다고 부탁하였다.

나는 무속령에게 사로잡힌 여자아이를 직접 만나서 사후세계에서 무슨 일을 하고 있었는지 물어보았다. 여자아이는 현세계에 살고 있는 무속인들의 동자신(童子神)이 되어 음식과 재물을 얻어 사후세계에 살고 있는 무속령들에게 바치는 일을 하고 있었다고 말해 주면서, 원하지 않아도 무속령들이 파견한 할아버지와 할머니 영혼들 때문에 계속해서 점사(占辭) 보는 일을 할 수밖에 없었다고 말했다. 하지만 지금은 이 장소에서 벗어나고 싶지만, 혼이 날까 두렵고 벗어날 힘도 약해 혼자서는 도저히 도망칠 방법이 없었다고 말했다.

나는 여자아이에게 운명의 길을 확정적으로 말하는 점사(占辭) 행위를 더 이상 사람들에게 하지 말고, 천박한 무속령들도 두려워하지 말라고 말했다.

과거에 신이 되어 신계로 진입한 무속령들은 우주에 존재하는 모든 사물의 가치를 존중하고 인정하는 무교(巫敎)의 정신을 실천하던 영들로 신과의 소통을 통해 자신이 소유하고 있던 의식의 확장과 영적 성장을 배양했던 존재들이었다고 말해주었다. 그러나 현재 사후세계에 거주하는 무속령들은 자신들이 사로잡은 영혼들에게 지배와 복종을 강요하고, 영적 성장을 하지 못하게 방해하는 존재들로서, 그들이 영혼들을 사로잡기 위해 사용하는 무기 중에 하나가 바로 점사라고 알려주었다.

점사는 영혼들이 가지고 있는 기운을 삶을 경험하는 과정에서 유리하게 활용할 수 있는 방법을 알려주지 않고 삶의 결과만을 알려주어 경험을 통한 의식의 확장 기회를 박탈하는 나쁜 행위라고 말했다.

그리고 여자아이가 들고 있던 무속령이 준 도구인 명두(明斗)를 보니 해와 달 그리고 칠성 별이 그려져 있었다. 나는 여자아이에게 잘못 그려진 명두(明斗)를 버리고 우리들과 함께 영계로 되돌아가면 진짜 힘을 발휘할 수 있는 명두(明斗)를 선물로 주겠다고 제안했다.

여자아이는 우리들을 보면서 이 장소의 주인인 중무급의 무속령은 매우 잔인한 존재로 이 장소에서 사로잡혔던 영혼들이 도망치다가 다시 붙잡히게 되면 무속령이 형벌로 보내는 살(煞)을 맞고 무척 고통스러워한다고 말하면서 우리들과 함께 떠나는 것을 몹시 두려워했다.

여자아이의 말이 끝나기 무섭게 전쟁의 신인 파트라슈에게서 섬광이 번쩍 일어나더니 중무급의 무속령을 재빨리 사로잡은 후 무속령에게 번쩍번쩍 빛이 나는 형벌의 형태인 살(煞)을 계속해서 보내고 있었다.

파트라슈의 살(煞)을 계속 맞고 있던 중무급 무속령의 영체는 처음 보았을 때 얇았던 영체의 형태가 뚜렷하게 점점 두꺼워지고 있었다. 그리고는 두꺼워진 중무급 무속령의 영체를 다른 무속령들이 많이 있는 장소에 놓아주자 중무급의 무속령은 빠른 속도로 자신이 지배하던 장소에서 멀리 도망쳤다.

파트라슈는 영을 약화시키는 방법은 두 가지가 있는데, 첫 번째는 신계 신들이 신검이나 무기들을 가지고 영에게 내리쳐서 직접 영의 힘을 약화시키는 방법과 영을 두껍게 하여 살(煞)을 만들어내지 못하게 하거나 다른 영들과 소통하지 못하게 하는 방법이 있다고 말했다.

영이 두꺼워진 무속령은 사후세계나 영계에서도 다른 영혼이나 영들과 소통하기 매우 힘들 것이며, 현세계에 다시 환생하여도 주변 환경에 즉각적으로 반응하지 못하는 매우 둔감한 사람으로 태어날 것이라고 말해 주었다.

생기를 감싼 영을 약하게 만들어 버리면 분간하지 못하는 어리석은 영이 되고 생기를 감싼 영을 두껍게 만들어 버리면 알면서도 아무것도 할 수 없는 답답한 영이 되어 버린다.

중무급의 무속령을 손쉽게 처벌한 파트라슈를 보고 주변에 있던 무속령들과 노예 영혼들이 모두 엎드려 절을 하면서 벌벌 떨고 있었다. 파트라슈는 복종과 강압으로 유지되는 무속령들이 지배하는 지역은 붕괴시키기가 너무 쉽다고 말하면서, 타발적인 복종 관계이기 때문에 지도자급만 제거하면 저절로 붕괴되는 구조라고 말해 주었다.

그리고 파트라슈는 무속령이 세운 제단을 모두 부숴버리고 관세음보살과 신장(神將)들에게 남은 무속령들과 노예 영혼들을 바르게 제도하여 달라고 부탁드리면서 여자아이에게는 자신들과 함께 영계로 되돌아가자고 요청하였다.

여자아이는 파트라슈에게 다가와 자신도 파트라슈처럼 힘이 아주 센 영이 되어 많은 영혼들을 도와주고 싶다며 힘이 세지는 방법을 자신에게 가르쳐 달라고 애원하였다.

나는 여자아이에게 영이 힘을 키우는 방법은 내가 더 잘 알고 있다고 대답하면서, 나의 부탁을 들어주면 영계에 정화시키는 장소에 도착하자마자 영의 힘이 세지는 방법인 복자(福者)와 신(神)이 되는 방법을 알려주겠다고 말했다. 여자아이는 내가 부탁한 일이 자신에게 아무리 어려운 일이라도 최선을 다하여 나의 부탁을 들어주겠다며 빨리 알려달라고 요청했다.

나는 여자아이의 어머니 영이 꿈을 꾸는 과정인 사후세계를 여행할 때 직접 만나서 자신은 잘 있으며 다시 좋은 장소에서 좋은 부모를 만나 곧 현세계에 다시 태어나겠다는 결심을 말해달라고 요청하였다.

나의 요청을 들은 여자아이도 자신의 어머니 영을 직접 만나서 자신을 잃은 슬픔을 위로하여 주고 싶다고 대답하자, 우리들은 관세음보살과 신장(神將)들에게 작별 인사를 시킨 후 곧바로 여자아이의 영을 사후세계를 돌아다니는 여자아이의 어머니 영에게 데리고 갔다.

현세계에서 여자아이의 어머니가 잠이 들자 어머니 영은 사후세계를 여행하고 있었고, 우리들은 여자아이와 함께 돌아다니고 있는 어머니 영을 기다리고 있었다.

우리는 여자아이에게 사람의 영들이 사후세계를 여행한 후 의식 안에 저장할 수 있는 용량이 매우 작아 대부분은 잠재의식 속에 저장하고 극히 일부만을 기억 안에 저장할 수 있다고 말했다.

그러므로 어머니 영과 오랫동안 만남의 시간을 가지는 평범한 만남으로 아리송한 잠재의식 속 기억으로 어머니 영의 의식에 남겨줄지 아니면 짧은 만남의 시간이지만 강력한 에너지를 모아 사용하는 특별한 만남을 가져 강력하고 생생한 기억으로 남겨둘지 선택하라고 말했다.

여자아이가 특별한 만남을 가져 자신의 어머니 영에게 짧지만 강력한 기억을 남겨주고 싶다고 대답하자, 죽음의 신 진돌이가 아이의 영에게 어떤 에너지를 전달한 후 어머니 영에게 보내줄 준비를 끝마쳤다.

나는 여자아이에게 영계로 되돌아가면 다시는 어머니 영을 만나거나 볼 수 없으니 지금 잘 위로해 주라고 말하고 특히 어머니 영은 사후세계를 돌아다니는 꿈의 여행에서 현세계로 되돌아가 삶을 살아가야 하니 너무 많은 시간 동안 만나지 말고 짧고 강렬한 이미지만 전달하라고 말했다. 그리고 여자아이는 어머니 영을 만나기 위해 잠시 우리들의 곁을 떠났고, 여자아이의 영이 우리들의 곁을 떠난 순간 제단이 파괴된 무속령 집단에서 우리들을 좇아온 한 무당의 영혼과 우리들 사이에 설전(舌戰)이 시작되었다.

제56장

무당(巫堂)의 슬픔

자신을 따르는 여러 명의 후손들을 데리고 나온 무당은 우리들이 가고 있는 길을 멈춰 세우고, 현세계에 살고 있는 영들과 사후세계에 거주하는 영혼들이 자신들에게 주어진 운명의 길을 헤매면서 근심하고 있을 시기에, 인생 상담으로 위로해 주거나 운명의 결과도 알려 주면서 바른길을 가도록 도와주었던 무속인들의 제단을 모두 없애버린 일들이 좋은 일을 한 행위라고 생각하는지 우리들에게 물어보았다.

나는 무당에게 운명의 길을 헤매는 사람들을 여러 가지 방법으로 도와주는 행위가 잘못된 것이 아니라, 왜곡된 과정으로 도와주는 행위가 매우 잘못되어 도움을 구한 사람의 영들에게 도움이 되지 않을 뿐만 아니라 오히려 나쁜 영향을 주고 있다고 대답하면서 나쁜 사유를 다음과 같이 나열하여 알려 주었다.

첫째, 무속인들은 무속령들을 도와 절대 평등한 영들 사이의 영적 관계를 지배와 종속의 관계로 왜곡시켰다고 말했다. 모든 영들의 부모인 진짜 신들의 경우에는 자신들의 소중한 자녀인 영들에게 아무런 조건 없이 절대적 사랑을 베풀어 주지만, 가짜 신인 무속령들은 자신들이 진짜 신이라고 주장하면서도 힘이 약한 영들을 자신들과 같은 평등한 존재가 아닌 자신들의 노예처럼 다루고 있다고 말했다.

심지어는 무속령들을 신으로 인정하지 않거나 섬기려 하지 않는 순하고 힘이 약한 영들의 자유의사도 존중하지 않고 무시할뿐더러, 자신들의 욕심을 채우기 위해서는 폭력적인 영적 힘인 신내림 형식을 이용하여 강제로 노예 계약을 체결하고 부려 먹는 행위가 다른 영들을 위한 좋은 일이라고 생각되는지 되물었다.

둘째, 무속인들은 사람들의 영적 성장을 방해하였다고 말했다. 사람의 영들에게는 행복하거나 불행한 삶의 과정조차 지식과 경험 그리고 마음공부라는 형식을 통해 정보를 습득하게 만드는 중요한 과정이며, 스스로의 힘으로 해결할 수 있어야만 크나큰 영적 성장을 이룰 수 있다고 말했다.

그러나 삶의 과정을 완전히 무시한 채 결과만을 알려주어 처음에는 개인적인 근심도 풀어주고 희망을 품게 하는 행위처럼 보이지만, 점차 자신이 환생할 때 계획한 운명적인 삶과 운명을 운영하는 주체성마저 잃어버리게 만들어버리고, 종국에는 타인이나 신이라고 주장하는 가짜 신들에게 사로잡혀 그들의 노예적인 삶을 살게 되는 상태가 되어버린다고 말했다.

그래서 대부분의 무속인과 그들을 따르는 신도들의 말년이 화려하지 않고 비참한 삶을 살도록 만들어 버리는 이유가 이들의 영이 죽음을 맞이한 이후에도 무속령들의 노예로 사용하기 위함이라고 말해주었다.

노예가 주인보다 잘살거나 너무 많은 것을 알게 되면 노예로 부릴 수 없다는 사실을 무속령들은 너무도 잘 알고 있기 때문에, 많은 사람들을 도와주는 활인중생의 큰 뜻을 펼치는 듯 보이지만, 무속인들이 펼치는 세계는 노예 모집의 과정일 뿐이라고 말해주었다.

셋째, 무속인들은 사람들의 영속에 조절할 수 없는 공포심을 끊임없이 유발하여 영적 성장을 지속적으로 퇴보시키는 행위를 하고 있는 무속령들을 도와주었다고 말했다.

무속령들이 처음 사람들을 만났을 때에는 그 사람이 가장 존경하고 따르고 싶어 하는 형태로 나타나게 되는데, 가족 관계를 중시하는 우리나라는 조상들의 영으로, 영웅을 좋아하는 중국은 장군의 영으로, 개인 활동을 좋아하는 서양은 친한 친구인 영으로 모습을 변환하여 찾아온다고 말했다. 그러나 무속령들을 만나 본 사람들이 더 이상 만나기를 거부하거나, 혹은 정말 자신을 도와주려는 존재가 맞는지 의심을 품게 되면 곧바로 공포심으로 자신의 지배를 벗어나지 못하게 만든다고 말했다.

처음에는 괴상하게 생긴 유령 또는 괴물의 형태로 나타나서 놀라게 하는 낮은 수준의 공포를 주는 것으로 시작하지만, 자신을 괴롭히는 존재인 신에 대하여 더 알고자 하거나 굴복하지 않으면 사랑하는 가족이나 친구들인 이웃을 다치게 하거나 심지어 죽게 하기도 하고, 사람들의 신체를 해치거나 죽음을 맞게 하기도 하는데, 신의 제자라고 주장하는 무속인들도 이러한 무속령들의 악행에 대한 대상자에는 예외가 될 수가 없다고 말했다.

더욱 큰 문제는 종교령들의 사악한 행위처럼 죽음 이후의 세계에 대한 공포심을 사람의 영들에게 심어주어서, 지속적으로 공포를 느끼는 사람의 영들이 온전한 영적 성장을 이룰 수 있는 지성인이 될 수 없게 만든다는 사실이라고 말했다.

이러한 행위는 사악한 사람이 어린 동물을 입양하여 자신에게 잘 복종하고 따르도록 훈련한 후에, 마지막에는 자신을 위해 대항하지 못하는 동물을 직접 잡아먹는 행위와 너무 흡사하다고 말했다.

공포심도 사람의 영들이 꼭 경험하여 정보를 축적해야 하는 의식임에는 틀림없지만, 사람의 영들이 스스로 조절할 수 없는 무시무시한 공포가 아니라 조절 가능하거나 자연스럽게 해결되는 안전한 공포여야 한다고 말해주었다. 안전한 공포는 사람의 영들에게 긴장감과 이완 등의 작용을 반복하면서 쾌감을 선물하기 때문에 긍정적인 영적 성장을 이룰 수 있도록 도와주게 되지만, 혼자 힘으로 조절할 수 없는 무서우며 지속되는 공포는 사람의 영들 속에 부정적인 정보를 축적시켜 트라우마로 남게 만든다고 말했다.

영적 트라우마는 현세계에 살고 있는 사람들이 급박하고 위험한 전쟁 상황에 오랫동안 직면하였을 때 발생하는 트라우마보다도 훨씬 심각하여, 스스로의 힘으로 해소시키지 않는 한 윤회를 거듭하여도 영속 잠재의식에는 계속 부정적인 의식을 정보로 가지고 있게 되며, 이로 인하여 영적 성장은 다른 사람의 영들보다 훨씬 더디게 진행한다고 말해주었다. 사실 공포란 알지 못하는 것에 대한 무지(無知)에서 나오는 의식으로 공포의 근원을 알게 된다면 혼자 힘으로도 자연스럽게 해소시킬 수 있게 되는데, 무지(無知)로 인한 공포의 해독제는 바로 앎이라고 말했다.

그렇기 때문에 무속령들과 종교령들은 사람의 영들이 자신들을 분석하거나 자세하게 알 수 없도록 자신들을 철저하게 감추고 있으며, 알려 하거나 시도하는 사람들에게는 죄를 뒤집어 씌우고 철저하게 응징하고 있는데, 이러한 결과 때문에 무속령들과 종교령들을 믿고 있는 사람들은 영적 성장을 할 수 있는 정보 자원이 점차 소멸되어 영이 순수하고 맑다는 소리를 듣게 된다고 말해 주었다.

순수하고 맑은 영이란 어린아이 수준으로 되돌아간 퇴보된 영이 되었다는 사실을 말하며, 범아신의 목적인 정보를 축적하지 못한 맑은 영은 영원히 신이 되어 신계로 되돌아가지 못하고, 영을 소유하고 있는 상태로 무한한 시간을 보내야 하는 영생(永生, 靈生)의 고통스러운 삶과 다른 영들을 위한 노예적 삶을 살아야 하는 안타까운 환경을 만들어 주고 있는 것들이 어떻게 자랑할 수 있는 일이냐고 무당에게 큰소리쳤다.

그러자 무당은 나의 말처럼 세상 많은 사람들에게 자신들의 행위가 결과적으로는 도움이 되지 않았다고 하여도, 산천이나 기도처들을 돌아다니며 조상들과 후손들의 앞날을 위하여 노력한 행위까지는 폄하하지 말라고 대꾸했다. 나는 무당에게 당신이 산천이나 기도처들을 돌아다니면서 자신의 조상들과 후손들의 복을 달라고 빌었던 대상이 누구인지가 중요한 것이지 빌었다는 사실이 중요한 것이냐고 크게 화를 내었다.

현세계에 살고 있는 부모가 자녀들이 잘되기를 바라는 마음에서 훌륭한 인품을 가지고 있는 선생님을 찾아가 자녀들을 맡기지 않고, 깡패나 포주 등 사악한 존재들에게 데리고 가서 자녀들을 맡기는 행위가 정말 옳은 일이냐고 되물었다.

주체성을 가진 자녀를 사악한 깡패나 포주 등에게 팔아넘긴 행위는 아무리 무지(無知)로 인하여 발생한 행위라고 하여도, 결코 용서받을 수 없는 중대한 잘못을 한 것처럼, 조상들과 후손들에게 복을 주거나 잘 보살펴 달라고 빌었던 존재가 신이 아닌 조상이나 후손들을 영적 노예로 삼으려고 시도하는 존재들이라면 너의 행위가 옳은 것이냐고 말했다.

사람들이 소망을 비는 장소인 산천이나 기도처 등에 살고 있는 불가시 존재들은 권력이나 재물 또는 영능력 등 욕심이 많은 사람들을 만나게 되면 소망을 이루어준다고 말하거나 혹은 가족들을 잘 보살펴 준다는 희망적 메시지를 전달하면서 자신들이 영적으로 지배할 수 있는 노예적 근성의 소유 여부를 확인하고자 다양한 시도를 한다고 말해주었다.

처음부터 무당이나 일반 사람들 중에서 자신이 바라는 소망을 이루어 달라고 요구하거나 자신이 바라는 목적을 이루기 위하여 영적 능력인 원력 및 도력 등을 가지게 해 달라고 빌면서 신을 찾는 행위를 하게 되면 무속령들이 찾고 있던 표적물이 된다고 말했다.

무속령들은 일시적이 아닌 지속적으로 산천이나 기도처 등에서 신들에게 빌고 있는 사람들에게 도력 높은 도인이나 힘이 센 장군의 형상으로 변형하여 나타나서, 빌고 있던 사람들의 마음속에 천천히 자리 잡게 된다고 말했다.

단아한 도인의 모습과 멋있는 장군의 모습을 보게 된 기도하던 무당과 일반인들은 지금까지 영속에 소지하고 있었던 자신의 주체성을 완전히 상실하고, 무속령들에게 매달리면서 진심으로 따르게 되지만, 처음부터 자신들의 노예를 찾고 있었던 무속령들은 좋은 환경 속에서 무당과 일반인들의 능력을 키워줄 생각을 전혀 하지 않고 오직 노예적 삶의 근성만을 가르쳐주게 된다고 말했다. 아침부터 저녁까지 무속령들이 원하는 것이 있을 때마다 심부름을 시켜서 순종하게 만들고, 자신이 가보고 싶어 하는 산천 여행지를 기도처라는 명목으로 자신의 하인처럼 데리고 가는 행위 등을 수시로 훈련시켜 자신에게 굴종하는 영으로 만들어 버린다고 말해주었다.

사람들이 영험하다고 말하는 산천이나 기도처 등에 간 사람들 중에서도 권력이나 재물 또는 영능력 등에 대하여 자신의 능력이 아닌 타인의 도움을 받아 자신이 바라는 소망을 이루려는 행위 등을 원하지 않는 욕심이 없는 사람들에게는 무속령들이 접근하거나 영적 노예로 삼으려고 시도하지 않는다고 말했다.

자신의 능력과 노력 없이 다른 존재의 도움으로 자신의 욕망을 이루어보고자 하는 탐심 많고 욕심 많은 사람들과는 다르게, 진심으로 자신을 스스로 닦아가며 자신이 성취하고 싶어 하는 목표들을 조금씩 달성하고자 하는 사람들에게는 무속령들의 유혹이 결코 작용되지 않는다는 사실을 이전에 자신들이 사로잡았던 수많은 노예 영들의 사례에서 보았기 때문이라고 말해주었다.

무속령들에게 사로잡힌 무당과 사람의 영들이 과거에 자신의 영속에 축적하고 있었던 지식과 지혜로 무속령들이 자신들에게 복종시키는 행위들을 의심하게 되면 바로 신벌이라는 징벌들을 가하게 되고, 신벌을 받고 두려워서 다시 무속령들에게 굴종하게 되면 그다음부터는 유혹의 방법 대신에 오직 징벌의 방법으로만 무당들과 그를 따르는 신도들을 다스린다고 말해주었다.

이러한 형태는 현세계에 살고 있는 남녀 간의 데이트 폭력에서도 찾아볼 수 있는데, 힘이 센 남자에게서 한 번의 작은 폭력을 용서하여 주게 된 나약한 여자의 경우에는, 용서한 이후부터는 수시로 강력한 폭력에 노출되어 버린다고 말해주었다.

한 번의 작은 폭력을 처음 경험하는 순간에 단호하고 강력한 대응을 하지 못한 결과가 빚어낸 참극이 바로 지배와 종속이라는 사상 의식으로 뭉쳐진 무속령들이 무당과 그들을 따르는 신도들에게 사용하는 행위와 매우 흡사하다고 말해주었다.

그리고 무속령 자신들의 나쁜 행위들이 외부로 알려지거나 혹은 잘못되고 있는 상황들을 전혀 알아차리지 못하게 만들기 위하여, 무당과 신도들의 주변 사람들 중에서 성숙한 영을 소유하고 있는 사람들과의 인연을 모두 단절시켜 버리는 행위를 하게 되는데, 마치 데이트 폭력을 행사하는 나쁜 놈들이 나약한 여자가 외부 사람들의 도움을 요청할 수 없게 만들고 복종하게만 하는 행태와 동일한 행위로 생각하면 된다고 말했다.

점점 무속령들의 폭력에 노출된 무당들과 신도들은 외부 사람들의 도움을 받지 못하고, 오직 복종을 강요받는 동물들처럼 서서히 길들여져 가다가 종국에는 자신의 주체성을 완전하게 상실한 노예가 되어 버린다고 말해주었다. 그러나 무속령들의 욕심은 한 명의 노예를 만드는 것에 그치지 않고 노예의 후손들과 친인척 심지어는 지인들까지도 자신들의 노예로 만들고 싶어 하지만, 자신을 믿지 않는 외부 사람들을 자신의 통제하에 두기 힘들기 때문에, 대부분의 경우에는 무당들과 신도의 자녀들을 자신의 노예로 만들도록 집중하게 되는데 그것이 바로 대물림이라고 말해주었다.

무속령들의 노예가 되어버린 무당들과 신도들은 외부 사람들에게는 자신의 부모나 자녀들이 무당이 되지 않게 하기 위하여 자신들이 희생하여 무당이 되었다고 주장하지만, 그들의 희망과는 정반대로 무당 친족들의 대부분은 무당으로 살아가고 있다고 말했다.

간단하게 말하면 주인은 노예들이 낳은 자식들을 자신이 소유한 또 다른 노예들로 볼 뿐이지, 자신과 대등한 존재로 절대 인정하지 않는다고 말해주었다.

나는 무당에게 자신들과 자신들의 후손들만이 잘 되기를 바라던 기도하는 행위가 바로 당신의 후손들을 노예로 만들어 버린 단초가 되었다고 대꾸하면서, 조상들과 후손들을 바른길로 인도하지 못할망정 무속령들의 노예가 되도록 인도한 행위가 어떻게 후손들을 위한 행위라고 주장하는지 반문하였다.

나는 무당과 그를 따르는 후손들에게 큰 소리로 말했다.

내 말을 잘 들어라~ 권력자와 재물가로 크게 성장하고 선한 행위를 하면서 말년까지 행복한 삶을 살다 간 사람들 중에서 너희와 같은 사람들을 따르고 있는 자가 있느냐!

권력자나 재물가들은 주체성과 자기의식이 강한 성숙한 영들로 어떤 어려움에 직면하더라도 스스로의 의지와 힘으로 모든 난관을 극복하는 존재이기 때문에, 모든 사람들이 나중에 신이 되어 신계로 진입한 후에 자신의 역할을 수행할 때에도, 스스로 모든 일을 처리할 수 있기를 바라는 진짜 신들의 가르침들을 성실하게 실천하는 있다고 말했다.

나는 또한 너희와 같이 자기의식이 약하고 타인 의탁적이며 몽상적인 기질이 있는 사람들만이 빙의라는 영적 장애에 잘 걸리게 된다고 말해주면서, 그 근원은 바로 자신 스스로의 영적 성장을 도모하지 않고 다른 존재의 힘으로 영적 성장을 도모하려는 욕심에서부터 기인한 것이라고 말해주었다.

그리고 나는 후손들 사이에 있는 무당을 지목하면서 처음에는 후손들이 잘되기를 바라는 마음이 사악한 집단 속에 어울려 있으면서, 지금은 후손들을 지배하려는 조상으로 변하지 않았느냐고 말하고, 자신들의 소중한 후손들을 무속령들의 노예들로 대물림시키는 진짜 역할을 한 존재는 바로 무당인 너라고 외쳤다.

나는 자신을 신이라고 주장하는 무속령들이 사후세계에서 하고 있는 행위들을 살펴보면, 영적 노예들이 필요하고 노예들이 없이는 살 수 없는 종교령들과 마찬가지로 신을 위해 사람들이 필요한 것인지, 사람들을 위해 신이 필요한 것이지 정말 헷갈린다고 지적하였다.

그리고 무당 같은 조상령들을 보면 후손 때문에 조상령들이 필요한 것인지, 조상령 때문에 후손들이 필요한 것인지 역시 헷갈린다고 말해주면서, 만약 후손들에게 해가 되는 무속령들이 후손들을 위하여 행복하게 해 달라고 기도할 수 있는 시간이 있다면 자신의 후손들에게 따뜻한 말 한마디를 더 건네주라고 말해주었다.

후손들에게 둘러싸여 있던 무당은 나의 말에 반발하면서, 자신은 현세계에서 무속령들의 도움으로 어려움에 처한 사람들을 위해서 점사나 굿 또는 부적 등을 활용하여 많은 도움을 주었다고 주장하면서 이것마저 부정하지는 말라고 말했다.

나는 어려움에 처한 사람들을 위해 무당들이 하고 있는 점사나 굿 또는 부적을 활용하여 많은 도움을 준 행위 자체를 부정하는 것이 아니라고 말했다.

현실이나 미래의 불확실성에 대한 불안 등에 대하여 나름대로 해결 방안을 제시하고 사람들의 답답한 마음을 해결하여 주는 점사를 보는 행위는 잘못된 것이 없으나 여러 가지 해결책이 있음에도 불구하고 자신들이 모시는 신이라는 존재가 제시한 해결책만이 옳다고 주장하는 행위로 인하여 상담받으러 오는 사람들에게 상담 결과를 참고삼아 자신의 문제를 스스로 해결하려고 노력하는 능력들을 배양시키지 않고 무조건 따르라는 노예적 근성을 심어주고 있었기 때문에 잘못되었다는 것이라고 말해주었다.

또한 상담자에게 굿과 부적을 활용하여 신의 기운을 가지고 일시적으로 영험한 효과를 발휘해 준 것은 잘못이 없으나, 굿과 부적의 효험을 보고 난 뒤에 아무런 능력이 없는 무당 자신을 다른 사람들이 우러러보는 현상을 경험하면서, 자신과 자신이 모시고 있는 신들이 대단한 존재인 줄 착각하고 안하무인의 성격을 가지게 되는 것과 굿과 부적의 효험을 본 상담자 역시 부적 없이는 일시적 어려운 상황조차도 스스로의 힘으로는 극복할 수 없는 영적 나약함을 가지게 되는 것이 더 문제가 되는 것이라고 말해주었다.

처음에는 무당들도 다른 사람들을 도와주려고 하는 착한 심성(心性)에서 점사와 굿 또는 부적을 활용하고 있었으나, 점차 자신이 모시는 무속령들의 나쁜 심성(心性)에 동화되어 다른 사람들을 영적으로 지배하려는 도구로 활용하고 있다고 말해주었다. 또한, 너희 무당들은 산천 좋은 장소와 영험한 기도터 등에서 수많은 기도와 재물과 음식을 바치면서 더 높은 신령들이 자신들에게 오게 해 달라고 소망하는 신가림 의식을 행하면서 기원했을 것이라고 말했다.

처음에는 단순하게 점사 정도만 볼 수 있는 신령급을 모시다가 나중에는 사람들의 삶에 직접적인 영향을 줄 수 있는 높은 신령급을 모시게 되면, 자신들이 어느새 큰 신을 모시고 있는 무당이 되었다고 기뻐하겠지만, 불행하게도 더 힘이 센 무속령의 노예로 소속이 바뀐 것뿐이라고 알려주었다.

스스로의 영적 능력들을 포기하고 자신이 모시는 가짜 신의 능력에 의존하는 노예적 삶은 점차 가짜 신이 없으면 아무런 능력도 발휘할 수 없게 되는 사실도 문제라고 생각하지만, 더 심각한 문제는 가짜 신에게 벗어나고 싶어도 영적 노예가 되어버린 상태에서는 벗어나기 무척 힘들다는 사실이라고 말해주었다. 단순하게 싸움을 좋아하는 싸움꾼들의 친목 모임에 가담했던 사람이 공식적으로 깡패 조직에 소속된 후 다시 깡패 조직을 탈퇴하고자 한다면 그에 상응하는 대가를 반드시 치러야 한다고 말해주었다.

잡신을 모시고 있는 무당들은 언제든지 발로 자신이 모시고 있는 신당을 걷어차도 전혀 문제가 없지만, 영적 능력이 뛰어난 가짜 신을 모시고 있는 무당들은 발로 자신이 모시고 있는 신당을 걷어차게 되면 경우에 따라서는 현세계의 삶을 마감할 수도 있다고 말했다.

이러한 무속세계에서의 신벌에 대한 공포와 두려움의 뿌리 깊은 인식은 잘못된 길을 가고 있음을 알아도 무당을 그만두지 못하는 원인이 되며 나중에는 자신이 모시고 있는 무속령들의 맹목적인 순종으로 자신의 혈연이나 혈족을 찾아 괴롭히거나 자신이 모시고 있는 무속령들의 노예로 만들어버리는 결정적인 기여를 한다고 말해주었다. 또한, 이러한 진실과 무속령들의 진짜 실체가 드러나지 못하도록 사람들이 지식을 쌓지 못하게 하고 무속령들에 대한 궁금증을 가지지 못하게 한다고 말했다.

자녀를 사랑하는 부모는 자녀가 한가지라도 더 알아 지식을 쌓을 수 있도록 여러 가지 학습을 시켜주며 자녀가 성장하도록 도와주지만, 노예로 성장시킬 주인은 노예가 반항할 수 있는 기초인 지혜와 지식을 없애기 위하여 무조건 자신만을 믿으라고 세뇌시켜 버린다고 말했다.

무속령들과 종교령들은 사람들이 진실을 알 수 없도록 선한 행위를 가장하여 점차 노예화시키는 영혼의 병인 신앙병을 앓게 만든다고 말했다.

사람들의 영혼이 신앙병을 심하게 앓게 되면, 자존감을 점차 상실한 노예 의식으로 가득 찬 상태가 되어 스스로 신이 되기를 완전히 포기하게 되며, 타인이나 불가시 존재들을 신으로 섬기면서 영으로만 영원한 삶을 살겠다는 영생(靈生)의 삶을 선택하게 되는데, 신계 신들이 준 소중한 선물인 주체성을 버린 자신들의 죄업에 대한 책임 회피와 벌을 받게 될 두려움 때문이라고 말했다. 나는 무당에게 자신의 의도와는 상관없이 무속령들이 숨겨 놓은 악(惡)으로 인도하기 위하여 선(善)으로 가장한 행위가 과연 사람들에게 도움을 주는 선(善)인지를 되물었다.

이때 내 옆에 있던 죽음의 신 진돌이가 현세계에서는 다른 사람을 죽이라고 명령한 사람의 죄가 더 크지만, 영계에서는 다른 사람을 죽이라고 명령한 사람의 죄보다 명령을 받고 다른 사람을 죽인 사람의 죄가 훨씬 크다고 말해주었다.

영계의 '영적정화소'에서 영과 영의 정산이 이루어질 때 다른 사람을 죽이라고 명령한 사람은 다른 사람에게 직접 죽이는 과정을 거치지 않은 말로 한 행위이기 때문에 고통을 아주 적게 받게 되지만, 직접 사람을 죽인 사람은 죽음을 맞이하는 사람의 고통을 그대로 받고 있기 때문이라고 말했다.

사후세계에 존재하고 있는 나쁜 영들이 직접 자신의 능력으로 다른 사람들을 괴롭히지 않고, 자신의 하수인(下手人)에게 명령하여 괴롭히는 이유도 이와 같다고 말해주면서, 현세계에서도 잘못된 명령을 수행하여야만 하는 사람들은 이와 같은 사실을 충분히 이해하여 잘못된 명령을 거부할 수 있어야 한다고 말해주었다.

마찬가지로 실체적 진실에 대한 진리를 탐구하지 않고, 오직 자신들이 모시고 있는 신들이 가장 높은 신이라고 착각하여, 신이 명령한 일들을 무조건 수행하기만 하였다고 주장하거나, 환상과 환영에 속아 잘못된 길을 가게 되었다고 주장하여도, 자신이 직접 저지른 죄는 절대로 용서받을 수 없다고 말했다. 왜냐하면, 진리를 탐구하지 않은 무지(無知) 그 자체가 죄업이기 때문이라는 것이다.

무당들은 자신들이 저지른 일들이 잘못되면, 자신들이 모시고 있던 신들이 자신들을 버렸다고 생각하면서 자신들의 행위에 대한 책임을 회피하려고 노력하지만, 가짜 신들의 형상에 세뇌되어 어쩔 수 없이 잘못을 저질렀다고 하여도, 잘못된 행위를 한 책임은 반드시 영계 지역 내에 있는 '영적정화소'에서 영과 영의 정산 과정을 겪게 되기 때문에 죄업에서 피할 수 있는 것이 아니라고 말해주었다.

이러한 사실은 무당들이 모시고 있는 가짜 신들의 행태에서도 구체적으로 찾아볼 수 있다고 말했다. 신체에 차크라가 많이 열린 상태로 영적 교감이 남들보다 뛰어났을 뿐인데 신가물이라고 주장하여 믿게 하고, 신내림의 형태로 육체를 점령하여 아프게 하거나, 육체와 정신이 힘들게 하는 무병을 경험하게 하여 강제적으로 노예 계약을 체결하게 만든 후에는 사후세계에 살고 있는 영혼들에게 사창가에 소속된 노예들처럼 무당의 육체를 자신들 마음대로 빌려주고 대여하는 행위들을 통해 자신들의 욕심들을 채우고 있다고 말해주었다.

그리고 다시 무당 후손들의 젊은 육체를 또다시 사용하기 위하여 후손이나 자녀들을 굿판에 데리고 가거나 굿 등을 가르쳐 주고 있다가, 무당의 육체가 더 이상 쓸모없게 되는 상태인 신체적 노화가 오게 되면 바로 후손들이나 자녀들의 육체로 갈아타기 위해서 무당의 육체를 버리고 이동한다고 말했다.

후손이나 자손들의 노예적 대물림의 직접적인 역할은 부모인 무당과 욕심 많은 조상령들이지만, 그들의 무지(無知) 때문에 대대손손 대물림되어 받게 되는 고통은 무당의 후손이나 자손들이 짊어져 가야 하는 무거운 짐이라고 말해주었다.

부모나 조상령들은 아무것도 모르고 있는 자기 후손의 영들이 무속령들에 의하여 폭력적으로 영혼을 지배당하는 강신(降神) 과정을 묵인하게 만들기도 하고, 오히려 행동과 교육에 통하여 영적 노예로 더 빨리 세습하게 만들기도 한다고 말해주었다.

무당이 있는 친족들의 육체적인 체질은 당연히 영적 교감을 활발하게 할 수 있는 체질이지만, 이러한 체질을 가지고 있는 후손들과 자녀들에게 신을 모셔야 하는 운명으로 엮으면서 자녀들과 후손들에게 교육하고 있는 무당들의 어리석은 무지(無知)가 매우 안타까울 뿐이라고 말했다.

올바른 정신을 가진 부모는 자신들이 낳은 자녀들에게 무조건 모시라고 명령하지 않듯이, 바른 의식체계를 가진 우리들의 진짜 부모인 신들은 사람의 영들에게 자신들을 받들고 모셔야 한다며 모든 것을 스스로 배우고 탐구하려는 정신을 구속하지는 않는다고 말했다.

파트라슈는 무당에게 무지(無知)한 자신의 어리석음을 인정하고, 관세음보살이 제도하여 주는 법인 스스로의 힘으로 영적 성장을 이루려고 노력하다 보면 어느새 신이 되어 더 많은 일들을 할 수 있을 것이라고 용기를 주었다.

나는 무당에게 신을 만나기 전과 후를 비교하여보면 자신과 가족 그리고 친척들이 더 행복해지고 다른 사람들에게 존경받고 있는 만족한 삶을 살고 있는지 물어보았다.

재물은 많지만 욕심이 많아졌거나 자신을 둘러싼 주변 사람들이 닮고 싶어 하는 존재가 되지 않았다면, 그것은 분명 잘못된 길을 선택한 것이라고 이야기해 주면서 종교령과 무속령들이 진정으로 무서워하는 것은 진실에 대한 앎이라고 말해주었다.

모든 실체를 알게 된 영들은 다른 어떤 영들의 지배하에 속하지 않는다고 말하면서 자유롭게 사후세계를 구경하고 있다가 영계로 오고 싶은 마음이 들게 되면 언제든지 영계로 진입하라고 말했다. 그리고 모든 것이 후손이나 자녀들을 사랑했던 마음으로 시작한 행위였기 때문에 비록 잠시나마 자녀들과 후손들이 대물림하여 노예 생활로 고통을 받았다고 해도 너무 슬퍼하지 말라고 말했다.

아무리 부모가 나쁜 행위를 가르쳐 주었다고 해도 나쁜 행위를 한 것과 하지 않은 것은 결국 자녀의 선택이었다고 말하면서 슬퍼하고 있는 무당과 그 후손들을 위로하여 주었다. 슬퍼하고 있던 무당이 다른 무속령들이 배신한 자신들을 해치려고 하면 어떻게 대처해야 하는지를 물어보았다.

나는 영들의 세계에서는 신들과는 다르게 힘이 세다고 믿는 자에게는 힘을 발휘할 수 있지만, 믿지 않는 자에게는 힘을 사용할 수 없다고 말해주면서 종교령과 무속령들은 신이 아닌 영일뿐이므로 아무 걱정하지 말고 담대하게 맞서라고 조언하였다. 무속령들에 의해서 신내림 상황에 직면하게 된 현세계에 살고 있는 사람들이 죽음을 두려워하지 않는 강한 영감(靈感)으로 대처하였다면 무당이 되는 일은 결코 없었을 것이라면서 안타까운 심정도 같이 전해 주었다.

나는 무당과 후손들에게 가여운 쿠마리의 삶에 대하여 이야기해주면서 너무 자책하지 말라고 말해주었다. 쿠마리와 친족들의 관계는 사후세계에서 무당과 사악한 무속령들과의 관계와 너무 흡사하다고 말했다. 자신의 딸이 쿠마리로 선택된 집안과 그 친척들은 쿠마리로 인하여 단기간에 수많은 사람들의 헌금을 수령하여 많은 현금과 재물을 모아 큰 부자가 되었지만, 정작 사람들에게 신으로 추앙받는 삶을 살면서도 일상적인 생활을 적응할 수 있는 과정을 전혀 배우지 못한 쿠마리는 점차 바보가 되어간다.

하지만 쿠마리가 초경을 시작하면 많은 사람들에게 추앙받았던 신의 지위에서 쫓겨나게 되고, 쿠마리와 결혼한 남편은 단명을 한다든지 집안에 불행을 가져온다든지 하는 세습 때문에 평생 동안 집안에 갇혀 살거나 혹은 어쩔 수 없이 여러 남자와 관계를 맺게 되는 집창촌으로 팔려가게 된다.

자신의 딸이 쿠마리가 되어 자신의 집안에 큰 부(富)를 가져다줄 때는 자랑으로 여기던 집안 사람들과 친척들이 쿠마리에서 은퇴하여 더 이상 부(富)를 가져다주지 못하게 되면 가차 없이 버리는 행위는 사람보다 못한 짐승 같은 행위이다.

마찬가지로 스스로가 신이라고 주장하는 무속령들이 무당들을 처음 만날 때에는 세상의 모든 소망들을 다 이루어줄 듯 말하고 유혹하여 인연을 맺는다.

무속령들의 유혹에 넘어간 무당들이 무속령들을 자신들이 모시는 신으로 섬기게 되면, 이때부터 무속령들은 사후세계에 거주하는 영들

중에서 현세계에 존재하는 육체를 경험하고 싶은 영혼들에게 자신의 노예인 무당들을 빌려주고 대여하여 막대한 이득을 챙긴다. 그리고 무당이 무속령 자신들에게 도망가지 못하도록 위로도 하고 때로는 협박과 공포감을 주면서, 무당의 육체를 사용할 수 있을 때까지 계속적으로 관계를 유지한다.

노후가 되어 더 이상 무당의 육체가 사후세계에 살고 있는 영혼들에게 대여할 수 없을 지경까지 이르게 되면, 무속령들은 무당의 자녀나 신도들의 육체를 탐하여 취하는 방법을 선택하거나 이러한 방법을 선택하기도 어려우면 가감하게 자신을 모시고 있던 무당을 버리고 다른 사람을 찾아 떠나가게 된다.

가족과 친족에게는 부(富)를 가져다주었지만 결국 버림받게 된 쿠마리들과 무속령들을 신으로 모시면서 막대한 이득을 안겨 주었지만 결국에는 자신이 모시던 신에게서 버림받게 된 무당은 우리들이 볼 때에는 도저히 혼내줄 수 없는 너무 가여운 존재들일 뿐이라고 말하면서 무당을 위로하여 주었다.

내 말을 듣고 더욱 슬퍼하는 무당을 보게 된 나는 영적 면류관에서 나오는 힘을 사용하여 기(氣)로 예쁜 조개를 만들었다. 그러자 옆에 있던 전쟁의 신 파트라슈가 기(氣)로 만든 조개 속에다 상처를 내는 장면을 연출했고, 죽음의 신 진돌이가 진주 속에 있던 상처가 아물면서 아름답고 영롱한 진주로 탄생하는 장면을 만들어 주었다.

나는 결과는 나빴지만 남들을 위해 희생하리라는 아름다웠던 초심(初心)을 아직도 간직하고 있다면, 무당으로서의 삶을 통한 아프고 쓰

라린 경험들은 진주처럼 아름답고 영롱한 정보가 되어 영 안에 저장될 것이라고 말하면서 진주로 왕관을 만들어 무당에게 선물하여 주었다.

파트라슈와 진돌이는 무당에게 고통을 겪은 만큼 더 성장한 영이 되었다고 말하면서, 후손들과 함께 남을 모시는 삶이 아닌 자신의 영적 성장을 도모하는 삶을 살아가기를 진심으로 기원한다는 축언도 같이 해주었다.

이때 엄마의 영을 만나고 되돌아온 여자아이가 몹시 기쁜 마음으로 우리들이 있는 곳으로 다가왔다. 여자아이는 자신의 엄마에게 자신이 다음 생애에 태어나는 장소뿐만 아니라 얼마나 즐거운 삶을 사는지에 대한 장면까지 보여주었다고 자랑하였고, 엄마는 매우 기뻐하면서 마음에 있던 한(恨)인 응어리를 풀어냈다고 말했다.

일반 사람들은 영계의 '영적정화소'에서 다음 생을 새롭게 확정할 때까지 정해진 운명의 길이 없다. 진돌이가 영적 에너지를 넣어 주고 여자아이가 동의한 순간 다음 생은 특정한 목적을 가진 숙명자가 되었기 때문에 가능한 것이다. 여자아이의 특정한 목적은 다음 장을 참고하기 바란다[하편 57장 복자(福者)의 탄생과 신(神)이 되는 과정 편 참조].

파트라슈와 나는 진돌이를 바라보았고, 진돌이는 여자아이에게 필요 이상으로 너무 많은 영적 에너지를 넣어 주었다며 약간 후회하는 모습이었지만 이미 돌이킬 수 없는 상황이었다. 이때 무당이 여자아이의 이름을 불렀고, 여자아이는 무당이 자신의 할머니라고 이야기하며 무척 반가워하였다.

무당은 여자아이의 영을 감싼 후 우리들이 만들어 주었던 진주로 만든 왕관을 씌어주었고, 무당으로부터 미안함과 사랑이 교차하는 파장의 기(氣)가 우리들에게까지 전달되었다. 우리는 여자아이에게 지금 영계로 되돌아가 엄마에게 약속한 것처럼 좋은 곳에 태어나 행복한 삶을 사는 윤회를 시작해야 한다고 말해주었다.

여자아이는 할머니 영혼에게 지금은 힘이 약한 영이지만, 반드시 아주 힘이 강한 영이 되어 사후세계에서 할머니를 다시 만나기를 기원한다고 말했고, 무당은 여자아이의 영을 다시 만나기 전까지 사후세계에서 관세음보살과 신장(神將)들을 도와주면서 무속령들이 만든 제단들을 하나씩 없애고 있겠다고 다짐하면서, 우리들에게는 여자아이의 영을 잘 부탁한다고 말했다.

우리들은 무당에게 여자아이에게 각각 1가지씩 영적 선물을 줄 것이며, 여자아이가 다시 사후세계에 진입할 경우에는 일반 영들과는 비교할 수 없을 만큼 힘이 아주 강력한 영이 되어 있을 것이라고 말해주면서, 그때 여자아이의 손을 잡고 함께 영계로 되돌아오라고 말해주었다.

나와 파트라슈 그리고 진돌이는 여자아이의 영을 함께 둘러싸고 영계로 다시 진입하였다.

제57장

복자(福者)의 탄생과 신(神)이 되는 과정

우리들은 여자아이의 영과 함께 영계로 진입하여 '영적정화소' 앞에
도착했다. 파트라슈와 진돌이가 나에게 여자아이도 영계에 머물면서
지식과 경험을 통한 정보를 영속에 저장하여야 하지만, 엄마와의 약
속을 지키기 위해서는 영계에서 보내는 시간을 단축할 필요가 있다고
주장하였다.

나는 파트라슈와 진돌이에게 보통의 영들이라면 영계에서 일정 기
간 머물면서 영속에 정보를 축적하는 과정이 바람직하다고 생각하지
만, 여자아이에게는 특별한 상황인 엄마와의 약속을 지키는 것도 중
요한 일로 당면한 문제를 해결할 수 있는 좋은 방법이 무엇이냐고 물
었다.

파트라슈와 진돌이는 이 문제는 아주 간단하게 해결할 수 있다고
대답하고, 여자아이의 영을 데리고 어디론가 사라졌다가 다시 내 눈앞
에 나타났다. 여자아이의 영은 조금 전까지의 모습과는 전혀 다른 찬
란한 빛의 형체가 되어 있었고, 나는 파트라슈와 진돌이가 내가 일전

에 다녀왔던 신계 신전을 여자아이에게 잠시 보여준 것을 알아차렸다.

나는 진돌이와 파트라슈에게 신계 신전을 보고 온 여자아이는 내가 설명하고 싶었던 사주팔자의 구성과 운명의 설정, 복자(福者)와 신(神)이 되는 과정 등을 이미 다 인식하였기 때문에 더 이상 이야기해 줄 필요성이 없을 것 같다고 말했다. 그러나 진돌이와 파트라슈는 여자아이의 영속에 이미 모든 정보가 저장되어 있겠지만, 한 번은 대충 설명을 하여 환생을 위한 준비인 사주팔자를 계획하고 구성할 때 참고할 수 있도록 의식을 발생시켜 주자고 하였다.

나는 여자아이에게 지금 신장(神將)들이 지키고 있는 '영적정화소'에 들어가게 되면, 영과 영의 정산을 통하여 이전에 현세계와 사후세계에서 경험했던 일들에 관하여 행복과 고통의 의식을 받게 된다고 말해주었다.

행복과 고통을 받게 되는 영과 영의 정산 과정을 거치지 않기를 바라는 영들도 많지만, 지식과 경험으로 습득한 정보를 저장하는 과정인 영과 영의 정산이 이루어지지 않으면 영은 결코 성장할 수 없다고 말해 주었다.

영이 성장해야 하는 이유는 바로 신이 되어 신계로 되돌아가 생활하기 위한 필수적인 조건이고, 범아신으로부터 분리된 생기가 우리들의 본질인 실체이기 때문에 분리된 하나가 곧 전체이며, 전체가 곧 분리된 하나라고 말해주었다. 그러나 생기가 영으로 감싸지고 육체인 영체까지 덮어쓰게 되넌서 영과 영들이 서로 교감(交感)하는 능력은 크게 상실되어 점차 고립된 삶을 살게 된다고 하였다.

모든 의식이 완전하게 개방된 정보를 가지고 있는 생기만 존재하는 신계보다는 생기를 덮어쓴 영으로 영적 교감을 하고 있는 영계가 더 고립된 장소이며, 영계보다는 정신인 혼(魂)이 영과 함께 존재하는 영혼의 세계인 사후세계가 더 고립된 장소이고, 사후세계보다는 영혼뿐만 아니라 정신을 포함한 물질인 백(魄)이 함께 존재하고 있는 영혼백(靈魂魄)인 현세계가 더욱 고립된 세계라고 말해주었다.

영적 성장이란 고립된 개별적인 존재가 사실은 전체적인 존재임을 인식하고 모두가 함께 서로 돕고 개별적으로 축적한 정보를 공유하면서 모든 세계를 발전시켜야 한다는 의식을 가지는 것을 말한다.

이러한 의식이 없는 생기는 신계로 진입할 수도 없을뿐더러 신들의 도움으로 강제적으로 신계로 진입하여도 자신만이 정보를 가지고 있어야 한다는 의식인 욕심이 신계에 거주하는 모든 신들의 의식에게까지 전달되고 인식되기 때문에 모든 것이 동화(同和)된 신계에서는 머물 수 없다고 말했다.

나는 여자아이에게 진짜 신들이나 신장(神將)들을 만나 본 사람들과 영능력자들은 신들의 세계가 특정 대상을 정하여 행하는 사랑이 넘쳐나는 세계가 아니라 나와 남의 구별을 계속해서 없애려는 동화(同和)를 추구하는 세계임을 이미 잘 알고 있다고 말해 주었다.

개인을 사랑하든지 혹은 만물을 사랑하든지 상관없이, 사랑이라는 의식은 자신이 교류하고 싶은 대상인 개인과 만물을 떠올리며 특정화시키는 남과 나를 분리하는 개념이지만 동화(同和)란 특정화시키는 것이 없이 전체 속에 나를 다시 흡수시키는 작용이다.

이는 분업화를 넘어서 세분화된 특화의 개념으로 아주 복잡한 신계를 운영하고 있는 기본 의식이라고 알려 주면서, 다른 존재들과 동화(同和)가 되기 위해서는 다른 존재의 입장이 되어보는 과정이 중요하며 이러한 과정을 도와주는 것이 바로 '영적정화소'에서 하고 있는 영과 영이 정산이라고 말해 주었다.

신계 신들은 우리의 의식보다 뛰어난 존재이면서도 선(善)한 존재들로서 종교령들처럼 자신과 같은 동료 영들을 지배하기 위하여 천국과 지옥을 만드는 수준 낮은 존재들이 아니라, 하루빨리 영들을 성장시켜 고통이 없는 신계로 진입하는 것을 도와주기 위한 방법으로 '영적정화소'를 만들어 준 존재들이라고 알려주었다.

우리가 추구해야 할 인류애적 가치는 일반 사람들이 흔히 말하고 있는 사랑이 아닌 동화(同和)라는 사실을 잊지 말라고 다시 한 번 여자아이에게 전달하여 주었다.

죽음의 신 진돌이가 여자아이에게 '영적정화소'에 들어가게 되면 경험하게 되는 사주팔자인 운명의 설정에 대하여 이야기해주겠다고 말했다. 이미 신계 신전을 잠깐 보여주어 충분히 이해할 수 있겠지만, 구체적으로 설명하기가 곤란하기 때문에 여자아이가 현세계에서 재미있게 즐기던 게임과 사후세계에서 다른 사람들의 점사를 봤을 때 들었던 이야기를 활용하여 완전하지는 않지만 비슷한 사례를 들어 이야기해 주겠냐고 말했다.

캐릭터를 성장시키는 게임을 할 때 만랩을 만들기 위해서는 각각 설정된 에너지인 체력 에너지, 정신 에너지, 마력 에너지, 기력 에너지, 경험치 에너지 등을 모두 채워야 한다고 말했다.

이것을 바꾸어 말하면 현세계 사람들에게 점사를 알려 주었을 때 주로 사용했던 단어인 오행의 목화토금수(木火土金水)라고 생각하면 된다고 말했다. 영들이 천간과 지간에 5자리인 목화토금수(木火土金水)를 모두 가지고 태어나게 된다면 신이 된다고 명리학자들은 주장하지만 꼭 맞은 말은 아니라는 것이다.

범아신에게로 나온 생기를 감싼 최초의 영은 처음에는 목화토금수(木火土金水)의 오행 안에 들어있는 게이지가 텅 빈 상태로 어떤 능력도 가지고 있지 못하기 때문에, 어떤 조합을 설정하여 환생하더라도 오행의 에너지가 꽉 차있는 신처럼 살 수 없기 때문이라는 것이다. 또한, 물질세계인 현세계는 기(氣)란 에너지 구성이 처음부터 불완전한 세계이기 때문에, 신이라 할지라도 영계나 신계처럼 천간과 지간에 5자리인 목화토금수(木火土金水)를 모두 가지고 현세계에 나타나거나 거주하거나 태어날 수가 없다는 것이다.

이 말은 종교령들이 사람의 영들을 사로잡기 위하여 자신들이 모시고 있는 신들이 사람의 형상으로 부활하여 현세계에 다시 탄생할 것이라고 주장하는 것이 옳지 않다는 이야기이며, 신들은 다시 불안정한 세계인 현세계에 태어나지도 않겠지만, 태어났다고 가정해도 불완전한 물질세계의 운행원리로 인하여 목화토금수(木火土金水) 중 천간과 지간 4자리만 가지고 태어나게 되어 현세계를 운행하는 법칙인 생로병사의 과정을 절대로 피할 수 없으며 과거 태어난 모습 형태로도 부활할 수도 없다고 말했다.

매일 수십억 명의 사람들이 자신들이 믿고 있는 신들에게 형상을 보여 달라고 기도하여도 만물을 창조하였다는 위대한 신이 지금까지 한 번도 세상 모든 사람들에게 동시에 형상을 보여줄 수 없었던 이유가 바로 이것 때문이며, 앞으로도 과거 살았던 모습인 부활의 형태로는 나타나지 않을 것이며 나타날 수도 없다는 것이다.

'영적정화소'에서 환생을 하려면 자신이 어떤 장소에서 누구를 통해 태어날지 그리고 목화토금수(木火土金水)의 5가지 기운 중에서 자신이 현세계의 삶을 살아갈 때 사용하는 4가지 기운들을 선택하게 된다고 말했다.

처음에는 영이 윤회를 시작하기 위하여 목화토금수(木火土金水) 중 천간과 지간의 4자리를 차지할 어떤 기운을 선택하였을지라도 목화토금수(木火土金水)가 모두 비어있기 때문에, 탄생하자마자 현세계의 기운에 적응하지 못하고 곧바로 죽음을 맞이하게 된다는 것이다.

지구별에서의 영들은 미생물부터 사람에 이르기까지 끊임없는 윤회 과정을 경험하면서 목화토금수(木火土金水)의 기운 에너지를 점차 채우게 된다고 말했다.

어떤 영은 특정한 기운만을 선택하여 윤회하게 되면, 같은 시기에 윤회를 시작한 다른 영들보다 특정 분야에 아주 뛰어나 실력을 보이고, 윤회를 거듭하게 되면서 특정한 분야에 능력 있는 전문가로 탄생하다가 나중에는 특정한 분야의 천재가 된다는 것이다. 그리고 다시 계속 윤회를 하여 목화토금수(木火土金水)의 기운 에너지인 오행 중 하나의 기운이 완전히 가득 차게 되면 영을 깨트리고 신이 되어 신계로 진입하는 것이라고 말했다.

신계에 거주하는 신들도 모든 것을 고르게 갖춘 고급 신들은 완벽한 존재들이라고 생각할 수 있지만 편향된 것으로 신이 된 하급 신들은 완벽한 존재들이 아니다. 그러나 신계의 세계는 완전함과 완전함이 조화된 세계가 아닌 완전함과 불안전함이 조화된 세계로 불완전한 특정한 업무를 수행하고 있는 하급 신들의 역할을 모아 조화로운 완전한 업무를 처리하는 고급신의 역할을 생각하면 된다.

간단히 말하면 아주 예쁜 여자들의 특정한 신체를 모아 놓으면 세상에서 가장 예쁜 여자의 형상이 탄생하는 것이 아니라 추한 모습의 여자 형상이 탄생하듯이, 최고로 예쁘지는 않지만 덜 예쁜 특정한 신체 형상들을 모아 놓은 여자의 형상이 최고로 아름답게 탄생하는 것과 같은 이치로 생각하면 된다. 그러나 특정한 하나의 기운만을 완벽하게 다루어 신이 된 존재이기 때문에 모든 신들을 거느릴 수 있는 고급 신이 아닌 특정한 분야만 담당하는 하급 신이 된다는 것이다.

하급 신도 신계에서 공부를 계속하여 기운 에너지를 점점 더 채우게 되면 오행의 모든 에너지를 가진 고급 신이 되어 신계에서 담당하는 역할도 바뀌게 된다고 말했다. 반면에 특정한 기운만 완벽한 하급 신의 경우에는 종종 중대한 업무적 실수를 하는 경우가 발생하고 있으며, 이에 대한 처벌로 다시 신계에서 영계로 추방되어 신에서 영으로 다시 돌아오는 경우도 있다고 말했다.

어떤 영이 특정한 기운만을 선택하지 않고, 목화토금수(木火土金水)의 기운 에너지인 오행의 기운을 골고루 선택하여 윤회하게 되면 특정한 오행을 선택한 영들보다 특별한 재능 또는 전문가가 되는 시간이 더 걸리게 되는 반면에, 신이 되어 신계로 되돌아가게 되면 많은 특정한 기운을 가진 많은 하급 신들을 제도하는 고급 신이 된다고 말했다.

윤회를 위하여 사주팔자라는 운명을 설계할 때 자신이 좋아하는 특정한 기운들만을 골라서 선택하게 되면, 그 기운으로 현세계에서 삶을 살아가는 과정에서 많은 사건과 사고에 시달리는 변화무쌍한 삶을 경험하게 되고, 이러한 어려움을 잘 적응하게 되면 권력자나 재벌가로 살 수 있지만, 적응하지 못한다면 비천한 삶 또는 불행한 죽음을 맞이할 수도 있다고 말했다. 반면에 사주팔자라는 운명을 설계할 때 오행의 기운을 골고루 모두 선택하게 되면 현세계에서 삶을 살아가는 동안에는 힘이 센 권력자나 큰 재벌가는 될 수 없지만, 인생 전반에 걸쳐 평탄한 삶을 살 수 있는 장점이 있다는 것이다.

오행의 원리를 잘 모르는 사주명리학자들이 사주팔자라는 운명을 의뢰한 사람들에게 세상의 기운과 상담을 의뢰한 사람의 기운들을 비교하면서 운명의 결과만을 단언(斷言)하여 말하는 경우가 있는데 이는 매우 어리석은 행위이라고 말했다.

현재의 기운과 상담을 의뢰한 사람의 기운들을 비교하여 유리한 상황인지 불리한 상황인지를 설명하는 것은 맞는 행위라고 보지만 오행에 채워져 있는 기운들은 의뢰한 사람들마다 큰 차이가 있으며, 명리학자들은 의뢰한 사람들의 오행의 기운이 얼마 정도 채워져 있는지 알지 못하기 때문이라는 것이다.

예를 들어 한날한시에 똑같은 사주팔자를 가지고 태어난 사람일지라도, 각 사람들이 소유하고 있는 오행이 채워진 기운의 양들이 차이가 크기 때문에, 오행에 채워진 기운들이 적은 사람들의 경우에는 자신에게 불리한 때를 만나게 되면 파산하거나 죽음을 맞이할 수 있지만, 오행에 채워진 기운들이 많은 사람들의 경우에는 파산하는 대신 적은 돈만 잃어버리거나, 죽음을 맞이하는 대신 약간의 상처만 입을 수 있기 때문이라는 것이다. 또한, 오행에 채워진 기운이 적은 사람이 유리한 때를 만나게 되면 작은 용돈을 벌게 되지만, 오행에 채워진 기운이 많은 사람의 경우에는 큰 재물을 벌게 된다는 것이다.

이러한 사유로 사주팔자가 동일하게 태어난 사람일지라도 자신이 소유하고 있는 오행에 채워져 있는 기운의 많고 적음에 따라 유리할 때는 크게 성장하고 불리할 때는 작게 손실을 입게 되어 어떤 사람은 권력자인 대통령이 되는 삶을 살게 되지만, 반대의 상황에 처한 사람은 거지의 삶을 살게 되기도 하는 것이다.

환생하는 사람들이 아무리 부귀한 환경을 선택하여 현세계에서 태어났다고 하더라도 오행에 채워진 기운이 적으면, 말년에는 비천하거나 불행하게 삶을 마감하게 된다는 것이다. 반면에 아무리 나쁜 비천한 환경을 선택하여 현세계에 태어났더라도 오행에 많은 기운들이 채워져 있는 상태라면, 말년에는 존귀(尊貴)하게 되거나 행복한 삶으로 마감하게 된다는 것이다. 그리고 마지막으로 신이 되기 직전인 현자(賢者)가 되면 권력과 재물과는 전혀 관련 없이, 다른 사람들에게 존경받는 삶으로 마감하게 된다고 말했다.

그리고 진돌이는 여자아이에게 영계의 '영적정화소'에서 환생을 계획할 때 좋은 환경에서 태어날지 아니면 나쁜 환경에서 태어날지를 선택의 기준으로 삼지 말고, 오로지 다양한 오행의 기운들을 빨리 채울 수 있는 방법을 잘 파악해서 선택하라고 조언하였다.

신계로 빨리 되돌아갈 욕심만으로 한 분야의 기운을 계속해서 선택한 영들을 살펴보면, 현세계에서 천재적 재능을 발휘하여 권력과 재물 등을 쉽게 모으게 되지만, 안하무인(眼下無人)격의 행동과 의식으로 결국에는 많은 영들과 교감이 이루어지지 않아 더 늦게 신이 된다고 말해주었다. 그리고 여자아이에게는 그동안 영적 교감이 많은 집안에서 윤회를 많이 하였기 때문에, 그 분야의 기운이 엄청 세다고 말하면서 이번에 환생을 할 때에는 훌륭한 교육자의 집안을 선택하였으면 좋겠다고 조언하여 주었다.

진돌이의 말을 옆에는 들은 나는 B.F. 스키너가 주장한 인간의 행동이나 성향이 모두 유전자의 필연적 작용이어서, 어떤 유전자를 가졌느냐에 따라 그 사람이 결정된다고 한 말이 떠올랐다. 나는 여자아이에게 네가 태어날 유전자는 네가 스스로 선택할 수 있다고 말하면서 진돌이의 말을 거들어 주었다.

여자아이는 사후세계에서 엄마를 만났을 때, 이미 자신이 다음에 환생할 장소와 할 일들을 선택하였다고 말하면서 우리들에게 아무것도 걱정하지 말라며 우리를 안심시켜주었다. 그리고 신이 되는 방법을 알았으니 이제는 영의 힘이 세지는 방법을 알고 싶다고 말했다.

파트라슈가 힘이라고 하면 전쟁의 신이라는 자신이 대답해 주겠다고 여자아이의 말에 제일 먼저 응답하면서, 신이 되는 과정인 소통과 공감 그리고 복자(福者)에 대한 개념만 알고 있으면 된다고 말했다.

영적 힘은 기의 세기와 정비례하는데 영안의 생기에서도 혼자 힘으로 기(氣)를 만들어 발산시킬 수 있지만, 그 힘은 매우 미약하다고 말했다. 반면에 영과 영이 교감(交感)을 통하여 교류하는 과정이 발생하게 되면 기(氣)의 힘이 엄청나게 세지게 되는데, 현세계에서 비슷한 예를 들어보겠다고 말했다.

잘못을 크게 저질러 선생님에게 크게 혼나게 되면, 선생님에게 나오는 기분 나쁜 기(氣)들을 받지 않기 위해서, 아이의 영은 선생님의 영과 교감(交感)을 끊으려고 노력하게 되고, 이러한 행위의 결과로 활발했던 아이의 기(氣)가 죽게 된다고 말했다. 반면에 즐거운 놀이동산에서 자신이 좋아하는 많은 친구들과 함께 지내면서 즐겁게 놀고 있을 때는 친구들의 영과 교감(交感)이 활발하게 이루어지게 되고, 이러한 행위의 결과로 기(氣)가 세지면서 자신의 주변에서 자신의 마음에 들지 않는 행위들을 하고 있는 사람들을 보게 되면 직접 개입할 용기까지 생기게 된다.

어떤 행위들에 대하여 혼자서는 엄두도 내지 못했던 일들이 단체로 모이면 상상하지 못할 일들을 할 때가 있는데, 단체에 속한 사람들과의 교감(交感)으로 영적 힘이 크게 상승했기 때문에 일어나는 현상들이다.

영적 힘은 영들과의 소통과 교감(交感)으로 발생하는 소통에서 오게 되는데, 영혼백(靈魂魄)이 있는 현세계보다는 영혼(靈魂)이 있는 사후세계에서, 영혼(靈魂)이 있는 사후세계보다는 영(靈)만 있는 영계에서, 영(靈)만 있는 영계보다는 교감(交感)을 막는 영체가 전혀 없이 오직 정보를 가진 생기(生氣)만이 존재하는 신계에서 소통과 교감이 더 잘 교류되며, 교류 작용으로 발생되는 에너지인 기(氣)의 힘이 훨씬 세다고 말했다.

교류 삭용으로 발생하는 기(氣) 에너지의 특성상 영계 이하에서는 영들과의 소통과 교감(交感) 대상자의 숫자와 신계에서는 생기들과의 소통과 교감(交感) 대상자의 숫자에 따라 힘의 세기가 결정된다고 하였다.

영들은 미생물부터 끊임없는 윤회 과정을 거치면서 영적으로 교감(交感)할 수 있는 대상자를 끊임없이 늘려가고 있으며, 사람들의 예를 들면 부모와 자녀 관계나 친인척 또는 지인과 만남 등의 인연 등을 활용하여 계속 늘려간다고 말했다.

특히 봉사나 종교 등의 특정 단체에 가입하거나 전쟁 등의 특수한 상황에 직면하게 되면, 평소 자신의 영적 활동 영역이 크게 넓어지게 되고 영적 교감 대상자도 급격하게 늘어나게 되는 장점이 있는 반면에, 특정 단체에 소속된 사람들만 대상으로 교감(交感)을 하거나 혹은 전쟁으로 인한 정신적 트라우마 생성으로 집안에만 갇혀 있게 되는 등 잘못된 상황으로 변질된다면, 오히려 영적 교감 대상자를 급격하게 줄일 수 있는 부정적인 영향을 줄 수 있다는 것이다.

신은 항상 만물과 교감(交感)하고 있는 존재이듯이, 영적 성장을 계속 이루게 되면 다른 영들과 교감(交感)이 수시로 많이 일어나게 되어 타인의 영들조차도 자신의 분신처럼 아끼게 된다고 말했다.

잔혹한 범죄를 저지르는 인면수심(人面獸心)인 사람은 사실은 새로 사람으로 환생한 존재이거나 과거에 다른 사람들과 영적 교감(交感)들이 매우 적어 성숙하지 못했던 영들로 영적 힘이 매우 약할 수밖에 없다는 것이다.

영들끼리 서로 교감(交感)하는 가장 좋은 방법은 많은 사람들에게 끊임없이 덕을 베풀어 주변에 있는 사람들의 마음을 사는 것이며, 덕을 많이 베푼 사람에게는 당연히 많은 사람들이 따르게 되어 덕자(德者)가 될 수 있지만 아직까지는 복자(福者)는 될 수 없다고 말했다.

선행과 덕을 베푸는 사람인 덕자(德者)는 자신의 영적 능력이 조금 향상되지만, 자신의 능력과 동일한 사람들에게 덕을 베푼 행위이기 때문에 위기나 어려움을 직면하여도 자신을 도와줄 신은 없다는 것이다.

따라서 좋은 선행을 한 사람 중에서도 말년에 비참한 삶을 살아가고 있거나, 불행한 죽음을 맞이하는 경우가 있는데 아직까지는 복자(福者)가 아닌 덕자(德者)이기 때문이라는 것이다. 그리고 자신이 덕을 베풀어 주었던 다른 사람의 영들이 어느새 영적 성장을 모두 이루고 신이 되어 신계로 진입하게 되면, 비로소 덕을 베풀어 주었던 사람은 신의 도움을 받을 수 있는 복자(福者)가 된다고 말했다.

신의 도움을 받을 수 있는 복자(福者)는 하급 신들의 도움을 받는 경우와 상급 신들의 도움을 받는 경우로 크게 나누게 된다고 말했다. 힘이 센 독재자나 탐욕스러운 재벌가, 혹은 사이비 종교가로 삶을 살아가면서 수많은 사람들에게 셀 수 없이 많은 악행을 저지르고 죽음을 맞이하는 마지막 순간까지도 행복한 삶을 살게 된 경우는 하급 신의 도움을 받고 있는 복자(福者)의 경우라는 것이다.

하급 신은 영들의 장기적 미래를 보지 않고 단순하게 베풀고 도와주는 역할을 수행하기 때문에, 하급 신의 도움을 받고 있는 복자(福者)는 어떤 위기감과 어려운 환경에 직면하더라도 현세계에서 마지막 살고 있는 삶까지 자기 마음대로 살아가는 특혜를 누리게 되는 장점이 있는 반면에 영계에 진입하여 다시 환생을 하게 될 때 반드시 거쳐야 하는 '영적정화소'에서는 자신이 쌓은 죄업에 대한 책임의 결과로 엄청 큰 고통을 받기도 하고 심지어는 영적 능력이 크게 위축되기도 한다는 것이다.

상급 신의 도움을 받고 있는 복자(福者)는 힘이 센 독재자나 탐욕스러운 재벌가, 혹은 사이비 종교가 되려고 하면, 어떤 위기감과 어려운 환경에 직면하게 만들기도 하고, 악행적인 삶을 도저히 살 수 없도록 출셋길도 막아 버린다고 말했다. 높은 신들의 직접적인 자녀임에도 불구하고 간절하게 부귀영화(富貴榮華)를 바라고 있으면서도 실제적 삶은 가난하게 생을 마감하는 사람들의 경우가 존재하는데, 죄업을 방지하기 위한 고급 신들의 또 다른 숨겨진 배려라는 것이다.

복자(福者)의 장기적 미래를 고려하여 영적 성장들을 방해되는 요소들을 빠르게 제거하고 도움이 되는 환경을 조성하여 주는 것을 목표로 삼기 때문에, 상급 신의 도움을 받고 있음에도 불구하고 나쁜 마음을 가진 상태에서는 권력자나 재벌가가 아닌 평범한 사람으로 죽음을 맞이하게 될 수밖에 없지만, 다시 윤회할 때 거쳐야 하는 영계 지역에 있는 '영적정화소'에서 고통을 거의 받지 않을 뿐만 아니라 영적 퇴보함도 전혀 없이 오로지 지속적으로 영적 성장을 이루게 된다는 것이다.

영능력자들이 말하는 신의 분노란 분노의 대상자를 강력한 독재자, 탐욕스러운 재벌가, 거대한 사이비 종교가로 성장시키고, 장수하는 수명과 어떠한 위험에도 노출되지 않도록 조치하여 죄업의 최대치를 저지르게 만든다.

그들은 마음대로 악행을 저지르며 자신에게 주어진 현세계의 삶을 만끽하며 날마다 즐거워하지만, 죽음을 맞이한 후에는 자신들이 저지른 최대한의 죄업에 대한 엄청난 고통을 받고 영적 성장이 크게 퇴보

되어 다음 생은 미생물들로 태어나게 된다.

수많은 악행을 저질렀음에도 불구하고 계속해서 높은 지위를 유지하고 있다면 한 번쯤은 자신이 신의 분노의 대상자가 아닌가 생각해 보아야 한다. 신의 분노를 푸는 손쉬운 방법은 모든 지위에서 스스로 내려오는 것이다.

권력자나 재벌가 중에는 하급 신의 도움을 받은 복자(福者)들이 많고, 사상가나 종교 연구가 또는 은둔자 중에는 고급 신의 도움을 받은 복자(福者)들이 많다고 말했다. 나는 여자아이에게 영적 힘이 엄청나게 세지고, 신이 빨리 될 수 있는 특별한 비밀을 한 가지 더 알려주겠다고 말해주었다.

보통 사람들은 예수, 석가, 노자, 마호멧 등 다른 사람들의 성스러움을 숭배하지만 그러한 행위를 배우지 말고, 공자처럼 자신 안에 있는 의식이 모든 만물과 공감(共感)하려고 노력할 때 비로소 영적 성장을 빨리 이룰 수 있으며, 공자처럼 다른 사람들에게 예를 갖추고 잘되기를 기원할 수 있는 덕자(德者)만이 신의 도움을 직접 받을 수 있는 복자(福者)가 되고 복자(福者)들이 결국에는 신이 된다고 말해 주었다.

신이 될 수 있는 가장 기초는 나와 다른 존재인 신들을 숭배하는 행위가 아니라 자신 스스로 만물이 잘 되기를 기원하고 보살펴 주는 덕(德)을 베푸는 행위로부터 시작된다는 사실을 절대 잊지 말라고 말해 주었다.

여자아이가 우리들에게 최고 신과 높은 신들은 인연(因緣)이 되는 사람들이 많을 것 같다고 생각한다며, 자신의 생각이 맞는지를 물어보았다.

진돌이가 여자아이에게 지금 신계에 계신 최고 신과 높은 신들도 일정한 기간이 지나가게 되면, 현재에는 우리들도 알 수 없는 더 높은 세계로 이동하기 때문에, 최고 신과 높은 신들의 경우에도 고정되어 있는 것이 아니라 계속해서 바뀐다고 말해주었다.

최고 신과 높은 신들은 우주의 다양한 장소에서 우리들보다 훨씬 많은 윤회 과정을 경험하였던 존재들이기 때문에, 최고 신의 자녀는 독생자(獨生子)가 아니라 우리가 상상할 수 없을 정도로 그 숫자가 많다고 말해 주었고, 최고 신의 자녀의 부모 또는 자녀가 서로 인연이 되는 상황들을 보게 되면 누가 누구의 자녀임을 논하는 것 자체가 무의미할 정도로 세상에 존재하는 모든 영들은 최고 신과 높은 신들과 직접 또는 간접적으로 인연(因緣)이 있다고 생각하면 된다고 말했다.

현세계에 살고 있는 협소한 의식을 가진 사람들이 생각하는 혈통주의 사상처럼 자신이 최고 신과 높은 신들의 자녀인지 혹은 아닌지가 중요한 상황이 아니라 최고 신과 높은 신들에게 얼마나 사랑받고 있는 존재인지가 훨씬 중요하다고 말했다.

범아신으로부터 나온 모든 생기는 원래가 전체 신의 일부이기 때문에 시간상의 문제일 뿐 결국에는 신계의 최고 신이 될 수밖에 없지만, 신계 신들은 신계를 올바르게 이끌어 갈 의식을 갖춘 생기들에게 신계의 미래를 물려주고 싶어한다고 말했다.

훌륭한 의식을 가진 생기는 미래의 신계를 이끌어갈 소중한 보배이

기 때문에 혈통주의와는 전혀 상관없이 신계 신들이 함께 힘을 모아 적극적으로 보호하며 보살펴준다고 말했다. 따라서 영이 힘써야 하는 것은 신을 주인처럼 숭배하는 행위를 하는 것이 아니라 미래의 신계를 이끌어갈 의식을 갖추기 위한 지식과 경험을 통한 정보를 얻기 위하여 무한탐구의 정신으로 끊임없이 무장하고 만물에게 덕을 베푸는 행위를 하는 것이라고 말해 주었다. 이것이 신계 신전에서 교감(交感)한 진짜 신들의 가르침이라고 말해주었다.

여자아이는 우리들에게 자신은 학문으로 많은 사람들을 제도하는 사상가가 될 것이라고 말하면서, 신장(神將)들을 따라 '영적정화소'로 들어가서 자신의 운명을 계획하고 환생할 준비를 하겠다고 말해주었다. 우리들은 여자아이를 위하여 한 가지씩 자신들이 가지고 있는 영적 선물을 지금 주기로 결정하였다.

나는 여자아이가 할머니인 무당에게 받은 진주로 만든 왕관에 진짜 명두(明斗)인 칠성별과 해, 달 그리고 물의 10가지를 새겨주었다. 지구라는 별에서 성장하는 영들은 물을 다스리는 용왕대신의 도움을 반드시 받아야 하는 존재들로 영적 힘을 발휘하는 명두(明斗)에는 칠성과 해와 달뿐만 아니라 용왕대신의 상징인 물이 반드시 그려져 있어야 한다고 말해 주었다. 그리고는 나의 면류관에서 나오는 기(氣)의 일부를 여자아이가 가지고 있던 진주 왕관에 옮겨주면서, 영계에서 전쟁 준비를 끝마친 신장(神將)들의 정렬된 군대들의 모습을 보여주었다.

현세계에서 나의 책이 발간된 이후 10년의 기간 동안 영계 지역에서는 신계 신들이 보낸 신장(神將)들의 군대가 종교령들이 지배하고 있는 종교 집단 거주지를 완전히 파괴하고, 종교령들을 모두 사로잡아 종교 집단 거주지에서 갇혀 있던 사람들의 영들을 해방시킬 것이라고 말해 주었다.

수천 년 동안 영계의 종교 집단지에서 사람들의 영들을 사로잡았던 종교령 중에서 다시 사람으로 윤회할 수 있는 존재는 아무리 선량한 마음을 소유한 종교령일지라도 기껏해야 144,000명 미만이 될 것이며, 나머지는 모두가 미생물로 환생하여 다시 사람이 될 때까지는 적게는 수십 년에서 많게는 수백만 년의 시간이 또다시 소요될 것이라고 말해 주었다. 그리고 종교령들에게 사로잡혔던 신도들은 차례차례 순서대로 다시 사람으로 환생하게 될 것이라고 말해주면서, 전쟁 준비를 모두 끝마친 신장들의 깃발인 십승기(十勝旗)를 보여주었다.

▲ 십승기(十勝旗)

십승기(十勝旗)의 의미

십승기(十勝旗)는 물을 상징하는 파란색, 태양을 상징하는 빨간색, 달을 상징하는 하얀색, 칠성(七星)을 상징하는 일곱 색깔인 빨주노초파남보, 자신을 상징하는 하얀색 그리고 신계의 사상인 동화(同和)를 상징하는 검은색으로 구성되어 있다.

일곱 개의 별과 해와 달 그리고 물까지 열 가지의 요소가 순수성을 가진 자신을 상징하는 흰색 별을 감싸 보호하면서 힘을 보태 주고 있는 형상이다.

십승기(十勝旗)의 맨 아래에 있는 파란색의 물은 인류의 탄생이 시작된 시기인 용왕대신의 시대를 뜻하며, 공룡 영들이 사람들을 박해하는 어떤 상황에 직면하게 되더라도 차분하고 냉정하게 끈기를 가지고 인내하라는 뜻을 상징한다.

십승기(十勝旗) 중간 왼쪽에 있는 빨간색의 태양은 영계에서 사람의 영들이 다른 종족인 공룡 영들을 신으로 섬기넌 권력의 태양 시대를 뜻하며, 공룡 영들과 시리우스 별 B 영들에게서 권력인 힘과 신성함에 대하여 점차 알게 되었다는 뜻을 상징하고 있다.

십승기(十勝旗) 중간 오른쪽에 있는 흰색의 달은 영계에서 힘을 키운 사람의 영들이 공룡 영들을 물리치고 최초로 영계 지역을 지배하게 된 행복의 달 시대를 뜻하며, 다른 종족이 아닌 같은 종족인 인간만을 신으로 섬기게 된 인간이 중심이 되는 창조 및 순수한 새로운 시작을 처음으로 개척하게 되었다는 뜻을 상징한다.

십승기(十勝旗) 맨 위쪽에 있는 빨주노초파남보라는 일곱 가지 색깔의 칠성(七星)은 인문철학자인 정도령(正道靈)들이 빠른 속도로 사람들의 영적 성장을 제도하는 권위의 별 시대를 뜻하며, 갈등이 점차 사라지고 균형 잡힌 조화와 평화의 시대가 도래된다는 뜻을 상징한다.

십승기(十勝旗) 가운데에 있는 흰색의 큰 별은 순수한 결정체인 범아신의 일부가 바로 자신이라는 인식과 올바른 영적 성장을 이루는 시대인 완성의 정도(正道) 시대를 뜻하며 불생불멸(不生不滅)과 영적 세계의 진실을 알게 된다는 뜻을 상징한다.

마지막으로 십승기(十勝旗)의 배경이 되는 검은색은 나와 남을 구별하는 자아가 전혀 없는, 모든 것을 통합하고 흡수하는 동화(同和)라는 의식을 지닌 신계와의 소통을 상징한다.

마지막으로 해와 달과 칠성(七星)의 형태는 최후 또는 끝을 상징하는 오메가의 형상으로 사람들의 영적 성장을 방해하던 무속령, 도교령과 종교령들이 지배하고 있던 세계가 인문철학자인 정도령들에 의하여 종식되는 그들만의 최후인 말세(末世)를 의미하고 있으며, 오메가 형상의 밑을 바치고 있는 긴 막대 형상은 정도령들이 새롭게 세우는 기초 정신을 상징한다.

이번에는 전쟁의 신 파트라슈가 여자아이의 영이 현세계에 태어나 사상가가 되면 반대편 사람들과 사상싸움인 논쟁을 벌일 때 승리할 수 있는 지혜의 신장(神將)들을 파견하여 주기로 약속하였다.

죽음의 신 진돌이는 여자아이가 현세계에서 죽음을 맞이하는 순간, 죽음에 대한 두려움을 없애주고 사후세계와 영계로 안전하게 인도하여 줄 수 있는 신장(神將)들을 파견하여 주기로 약속하였다.

여자아이는 우리들에게 고마움을 표시한 후 신장(神將)들을 따라 '영적정화소' 안으로 들어갔다.

우리들은 여자아이가 환생한 후에 현세계에서 영계와 사후세계에 대하여 많은 정보를 알려주는 책을 편찬하여, 영적 고통에 시달리는 사람들에게 큰 위안과 희망을 주는 또 한 명의 위대한 정도령(正道靈)으로 탄생한다는 사실을 알게 되었다.

나는 야구장에서 신발 닦는 일을 하였던 코피아난 전(前) 유엔사무총장의 일화가 생각났다. 코피아난 전(前) 유엔사무총장은 야구공이 멋지게 포물선을 그리며 날아가는 이유가 야구공을 실로 꿰맨 자국의 상처 때문이라는 야구 감독의 이야기를 듣고 나서, 현재 자신이 직면한 불우한 환경을 극복하고 더 큰 꿈을 갖게 된 원동력으로 삼았다고 한다.

나는 무당의 자녀로 태어나 점사를 보는 행위를 하였던 불우한 환경적 경험들이 다음 생애에는 여자아이가 위대한 인문철학자인 정도령으로 환생하게 되는 근본적인 원동력이 됨을 깨닫게 되었다.

우리들은 미래의 주역 정도령을 찬양하는 시를 지어 읊으면서 여자아이의 미래를 축복하여 주었다.

공포는 청량열차가 되고,
전쟁은 망부석이 되며,

죽음은 또 하나의 새싹이 되네.

아름답다 정도령(正道靈)
대지(大地)는 소통(疏通)하고
하늘은 동화(同和)되네.

제58장

도인(道人)의 후회

우리가 여자아이를 '영적정화소'로 들여보낸 후 되돌아가려고 하는 순간에 우리들 앞에 신장(神將)들의 수장 중 하나라는 존재가 나타났다. 블랙홀처럼 보이지 않는 검은 형체가 우리들에게 인사를 하며 넓은 영계 중에서 우리가 방문할 장소를 준비해 놓았다고 말했다.

진놀이는 우리들이 신계에서 쫓겨나서 영계에 머물고 있을 시절에 공포의 대왕이라는 별명을 가지고 있던 나의 부하인 공포의 신장(神將)이라고 말해 주었다.

나는 공포의 신장(神將)을 블랙홀이라는 별명을 만들어 주었으며, 블랙홀로부터 '영적정화소'에 대한 설명부터 듣게 되었다. '영적정화소'의 역할은 신계에 거주하기 위한 기초 의식인 동화(同和)라는 의식을 가질 수 있도록 다양한 지식과 경험을 통해 정보를 제공하고 저장하기 위한 장소라고 말했다.

블랙홀의 말을 들은 진놀이는 영들을 사로잡아 지배하기 위하여 다른 존재나 다른 사람들을 믿는 종교 행위를 가르치는 종교령들은 원래부터 존재하지 않았던 죄업의 개념을 만들어서 사람의 영들에게 죄업을 지었다고 세뇌시킨 후, 죄업을 소멸하려면 종교령들인 자신들을 믿어야 한다고 왜곡된 사실을 알려주고 있다고 말했다.

그러나 사람의 영들이 죄업이라고 말하는 기준이 되는 대상은 우리들의 눈에 보이는 커다란 동물들이나 사람들과의 관계에서 발생한 악행에 국한되어 있으며, 사람들의 눈에 보이지 않는 미세한 미생물에 대한 사람들의 악행에 대하여는 전혀 이야기하지도 않아 자체적으로 모순이 있다고 말했다.

귀여운 강아지를 한입에 삼킨다면 악행이고, 귀여운 미생물을 한입에 삼킨다면 아무 일도 없는 자연스러운 일로 여기는 모순된 의식이 바로 그것이라고 말했다.

더욱 큰 문제는 선행과 악행의 기준이 종교령 자신들에게 좋은 영향을 미쳤는지 혹은 나쁜 영향을 미쳤는지에 대한 것으로, 서로를 동화(同和)시키려고 노력하지 않고 분리하려는 의식을 심화시키고 있는 사실이라고 말해주었다.

사람과 사람 사이의 선한 행위와 악한 행위는 신과 사람들이 정산할 문제가 아니라 당사자인 사람과 사람이 정산할 문제로 그 역할을 하는 장소가 바로 '영적정화소'라고 말해 주었다.

타인에게 악업을 행한 행위는 신이 용서할 수 있는 것이 아니라 피해를 입은 사람만이 용서할 수 있는 것이라고 설명하면서, '영적정화소'에서 제공하는 다양한 윤회의 과정인 행복, 기쁨과 고난, 역경 등을 경험하면서 스스로가 자신의 영을 성장시키고 의식을 끊임없이 확대시키는 것이라고 말했다.

얼마나 신을 숭배하고 모셨는지가 영적 성장을 이루는 방법이 아니라, 사람의 영들이 스스로의 삶의 목표를 계획하고 달성하고자 실천하는 주체성의 의식을 잃어버리지 않는 한 윤회 과정을 통하여 어떤 경험을 하더라도 지속적으로 영적 성장은 진행된다고 말했다.

영적 의식이 낮은 상태에서는 물질과 성공 그리고 욕망과 집착 및 자신보다 강한 존재라고 생각하는 신에게 매달려 의존하는 생활을 하게 되지만, 영적 의식이 높아진 상태에서는 모든 것을 드러내고 자신 있는 확고한 신념을 가지고 스스로의 힘으로 살아가게 된다고 하였다.

다른 사람들에게 지배당하여 앵무새처럼 지배자의 말을 따르는 사람들에게 진짜 신들은 신계의 운영을 맡길 수 없다고 말했다. 진짜 신들은 영계에서 '영적정화소'의 운영을 통해 영들 스스로가 문제를 해결할 수 있는 힘을 윤회의 과정으로 끊임없이 키워주고 있다고 말했다.

진돌이의 추가 설명을 들은 나는 블랙홀에게 다음은 영계의 어느 장소를 알려줄 것이냐고 물어보았다. 블랙홀은 영계 지역에서 도인(道人)들이 사는 장소와 종교령들이 거주하는 장소를 보여준 후에 신장(神將)들이 모여 있는 장소로 우리들을 데리고 가겠다고 말했다.

블랙홀은 우리들과 함께 영계 지역을 여행하면서, 영계 지역을 크게 두 부분으로 나누어 설명하였다. 사람의 영들이 영계 지역에 진입하게 되면, 자신의 의식을 따라가 영계의 동쪽 또는 서쪽에 거주하게 된다고 말했다.

영계 동쪽 지역은 조상 또는 친지(親知) 등 혈연으로 맺어진 영들이 모여 살거나 혹은 개별로 자유롭게 거주하고 이동하는 삶을 사는 장소라고 말하면서, 현세계로 이야기하면 개인의 행동을 최대한으로 보장하여 주는 민주국가 계열이라고 보면 된다고 말했다.

현세계에서 가족이나 친족과의 우애가 특별한 사람들이거나 또는 개별적인 삶을 추구한 사람들이 영계 지역으로 진입하게 되면, 친족(親族)의 영들이 맞이하여 주거나 저승사자라고 불리는 불가시 존재들이 마중하여 준다고 말해 주었다.

이 장소에는 천국과 지옥이라는 장소는 존재하지 않지만, 각자의 영들이 자신들 마음대로 꾸며 놓은 특이한 거주지들이 존재하여 다양한 볼거리가 많다고 말해주었다.

대부분의 영들은 이 장소에서 짧게는 잠시 동안, 길게는 수천 년 동안 머물다가 '영적정화소'를 거쳐 다시 윤회한다고 말했다. 영계 서쪽 지역은 종교적 생활로 맺어진 영들이 모여 사는 장소라고 말하면서, 현세계로 이야기하면 개인의 행동이 크게 제약받고 있는 독재국가 계열이라고 보면 된다고 말했다.

현세계에서 종교적 삶을 추구한 사람들이 영계로 진입하게 되면 종교적 지도자나 그 하수인을 만나게 되고, 그들의 인도로 종교 집단 거주지로 이동하여 신이라고 주장하는 주인을 섬기는 종의 생활을 하게 된다고 말해 주었다.

종교 집단 거주지에 도착한 영은 각각의 종교령들이 만들어 놓은 천국 또는 극락과 지옥으로 거주지를 배정받고 살게 된다고 말했다. 그리고는 블랙홀은 우리들에게 먼저 영계의 동쪽 지역 중에서 자신의 수련 및 훈련 방법을 가지고 영적 성장을 이루려는 특이한 삶을 살고 있는 장소에 거주하는 영들을 만나보자고 말했다.

우리가 도착한 장소는 많은 영들이 모여 있었고, 영적 성장을 이루겠다면 집단으로 기도 생활을 하고 있는 도인(道人)들의 거주지였다. 나는 블랙홀에게 현세계에 있을 때에는 실체가 없던 신들에게 빌었던 도인들이 영계에 와서도 만나 보지 못한 신을 찾으면서 아직까지도 기도하는 생활을 하고 있느냐고 물어보았다.

블랙홀은 현세계에서 기도와 수련을 하고 있던 도인이라는 영들이 영계에 진입하게 되면, 처음에는 현세계에 살고 있을 때 자신 있게 믿고 있었던, 수만 번 이상을 기도와 수련 행위로 자신들이 끊임없이 소망했던 문제 해결과 깨달음을 줄 수 있는 신들이 기주하지 않는다는 사실을 알고 무척 당황하게 된다고 말했다.

자신들이 행한 기도를 들어 줄 대상자가 처음부터 없었다는 사실이 수만 번 이상을 기도했던 시간이 낭비된 점과 전혀 효과가 없었던 점을 인식하게 되는 계기는 되지만, 기도하는 습관과 기도로 어떤 것을 달성할 수 있다는 희망만은 마지막까지 포기하고 싶지 않은 존재들이라고 말했다.

영계에서의 기도 생활은 신들이 자신의 소망을 들어주기 위한 방법이 아니라, 자신들에게 마음의 위안을 받으려는 방편으로 사용하고 있다고 말했다. 영적 성장은 몸소 실천하여 시행착오를 경험하면서 깨달음을 얻어 이루어지는 현상이지, 몸소 실천도 경험하지도 않으면서 기도와 자신들이 개발했다는 수련만으로 절대로 이루어지지는 않는다고 말했다.

블랙홀의 이야기를 들은 나는 수주대토(守株待兎)가 바로 도인(道人)들의 삶을 표현하는 말임을 알게 되었다.

수주대토(守株待兎) 이야기

송나라에서 한 농부가 밭을 갈고 있는데, 갑자기 토끼 한 마리가 나타나 밭 가운데에 있는 그루터기에 머리를 들이받고 목이 부러져서 죽었다.

이 장면을 목격하게 된 농부는 이러한 장면이 발생한 이후부터 또 다른 토끼가 계속해서 그루터기를 들이받고 죽을 것이라 착각하여 밭을 갈던 쟁기를 버리고 그루터기만 지키게 되었다.

그 농부는 세상 사람들의 웃음거리가 되었다.

사람마다 다르게 발생하는 기적과 단 한 번만 일어났었던 기적을 이해하지 못하고, 같은 방식으로 똑같은 기도와 수련을 하게 되면 또다시 수련하고 있는 사람들마다 동일한 기적들이 나타날 것이라고 믿으면서 평생을 헛되게 소비하는 도인들의 행태는 무척 안타까워 보였다.

자신의 지식과 경험들이 영적 성장의 바탕이 되지 않고, 오직 앵무새처럼 반복해서 배운 학습된 도(道)를 추구하는 삶으로는 결코 영적 성장을 이룰 수 없다고 생각했다.

우리들이 도착한 것을 알고 도인들의 수장인 영이 반갑게 맞이하면서 인사를 하였고, 블랙홀은 도인들의 수장에게 우리들에게 다가오지 말라고 명령하였다.

블랙홀은 우리들에게 도인들의 특성은 자신보다 힘이 센 존재를 만나게 되면, 어떤 방식을 가리지 않고 그 힘과 능력을 가지려는 성향이 강하여 우리들에게 접근하는 것을 금지시킨 것이라고 말해주었다.

이러한 습관은 현세계에 살고 있을 때부터 도인이라는 영들의 의식 속에 정착되어 있었는데, 자신이 도인이라고 주장하는 대부분의 영들은 진짜 영적 실력을 발휘할 수 있는 영능력자들이라기보다는 자기 이외의 다른 존재가 어설프게 빙의한 영매들로서 영적 능력이 많이 떨어진다고 말했다.

현세계에 살고 있을 때는 기도와 수련이라는 행위를 통해 열지 말아야 하는 치크라를 열고 살아가려고 하고, 영계에 거주할 때에는 기도와 수련이라는 행위를 통해 닫지 말아야 하는 영적 교감을 닫고 살아가려고 노력하는 청개구리들(자신이 속해 있는 세상과 반대로 살아가는 존재들을 뜻함)이라고 말했다.

현세계에 살고 있을 때에는 영계에서의 삶을 추구하고, 영계에 거주할 때는 현세계에서의 삶을 추구하기 때문에, 많은 시간을 낭비하여 영적 성장을 매우 늦게 이루게 되는 영적 낙제자들이 대부분이라고 말했다. 그러나 간혹 아주 영적 능력이 뛰어난 도인들도 존재하고 있는데, 지금 우리들 앞에 마중 나온 영이 바로 그 도인 중 하나라고 말해주었다.

그 말을 들은 전쟁의 신 파트라슈가 잘못된 의식을 가지고 있다며 블랙홀을 크게 꾸짖고, 도인의 영에게 가까이 오라고 명령하였다. 파트라슈는 도인의 영에게 현세계에 살면서 어떤 영적 능력을 발휘하여 사람들을 도와주었는지 말해 보라고 하였다.

무서운 공포와 함께 찬란한 빛으로 바뀐 파트라슈를 본 도인의 영은 별별 떨면서, 자신은 현세계에 살고 있을 때 온갖 수련을 하여 천지의 기운을 읽고 자연의 움직임과 기후 등에 대하여 사람들에게 예지하여 주었다고 대답했다.

그러자 파트라슈가 도인의 영을 노려보면서 천지의 기운을 알게 되었다며 사람들에게 병도 고쳐주지 않았냐고 물었고, 도인의 영은 파트라슈의 말이 맞다고 대답했다.

파트라슈는 갑자기 신의 이름으로 도인을 처벌하겠다면서 도인의 영과 무리들 앞에서 다음과 같은 죄명을 발표하였다.

한 단계의 의식을 넘어서게 만들어 주는 길잡이가 되는 존재가 바로 스승이라는 존재며, 존경의 대상이 되는 것이 맞지만 잘못된 길로 인도할 경우에는 그만큼 책임이 같이 동반된다. 금이 간 그릇에 물을 담으면 물이 저절로 새어나가 버리게 되듯이, 잘못된 의식을 가진 스승을 따라가면 진리를 담을 수 없다.

스승은 영들 스스로 성장할 수 있는 토대를 만들어 주는 존재이지, 영들이 자신에게 의존하게 만드는 존재가 아니다.

무엇이든지 직접 경험한 영들은 자신이 경험한 사실을 토대로 의식의 파장을 조금씩 바꾸어 가지만, 직접 경험하지 못한 영들은 맞는 것과 틀린 것에 대한 생각을 급격하게 바꾸어 버린다.

도인의 영이 현세계에서 사람들과 어울려 사는 바른 삶을 포기하고 일생을 낭비하면서 천지의 기운을 읽고 자연의 움직임을 알아내는 예지 능력을 알았다고 하여도, 지금 현세계에 살고 있는 사람들이 무한 탐구의 정신으로 자연의 움직임을 예측하는 능력보다는 크게 떨어지지 않느냐고 물었다.

도인의 영이 태풍이 오는 시기를 대충 이야기하는 예지 능력과 태풍이 오는 정확한 시간과 소멸되는 시간까지 정확하게 아는 지금의 예지 능력 중에서 무엇이 더 뛰어난 예지 능력이냐고 물었다.

부정확한 예지 능력을 알려준다면서 자신을 믿고 따르는 무지한 사람들의 소중한 현세계 삶의 시간을 낭비하게 만든 행위는 도저히 용서빋지 못한다고 말했다. 또한, 자신의 기도와 수련 방법으로 무지한 사람들의 병들을 고친 행위가 현대 의술로 병들을 고친 행위보다 더 효과적이었냐고 물었다.

심지어는 기도만으로도 병을 고쳐주겠다며 수많은 사람들이 의료 혜택을 받지 못하고 사망하게 만든 행위는 무거운 처벌로도 이러한 죄업을 다 씻을 수 없다고 말했다.

파트라슈가 도인을 꾸짖는 말을 옆에서 듣고 있던 나는 아이의 건강을 소망하는 엄마들의 기도가 많이 행하여지는 종교적인 나라에서의 유아 사망률이 신들에게 기도를 전혀 하지 않는 세속적인 나라에서의 유아 사망률보다 훨씬 높다는 통계가 의식 속에 떠올랐다.

그리고 파트라슈는 도인의 영을 따르는 무리들에게 다음과 같이 말했다.

영적 성장을 이루려면 현실 속에서 영과 영들의 교류로 이루어지는 것이지, 현실과 동떨어진 공간에서 수행하는 행위로는 결코 이룰 수 없다고 말했다.

남들과 격리된 공간에서 명상이나 수련을 통해 자신이 남들보다 특별하다고 느끼는 행위를 하는 순간, 우월감이라는 저차원의 의식이 쑥쑥 자라게 되어 다른 사람들과의 영적 교감력은 급격하게 떨어진다고 알려 주었다.

득도(得道)하겠다며 속세를 버리고 출가하여 수련하는 행위의 결과는 잘못된 의식에서 나온 환영과 환상에 사로잡힌 영이 되어 돌이킬 수 없는 소중한 시간들을 많이 낭비하는 잘못된 행위로 자기 스스로 많이 반성하라고 말했다. 그리고는 신검(神劍)을 꺼내 도인의 영을 내리치려고 하였다.

무서움에 떨고 있던 도인의 영은 자신과 자신을 따르는 무리들은 영적 성장을 위한 윤회를 보통 사람의 영들보다 훨씬 더 많이 했다고 주장하면서 어떻게 시간을 낭비했다고 말할 수 있느냐며 자신들의 억울함을 하소연하였다. 그러자 이번에는 죽음의 신 진돌이가 다음과 같이 대답했다.

진돌이는 도인의 영에게 영적 성장을 위한 목적으로 윤회를 한 것인지, 단순하게 윤회의 횟수만 늘리는 윤회를 한 것이지 대답하라고 말했다. 그리고 현세계에 살고 있는 어리석은 도인들의 작태들에 대하여 다음과 같이 이야기해 주었다.

무지한 도인들 중에서는 환생하는 횟수를 무척 좋아하는 존재들이 있는데, 정작 환생의 횟수는 많았어도 세상 사람들에게 큰 진리를 깨우쳐주는 현자(賢者)들은 찾아볼 수 없다고 말했다.

현세계에서 지혜가 아무리 뛰어난 젊은이도 현자(賢者)라고 부르지는 않는다고 말했다.

지혜도 있어야 하지만 삶의 경험에서 나오는 정보도 가지고 있어야 하기 때문에 어느 정도 연배(年輩)가 있어야 현자(賢者)라는 소리를 들을 수 있다고 말했다.

이와 마찬가지로 영적 지도자인 현자(賢者)는 어느 한 세계에 치우침이 없이 현세계, 사후세계와 영계에서 자신이 필요한 시간을 모든 세계에 골고루 배분하여 각 세계를 배우고 경험한 사람만이 될 수 있다고 말했다.

현세계에서 죽음을 맞이한 후에는 영계의 삶도 살아보지 않고, 또다시 현세계로 환생만을 무한 반복한 무지한 도인들과, 영계에서 어쩔 수 없이 현세계로 환생하게 되었지만 현세계에서 삶을 살아보지도 않고 바로 영계로 되돌아가는 윤회만을 무한 반복한 무지한 도인들을 현자(賢者)라고 부를 수는 없다고 말했다.

그들의 의식은 한쪽에 치우침이 강하고 모든 것을 경험하지 못했기 때문에 영적으로 아는 내용이 일반 사람의 영들보다도 못하다고 말했다. 이들과 마찬가지로 현세계에 태어나면 영계에서의 삶을 추구하고,

영계에 진입해서는 현세계에서의 삶을 추구하는 영적 성장이 더딘 무지한 도인들은 자신을 따르는 무리들에게 큰 민폐를 주는 존재들이라고 말했다. 하물며 자신의 잘못된 의식을 전파하여 많은 영들에게 피해를 주는 무지한 도인들이야말로 처벌받아 마땅하다며 파트라슈의 주장을 도와주었다.

이때 우리 앞에 관세음보살과 신장(神將)들이 나타났다. 훌륭한 수학자가 된 교수도 어린아이일 때는 자신의 손가락으로 하나둘씩 세면서 배웠다고 말을 하면서, 자신들이 도인과 무리들에게 자세하게 설명하여 진실을 깨닫게 하여 줄 테니 이만 용서하여 달라고 요청하였다.

우리들은 마음에 들지 않은 블랙홀을 '영적정화소'로 다시 되돌려 보내고 관세음보살이 종교 집단 거주지를 소개하여 준다면 도인과 그 무리들을 용서하여 주겠다고 말했다.

관세음보살은 신장(神將)들에게 도인과 그를 따르는 무리들에게 몽상적인 공부가 아닌 현실적인 공부를 하도록 깨우쳐주라고 말했다.

영계에서는 영계의 지식과 경험을, 현세계에서는 현세계의 지식과 경험을, 사후세계에서는 사후세계의 지식과 경험을 중요하게 배우는 것이 바로 깨달음을 얻는 공부라는 것이다. 나는 관세음보살의 말을 듣고 현실들을 무시하는 삶이란 삶의 가치를 잃어버린 삶과 동일한 것이라는 사실을 깨달았다.

관세음보살은 종교령들이 살고 있는 종교 집단 거주지는 자발적으로 복종하는 집단이므로 여기 있는 도인들과 무리들에게 행한 행위를 하게 되면 크게 다칠 수가 있다고 말했다. 그러자 동시에 파트라슈와 진돌이가 우리에게 도전하는 어떤 영들도 그보다 훨씬 혹독한 대가를 치르게 된다는 사실을 종교령들은 이미 알고 있다고 대답하면서, 자발적 복종 집단이 자신들을 정성으로 섬기고 있는 신자(信者)들을 얼마나 종처럼 부리고 지배하고 있는지 직접 보여주겠다고 말했다.

지금 사람의 영들이 영계의 종교 집단 거주지를 지배하기 이전에 공룡 영들이 영계의 종교 집단 거주지를 지배하였으며, 그들을 완전하게 붕괴시키는 전쟁의 시기에 파트라슈와 진돌이가 직접 참여했었다고 말하면서, 우리들만으로도 종교령들이 지배하고 있는 한 개의 집단은 초토화될 것이라며 걱정하지 말라고 했다.

이번에는 종교령들이 거주하는 집단 거주지를 향하여 관세음보살이 앞장서고 우리들이 뒤를 따라갔다.

제59장

종교사회(宗敎社會)

관세음보살을 앞세운 우리들이 어떤 종교 집단 거주지 앞에 도착하자 그 장소를 지배하고 있던 종교령들의 수장(首長)과 많은 종교령들 그리고 그들의 명령을 받고 수행하는 천사와 악마의 직책을 부여받은 영들과 종을 자처하는 많은 신도(信徒)의 영들이 함께 나와서 우리들을 정중하게 맞아 주었다.

파트라슈가 종교령들은 집단 거주지 내에서 자신들을 숭배하고 있는 영들과 수많은 영적 교감으로 영적 능력과 힘이 매우 강하기 때문에 이미 우리들이 온다는 사실을 알고 있어서 마중할 준비를 하였다고 말해주었다.

종교령들의 수장이 말하기를 자신들이 지배하는 장소에 거주하는 영들은 대부분 만족한 삶을 살고 있으며, 신이 되어 신계로 되돌아가기보다는 영을 가지고 영원하게 사는 방법인 영생(永生, 靈生)의 삶을 소망한다고 말했다.

나는 종교령들을 숭배하는 영들이 진심으로 자신들의 삶을 선택한 것인지를 물어보자, 종교령의 수장은 자신이 지배하고 있는 종교 집단 거주지의 내부를 구경하면서 영들을 직접 만나 확인해 보라고 제안하였다.

그리고는 자신의 말이 진실로 확인된다면, 신계 신들이 종교 집단 거주지를 파괴하기 위해 준비시켜 놓은 신장(神將)들을 즉시 무장해제시켜 달라고 요청하면서, 전쟁을 일으키지 않으면 신장(神將)들이 요구할 때마다 자신들이 지배하고 있는 종교 집단 거주지를 항상 개방하고 감시도 받을 용의가 있다고 말했다.

예상하지 못한 뜻밖의 화해 메시지를 종교령의 수장에게 제안받은 우리들은 권한 밖의 일이라는 답변으로 종교령의 제안을 단호하게 거절하였다.

우리들에게 즉시 제안을 거절당한 종교령의 수장은 선한 형상에서 순간적으로 무섭고 난폭한 형상으로 바뀌었다가, 진돌이와 파트라슈의 형상이 무섭게 변하는 것을 보고 다시 순한 형상으로 되돌아왔다.

관세음보살이 나에게 다가와 종교 집단 거주지 내에서는 종교령 수장 혼자만이 모든 영광들을 받을 수 있고, 나머지는 모두 수장만을 섬겨야 하는 철두철미하게 우상화된 독재 권력으로 운영된다고 알려주었다.

우리가 오기 전까지 수장의 말은 종교 집단 거주지 내에서 곧 법이요 진리였기 때문에 거절된 일이 발생하지 않았지만, 자신의 노예들인 신도들이 보는 앞에서 즉시 거절한 나의 답변 때문에 자신의 위신이 많이 떨어졌다고 생각하여 순간적인 화가 난 것 같다고 말했다.

나는 종교령들의 명령을 수행하는 천사와 악마의 직책을 가진 영들을 살펴보니, 천사들은 뚜렷하게 아주 잘생겼거나 예쁘고 악마들은 무섭거나 공포스럽게 생긴 형상을 가지고 있었다. 이전에 보았던 도교령들을 따르고 있던 무리들의 영보다 종교령들을 따르고 있는 천사와 악마 직책을 가진 영들의 뚜렷한 형체가 나를 기분 좋게 만든다고 말하면서 당분간 여기에 머물고 싶다고 말했다.

관세음보살은 영적 힘이 세면 뚜렷한 형체로 나타난다고 말해주면서, 그 원인은 좁은 지역 내에서 많은 영들이 서로 영적 교감을 교환하기 때문에 영적 힘이 세졌다는 것이다. 또한 뚜렷한 형체를 가진 천사와 악마의 영적 힘의 세기는 동일하며, 둘 다 종교령의 수하인들이라고 말해주었다.

우리들은 종교령들을 따라 천국이라는 장소를 먼저 방문했는데 찬란한 빛으로 둘러싸여 영들 사이에 행복한 영적 교감이 넘쳐나는 장소였다.

이 장소에 거주하는 영들은 종교령의 수장을 만날 때마다 앵무새처럼 온갖 영광을 표현하고 찬양하는 일을 반복하고 있었고, 천사들은 신도 영들이 종교령의 수장에게 다가오는 것을 부드럽게 제지하고 있는 업무를 수행하고 있었다.

이러한 자발적으로 종교령을 숭배하는 영들의 행위를 처음 보게 된 나는 이 장소를 지배하고 있는 종교령의 수장은 덕이 많은 존재라고 말하면서 우리들도 종교령의 수장을 본받자고 파트라슈와 진돌이에게 말했다. 그러자 나의 말을 들은 파트라슈가 종교령들이 만든 환상과 환영에 속지 말라고 나에게 강력하게 어필하면서, 갑자기 아주 약한 살(煞)을 만들어 종교령의 수장에게 맞혔다.

파트라슈가 보낸 약한 살(煞)을 맞은 종교령 수장의 형상이 순식간에 공포스러운 형상으로 바뀌게 되자 천국이라는 장소는 행복으로 넘쳐나던 기운이 일순간 공포스러운 기운으로 완전하게 뒤바뀌게 되었다. 파트라슈가 나를 보면서 말했다.

천국은 개인 각자가 행복한 장소가 아니라 오직 종교령들의 수장만이 행복한 장소로, 이곳의 모든 분위기는 자기 스스로 신이라고 주장하는 종교령 수장의 기분에 의하여 좌우되는 독재적 장소라고 말해주면서, 남의 기분따라 자신의 기분이 완전하게 속박당하는 이러한 장소에서 살고 싶은지 나에게 되물어 보았다.

종교령 수장은 자신에게 살(煞)을 보낸 파트라슈를 한 번 쳐다보고는 방향을 바꾸어, 자신의 주변에 있던 천사의 영들과 신도의 영들에게 자신의 분노를 참지 못하고 무자비한 폭력을 행사하고 있었다.

종교령 수장의 무자비한 폭력 앞에서 천사와 신도의 영들은 고통을 받으면서도 오직 앵무새처럼 수장에 대한 영광과 찬양만을 반복적으로 외치고 있었다. 파트라슈는 자신을 섬기고 있는 종들인 영들에게 무자비한 폭력을 행사하고 있는 종교령 수장도 처음부터 심술궂은 난폭자는 아니었다고 말했다.

외부와 소통하지 않는 자신만의 왕국을 건설하고 그 장소에서만 거주하게 되면서 자신을 따르던 영들에게 자신만이 신으로 추앙받고 견제 세력마저도 전혀 없는 상황이 계속되다 보니, 결국에는 안하무인(眼下無人)의 난폭한 종교령으로 점차 변했다고 말했다.

그리고 점차 폭력과 차별에 익숙해져 중독이 되어버린 종교령들은 자신을 따르는 신도들에게 독재 권력을 부담 없이 사용하고 있으며 자신이 만든 법에 잘 순응하는 영들은 무한 반복적으로 찬양만 하게 만들어 버리고, 자신이 만든 법에 순응하지 않은 영들은 무한한 고통을 반복적으로 주게 된, 편협하고 무서운 존재가 되어 버렸다고 말했다.

독재적이며 난폭한 종교령들에게서 영감을 받은 현세계에 살고 있는 종교가들은 타 종교들을 인정하지 않고 박해하면서, 자신들이 모시고 있는 신만이 최고라는 편협한 신앙을 가질 수밖에 없었으며, 타 종교들을 대상으로 한 전쟁과 테러 그리고 종교내 여성차별 등에도 죄의식을 전혀 갖지 않는 집단이 되어 버렸다고 말했다.

모든 사람들의 행복을 위해 전쟁과 테러를 저지르는 종교가는 없지만, 자신들의 종교를 전파하기 위하여 전쟁과 테러를 자행하는 종교가들은 셀 수 없이 많은 이유도 바로 독재 권력의 상징인 종교령들에게서 영감을 받았기 때문이라고 말했다.

나는 종교령의 폭력을 아무런 저항 없이 맞고 있는 신도의 영들과 이것을 묵인하는 천사의 영들은 어째서 잘못된 상황들을 전혀 인식하지 못하고 고통을 견디면서도 앵무새처럼 자신들을 학대하는 종교령들의 수장에게 찬양과 영광만을 반복할 수 있느냐며 관세음보살에게 물어보았다.

관세음보살은 그 사유는 종교적 진실에 대한 무관심과 세뇌교육 때문이라고 대답하여 주었다. 현세계에서 보통 사람들은 값이 비싼 물건을 구매한 경우에는 제일 먼저 자신이 구매한 물건에 하자가 존재하는지 꼼꼼하게 살펴보게 된다고 말했다.

그러나 종교령에 사로잡힌 신도 영들은 비용보다 훨씬 값비싼 소중한 시간을 담보한 종교를 선택함에도, 자신이 선택한 종교에 대하여 하자를 찾아내려고 노력을 하거나 분석 또는 탐구하려고 하는 관심이 전혀 없는 맹목적 무관심한 의식을 가지고 있다고 말했다.

그 원인은 신도 영들의 잘못이라기보다는 종교령들이 장악한 종교가들의 세뇌 교육과 종교를 믿고 있던 부모들이 자신의 자녀들에게 맹목적으로 자신의 종교를 조기 교육으로 대물림하게 되어 자신뿐만 아니라 자녀들도 자연스럽게 자신이 간직하고 있던 주체성을 완전하게 상실했기 때문에 발생한 현상이라고 말했다.

그 말을 들은 나는 현세계에 살고 있는 광신자(狂信者)들이 일반 신자들과는 다르게 자신이 믿고 있는 종교 교리를 다른 종교 교리들과 절대 비교하지도 비교하려는 시도도 하지 않으며, 무조건 맹신하면서 자신의 종교만을 선전하고 있었던 장면들이 떠올랐다.

이러한 사실은 마치 다른 물건을 사용해 본 적이 전혀 없는 사람이, 자신이 사용하고 있는 물건만이 최고라면서 남에게 권장하고 있는 상황들과 매우 비슷하다고 느꼈다.

나는 종교적 문맹(文盲)은 신앙의 동맹군이고, 종교적 교육은 신앙의 적이라는 어느 사상가의 말을 상기시키면서, 의식이 텅 빈 상태가 되어 종교령들에 의하여 학대받고 있는 천국에 거주하고 있는 신도의 영들이 무척 불쌍해 보였다.

그리고 경험으로 축적한 많은 정보보다는 자신이 가지고 있는 정보들을 적극적으로 활용할 수 있고 올바른 것을 선택할 수 있는 판단력이 더 중요하다는 사실도 깨달았다.

나는 파트라슈와 진돌이에게 자신을 숭배하고 있는 신도의 영들을 노예처럼 다루면서 마음대로 폭력을 행사하고 있는 종교령의 수장을 제거하여, 많은 천사와 신도의 영들을 폭압적인 고통에서 해방시켜 주자고 말하면서 영적 싸움을 준비하라고 말했다.

내 말을 옆에서 들은 관세음보살은 종교 집단 거주지에 거주하고 있는 영들은 자발적으로 노예가 된 존재들로서, 무속령들에 의해 타발적으로 지배를 받아 노예가 되어버린 영들처럼 싸움을 통해서는 영적 해방을 이루기가 매우 어렵다고 말했다.

자발적으로 노예가 된 존재들을 해방시키는 방법은 전쟁이 아닌 끊임없는 교육을 통하여 스스로 깨닫게 만드는 방법뿐이라면서 우리들의 행동을 적극 만류했다. 순간 나는 '남편을 잃은 할머니'[중편 30장 작명(作名)과 개명(改名) 편 참조) 이야기가 떠올랐다.

술주정뱅이 남편의 폭력에 노출된 가여운 할머니의 소원을 들어 준 행위가 칭찬을 받기보다는 오히려 할머니의 원망을 사게 되었듯이 자발적으로 복종하고 있는 존재들을 구출하는 방법은 단기간에 할 수 있는 강제적인 방법이 아니라 장기간에 걸쳐 스스로 깨닫게 만드는 방법밖에는 없다는 안타까운 사실이 생각났던 것이다.

거주하고 있는 모든 영들을 위한 장소가 아닌 오직 한 수장인 하나의 영을 위한 장소로 아름답게 꾸며진 천국에는 자존감이 없는 좀비의 영들만 사는 장소였음을 깨닫게 되자 나는 더 이상 천국에 머무르고 싶지 않았다.

우리들의 분노한 표정을 보게 된 종교령의 수장은 우리들을 대신하여 하찮은 노예인 자신의 종인 신도 영들에게 행사하였던 화풀이용 폭력을 잠시 멈추고, 우리들에게 다가와 자신의 종들이 고통을 받은 것을 더 이상 보고 싶지 않다면 자신의 위신을 떨어뜨리는 행위를 하지 말라고 말했다.

종교령의 수장은 존재하지 않은 죄업들을 만들어 영들에게 전가하면서 자신의 노예로 지배하는 평소 행위처럼, 자신이 폭력을 사용하게 된 원인을 우리들에게 전가하고 있는 못된 의식을 소유한 진짜 사악한 독재 권력을 가진 영이라고 생각했다. 나는 종교령의 수장이 자랑하는 천국은 더 이상 구경하고 싶지 않으니 이번에는 지옥을 보여 달라고 요청하였다.

지옥 입구에서는 악마들이 종교령의 수장과 우리들을 반갑게 맞아 주며 여러 장소들을 보여 주었다. 우리들은 천국은 종교령의 말만 맹신하고 복종하는 영들이 사는 장소라면, 지옥은 종교령을 신뢰하지 않지만 무지로 인한 공포심으로 종교령이 만들어 놓은 악마들의 통제 영역을 벗어나지 못한 영들이 살고 있는 장소임을 금방 알 수 있었다.

이전에 우리들이 사후세계에서 만났던 무속령들과 그들을 따르는 무리들, 그리고 영계에서 만난 도교령들과 그들을 따르는 무리들은 사악한 영들에 대하여는 많은 것을 알고 있었지만, 종교령들과 신도 (信徒)들이 흔히 말하고 있는 악마라는 존재의 유무와 역할 및 구체적 행위들에 대하여는 전혀 모르고 있었다.

무속령과 도교령들은 영계 지역 내에 설치된 종교 집단 거주지를 구경하지 못한 존재들로 자신의 주변에서 만난 존재들은 알고 있지만, 자신의 주변에 없는 종교 집단 거주지에서 살고 있는 존재들에 대하여는 알지 못했을 뿐이다. 천사와 악마는 종교를 믿는 사람들만이 알 수 있는 존재들일 뿐이다.

돌이켜 생각해보니 악마라는 존재는 종교를 믿고 있는 영들에게만 있었던 관념의 존재이기 때문에, 영들이 자신이 선택한 종교를 믿는 순간 비로소 종교령의 부하들인 천사와 악마의 지배력에 놓이게 되었다는 사실을 알게 된 나는 깜짝 놀랐다.

그리고 옛날 0000 사찰의 선생님이 나에게 사후세계에 존재하고 있었던 귀신의 존재에 대하여 설명하여 주실 때 '있다고 하면 있는 것이고, 없다고 하면 없는 것이다.'라는 의미를 알게 되었다.

영계에 존재하는 천사와 악마는 믿는 자에게만 영향력을 미칠 수 있는 존재이지만, 믿지 않는 자에게는 아무런 영향력을 미칠 수 없는 존재라는 의미였다.

일반 영들은 약물중독, 살인, 질병 또는 강도질 등, 의식이 낮은 상황이나 정신적 질병 때문에 발생한다는 의식을 가지고 있는 반면 종교령을 맹신하는 신도(信徒) 영들은 이 같은 행위들이 악마의 짓이라고 믿기 때문이다.

나는 종교를 믿는 순간부터 종교령들과 함께 존재하는 천사와 악마들을 알게 되며, 다른 영들에게 사랑을 나누어주는 천사들의 모습과 다른 영들에게 무자비한 폭력을 행사하는 악마들의 모습은 종교령들의 부하인 천사와 악마들의 행태였음을 인식할 수 있었다.

그리고 지옥에 사는 영들은 종교령의 수장이 자신들 앞에 있을 때에는 한 마디 반응도 못 하고 있다가, 뒤에서는 온갖 비난을 하고 있었으며, 이러한 행위의 근본적인 원인이 종교령에 대한 큰 공포심 때문이라는 의식을 갖게 되었다.

나는 악마의 직책을 가지고 있던 영에게 천국에 가는 영들과 지옥에 가는 영들의 특징은 무엇이냐고 물어보았다.

악마의 직책을 가진 영이 대답하기를 천국으로 가는 대부분의 영들은 종교 생활을 할 때 주로 자신이 섬기는 신을 찬양하는 일을 하였던 존재들이고, 지옥으로 가는 대부분의 영들은 종교 생활을 할 때 주로 다른 사람들에게 전도를 하면서 불신 지옥을 외치던 사람들이라고 말했다. 현세계에서 삶을 살아가면서 저장된 정보인 긍정적 또는 부정적 영의 의식에 따라 거주지가 결정된다고 우리들에게 말해주었다.

특히 불신 지옥을 외치며 자신이 섬기고 있는 신을 위해 최선을 다했다고 자부하면서 종교 집단 거주지에 들어 온 영들의 경우에는 첫 번째로 찬양만을 듣고 싶어 하는 종교령의 의식과 두 번째로 종교령들은 부정적인 이야기를 매일 하는 영들과 천국에서 같이 살고 싶어 하지 않기 때문에, 불신 지옥을 외치던 영들은 처음에는 천국과 지옥의 중간 단계인 영들의 교육장으로 보낸다고 말했다.

교육장으로 가게 된 불신 지옥을 외친 영들은 자신보다 덜 충성스러운 존재도 천국으로 가게 되는데 자신들이 가지 못하는 것에 대하여 크게 불만을 품게 되고, 결국에는 불만을 외부로 표출하게 되어서 그들이 평소 외침처럼 마지막으로 거주하게 되는 장소는 대부분 공포심이 넘쳐나는 지옥이라고 말해주었다.

그 말을 듣게 된 나는 종교를 믿고 있는 신도(信徒) 영들은 평소 자신들이 항상 외치고 있는 공포스러운 지옥에 대한 의식을 따라 결국에는 지옥으로 가게 되며, 진실은 무지로 생긴 지옥에 관한 공포심이 종교령의 지배를 받게 된 근본적인 원인임을 알게 되었다.

영의 의식대로 영이 거처하는 장소가 결정되는 것이다.

현세계에서 천국 또는 극락에 관한 환상과 동경으로 의식을 가득 채운 영들은 종교 집단 거주지 중에서도 대부분 천국 또는 극락에 자신들이 거처할 거주지가 결정된다. 반면에, 현세계에서 심판 등을 강조하며 지옥에 관한 환상과 동경으로 의식을 가득 채운 영들은 종교 집단 거주지 중에서도 대부분 지옥에 자신들이 거처할 거주지가 결정된다.

종교령들은 찬양과 영광을 돌리는 의식을 가진 영들은 천국 또는 극락에, 비판하는 의식을 가진 영들은 지옥에 배치하여 자신들이 지배하고 있는 영들의 활용도를 최대한으로 높이고 있기 때문이다.

과거 신앙의 시대라고 불리던 유럽의 중세 시대에는 대부분의 사람들이 강한 신앙심을 가지고 종교를 믿고 있었지만, 무자비한 종교 재판과 잔인한 고문 그리고 약한 여자들을 가장 심하게 핍박했던 역사적 사실도, 진실은 종교령들의 부하인 악마들로부터 온 영감(靈感)이라는 사실도 알게 되었다.

마크 트웨인은 당신이 모르는 것을 믿는 것이 믿음이라고 말하지만, 모르는 것은 믿음이 아니라 공포라고 말한 이유를 이제야 알 것 같았다.

나는 관세음보살에게 종교 집단 거주지를 벗어나야겠다는 의식만 가지고 있으면 빠져나올 수 있는데도 불구하고, 왜 지옥이라는 장소에서 과거에 자신들이 숭배하였던 신을 저주하면서 고통을 받는 삶을 선택하며 살고 있는지 이해할 수 없다고 말했다.

관세음보살은 종교를 믿고 있는 사람의 영들은 영계에 진입하여 종교 집단 거주지에 들어오면 제일 먼저 종교 교육장에서 공부하게 되는데 그 장소를 방문하게 된다면 내 질문에 답을 금방 얻을 수 있다고 말했다. 진돌이가 종교령의 수장에게 다 구경했다고 말하고, 마지막으로 종교 교육장만 둘러보고 되돌아갈 예정이니 종교령 당신은 자신이 살고 있는 천국으로 되돌아가라고 말했다.

이때 한 악마가 우리들에게 다가와 자신이 직접 종교 교육장으로 안내하겠다고 종교령의 수장에게 요청하였고, 종교령의 수장은 악마의 건의를 수락하였다. 종교령의 수장은 우리들에게 신계 신들이 보낸 신장(神將)들이 종교령들을 제거하기 위하여 신의 군대를 이미 파견하였다는 사실을 잘 알고 있다고 말하면서, 자신과 종교 집단 거주지를 아무리 반복적으로 파괴한다고 해도 자신이 지배하고 있는 영들의 의식을 영원히 해방시킬 수 없다고 주장하였다.

그 이유는 무속령처럼 자신이 직접 강제적인 폭력으로 영들을 사로잡은 것이 아니라, 자발적인 선택으로 영들 스스로 자신을 숭배하였기 때문이라고 말했다.

자신들을 제거한다고 무속령을 따르는 무리들처럼 흩어지는 것이 아니라, 신도 영들 중에 새로운 종교령이 탄생된다고 말하면서, 지금까지 많은 기간 동안 종교 집단 거주지의 수장만 계속해서 바뀌었을 뿐, 종교 집단 거주지는 절대로 사라지지 않고 유지되어 왔다고 주장하였다.

종교령 수장의 말을 들은 파트라슈가 어떤 영들도 종교령의 수장을 맡게 된다면 이전에는 상상할 수 없는 혹독한 대가를 치르게 될 것이며, 탄생하는 것은 반드시 소멸하듯이 과거에 탄생하였던 종교는 미래에 반드시 소멸할 것이라고 말하면서 우리들 앞에서 당장 사라지라고 말했다.

종교령의 수장은 악마에게 종교 교육장이 얼마나 유익한 장소인지 잘 설명하라는 의미심장한 말로 악마에게 명령한 후에 자신이 거주하고 있는 천국으로 사라졌고, 우리들은 악마를 따라 종교 교육장에 도착하여 종교 집단 거주지 마지막 장소를 구경하게 되었다.

종교 교육장을 처음 본 나는 종교 교육장의 역할은 신을 숭배하는 영들에게 천국과 지옥을 지키는 천사와 악마의 직책을 부여하거나 혹은 영들이 영생 동안 거주할 장소인 천국과 지옥에 거주지를 결정하는 것임을 직감하였다.

보통 종교를 믿지 않은 일반 영들은 자신이 직전에 살았던 현세계와 사후세계에서 얻은 정보를 잠재의식 속에 저장한 상태를 유지하고 있있지만, 처음 종교 교육장에 진입한 영들은 자신들이 현세계와 사후세계에서 얻은 소중한 정보들을 잠재의식에서 끊임없이 비우고 있었다.

정보의 축적으로 성숙해진 영이 정보가 전혀 없는 어린아이의 영적 수준으로 만들어 버리기 위하여, 영이 소유한 잠재의식 속에 있던 축적된 정보를 끊임없이 비워 지속적으로 영적 의식을 낮추고 약화시키는 행위를 하고 있는 장소였던 것이다.

의식이 점차 낮아진 영은 여러 가지 상황들을 인식하여 분석할 수 없는 동물 수준의 의식을 가진 영들로 점차 퇴화되면서, 종교령 교육 담당인 종교 지도자들이 교육을 받는 영들의 의식에 심어주고 있는 행복한 천국과 불행한 지옥으로 매우 단순화하며, 자신이 숭배해야 할 신을 위한 행위는 무조건 행복한 행위로 인식하고, 신에게 반하는 행위는 무조건 죄업으로 인식하는 관념을 점차 고착화하며 배우고 있었다. 그리고 자신이 숭배하는 신을 반하는 행위를 하는 존재들을 만나게 되었을 때 아무런 깨달음이나 죄의식 없이 즉각적으로 잔인한 폭력이나 비난을 행사하는 동물 의식을 가질 수 있도록 끊임없이 세뇌하고 이러한 세뇌 교육으로 마침내 자신이 숭배하는 신의 충실한 종인 노예가 되어 버렸다.

민감하고 빠르게 적응하는 영들은 천사와 악마라는 직책을 부여하여 천국과 지옥을 지키게 하고, 둔감하게 적응하는 영들은 천국과 지옥으로 나누어 거주할 수 있도록 조치하여 주었다.

종교 교육장을 수료한 영들은 종교 지도자들에 의한 왜곡된 교육정보를 자신이 스스로 비워 놓았던 의식 속에 가득 채우게 되고, 진짜 신들이 준 선물인 주체성을 완전하게 상실하여 버린 채 오로지 한 명의 영을 숭배자인 주인으로 섬기고 자신은 스스로 노예인 종이 되어 버리게 되었다. 그리고 이러한 자발적인 노예 계약의 지속적인 유지를 위하여 천국과 지옥에서도 세뇌 교육을 계속 실시하고 있었다.

수많은 윤회 과정을 거쳐 많은 영들과 인연을 맺고 신이 되어 신계로 가게 된 진짜 신들은 현세계에서 자신보다 더 훌륭한 존재가 되기를 바라는 현세계 부모들의 의식보다도 훨씬 더 강력하게 사람의 영들이 신들인 자신보다 더 훌륭한 신들이 되어 신계의 미래를 책임지기를 소망할 뿐, 종교령들처럼 자신의 노예로 만들려는 의식은 절대 가지지 않는다.

자신이 숭배하고 있던 신이라고 주장하는 영들과 노예 계약을 체결한 영들은 마지막으로 이러한 주인과 노예 관계를 영원히 붕괴시키지 않기 위하여 차별 의식을 배우게 된다.

한 번 숭배를 받게 된 영은 영원히 숭배를 받는 신이 되어야 하고, 한 번 노예가 된 영은 영원히 숭배를 하는 신도(信徒)가 되어야 하는 계급 생성과 계급에 따른 차별 의식을 배우게 된다.

특히 종교 교육은 진짜 신들이 인류를 진화라는 형식으로 창조할 때 계획하였던 힘이 센 남자 영들을 지혜로운 여자 영들이 이끄는 사회와는 반대로 힘이 센 남자 영들이 힘이 약한 여자 영들을 지배하는 계급적 차별 의식을 심어주어 가부장적 세계로 운영하지만 불행하게도 남자와 여자 영들은 세뇌 교육의 힘으로 인하여 이러한 불합리한 사실을 전혀 인식하지 못하고 있다.

아이러니하게도 천국에는 여자 영들이 많이 거주하고, 지옥에는 남자 영들이 많이 거주하고 있는 것은 사실이지만, 지옥으로 갈까 봐 두려워하여 앵무새처럼 찬양만 반복하는 힘이 약한 여자 영들의 천국에서의 삶과 이와 대조적인 고통은 받고 있지만, 자신이 느끼는 의식대로 불평불만을 하며 지옥에서 살아가는 남자 영들의 삶 중에서 무엇이 더 영적으로 행복한 삶을 살고 있는 것인지는 한 번도 경험하지 못한 나로서는 알 수가 없었다.

나는 정보와 판단력이 전혀 없는 영들은 동물의 영들처럼 수준 낮은 의식을 가진 존재라고 생각하면서 동물인 개의 형태를 하고 있던 파트라슈와 진돌이를 바라봤다. 나의 의식을 재빨리 알아챈 파트라슈는 어느새 아주 멋진 황제의 모습으로, 진돌이는 모든 것을 흡수할 것 같은 블랙홀의 모습으로 변해 있었다.

나는 대니얼 대닛이 지은 『주문을 깨다』라는 책의 일부 내용이 생각났다. 초원의 개미가 풀잎을 타고 더 높이높이 올라가다가 계속해서 떨어지는 행위를 반복하는 사유는 먹이를 찾는 행위나 잠재적인 배우자를 찾는 행위가 아니라 개미의 뇌가 창형흡충이라는 작은 기생충에 점령당했기 때문이라는 것이다.

창형흡충이라는 기생충은 소나 양의 뱃속에서 번식하기 위해서 자신들이 잠식한 개미의 뇌를 조정하여 개미를 풀잎 꼭대기로 오르게 하고, 소나 양에게 개미가 풀과 함께 잡혀 먹도록 하기 위한 행동이라는 것이다. 개미의 자손이 아닌 기생충의 자손을 위한 이러한 기이한 행동 패턴은 물고기와 생쥐를 비롯한 여러 동물들에게도 나타나는 형상이라는 것이다.

사람들도 자기 자신의 이익과 건강, 자녀 출산 등을 하지 않고 뇌에 박힌 어떤 생각의 증진을 위해 전 생애를 바치게 되는데 어떤 생각 그것이 바로 종교라는 주장이었다. 그러나 나는 모든 것을 버리고 자신의 생각을 증진하려고 하는 의식이 본질적인 문제가 아니라, 종교령들이 숨겨놓은 계획에 의하여 자신의 주체성를 완전히 상실하고 스스로의 힘으로는 어떤 일도 할 수 없게 되어 버린, 다시 말하면 창형흡충이라는 기생충에 의해 뇌를 잃어버리고 자신이 의도하는 삶이 아닌 창형흡충이 의도하는 삶을 살게 된 개미의 모습이 되어버린 신도(信徒)의 영들이 직면한 현실이 무척 안타까울 뿐이었다.

우리들은 종교 집단 거주지와 종교령을 제거할 계획을 포기하고 사악한 계획으로 만들어진 이 장소를 즉시 떠나자고 관세음보살에게 제안하였다.

우리들이 종교 집단 거주지를 막 떠나려는 순간 우리들을 안내하였던 악마가 자기의 오랜 친구인 사탄이 종교령의 명령을 받고 지옥을 지키고 있다가 어느 날 사후세계로 도망갔다고 말하면서 사탄에게 다시 지옥으로 되돌아와 자신과 만나게 되기를 바란다는 말을 전달해달라고 부탁하였다. 다시 두 마리 개의 형상으로 변신한 파트라슈와 신돌이는 무섭지만 멋지게 생긴 악마의 말을 사후세계로 도망간 사탄에게 전달하고 곧바로 신장(神將)들의 군대들이 모여 있는 장소로 이동하자고 나에게 제안하였다.

나는 관세음보살에게 마지막으로 사후세계에서 우리들과 함께 사탄을 찾아보자고 부탁하였고, 관세음보살과 호위하던 신장(神將)들은 우리들을 따라서 종교 집단 거주지를 벗어나 함께 영계에서 다시 사후세계로 진입하였다.

제60장

사탄의 눈물

　관세음보살은 악마가 말한 사탄이 거주할 곳으로 예상되는 장소는 사후세계의 OO 지역 같다며 우리들을 안내하여 주었다. 나는 진돌이에게 자신의 고유 이름을 사용하지 않고 왜 사탄이라는 직책을 사용하는지 물어보자, 진돌이는 그것은 종교령들이 지배하고 있는 세계의 아주 특이한 특징들 중 하나라고 말해주었다.

　개인적 활동을 제약하고 단체적 활동을 강요하는 장소인 현세계 감옥에서도 교도관의 지배력을 강화하고 죄수가 교도관과 동등한 존재라는 의식들을 박탈하기 위하여 이름 대신에 수감번호를 부르지 않느냐고 말했다.

　종교 집단지를 지배하는 종교령들도 자신들의 지배력을 강화하고 자신들의 노예인 영들이 자신들과 동등한 존재라는 의식을 박탈하기 위하여 영들의 고유 이름을 박탈하고 직책명이나 세례명 또는 법명만을 사용하게 한다고 말했다. 직책명이나 세례명 또는 법명을 받게 된 영들은 자신이 숭배하고 있는 신이라는 영들에게 자신 스스로 신의 종이 되었다고 선언하지 않느냐며 오히려 나에게 되물었다.

　나는 우리가 찾고 있는 사탄도 자기 고유의 이름이 있느냐고 다시 물어보자, 사탄은 직책명일 뿐이며 과거에는 자신도 고유의 이름을 가지고 있었겠지만 현재 자신의 이름을 기억하고 있는지는 잘 모르겠다고 말했다.

　진돌이의 말을 들은 나는 과거 어떤 특정 종교의 선교(宣敎) 역사를 떠올렸다. 과거 어떤 특정 종교는 자신들이 무차별적으로 학살하여 점령한 식민지에서 선교활동을 했다. 힘없는 원주민들을 사랑해서 선교한 것이 아니라 자신들이 지배하고 다스리기 쉽도록 하기 위한 방편으로 선교한 것이다.

　원주민의 고유한 이름이 익숙하지 않았던 통치자들은 자신들의 언어로 된 이름인 세례명을 주어 손쉽게 원주민들을 통치할 수 있었다. 원주민에게 세례명의 시작은 통치자들에게 손쉽게 호출되기 위한 또 다른 노예 이름의 일종이었던 사실을 떠올리면서, 사탄이란 명칭은 종교령들이 명명한 하나의 종의 직책 이름임을 깨달았다.

　우리들이 관세음보살의 안내를 받아 사후세계 00 지역에 도착하였지만, 처음에는 사탄을 만나볼 수 없었다. 관세음보살은 나에게 이 장소에서 계속 지켜보고 있으면 사탄을 만날 수 있다고 말해 주었고, 진돌이는 그 사유는 현세계에 살고 있는 사람들에게 빙의하는 빙의령이 되었기 때문이라고 설명하여 주었다.

어느 정도 시간이 지나자 검고 무섭게 생긴 영혼이 현세계에 살고 있는 사람의 몸에서 나와 사후세계를 돌아다니고 있었다. 조금 더 시간이 지나자 방금 본 무섭게 생긴 영혼이 나왔던 사람의 몸에서 십여 명의 영혼들이 집단으로 나오고 있었고, 진돌이는 이 중에서 대장 역할을 하고 있는 뿔을 가지고 있는 영혼이 바로 우리가 찾고 있던 사탄이라고 말해주었다.

십여 명의 영혼들에게 빙의되었던 어떤 사람의 몸은 몹시 지쳐 있는 것 같이 보였고, 그 사람의 육체 안에 들어가서 거주하였던 영혼들은 자신들이 현세계를 경험한 이야기를 주고받으며 즐거워하고 있었다. 그리고 우리들을 보자마자 현세계를 구경하여 줄 수 있으니, 자신들의 심부름들을 할 수 있는지를 물어보았다.

빙의된 사람은 육체적·정신적 고통으로 신음하고 있는데, 빙의된 사람의 육체를 대상으로 장사하고 있는 나쁜 영혼들을 직접 보게 된 나는 몹시 분노하였다.

나의 분노를 목격한 빙의령들은 순식간에 다시 사람의 육체 안으로 들어가서 현세계와 사후세계를 연결하는 육체 안에 있던 차크라를 안에서 닫아 버렸다.

나는 파트라슈와 진돌이에게 차크라를 강제로 열고 사람의 육체 안으로 들어가 빙의령들을 다 죽여버리자고 제안하였지만, 파트라슈와 진돌이는 우리들이 차크라를 강제로 열게 되면 육체를 가지고 있던 사람은 사후세계에 존재하는 더 많은 영혼들에게 빙의되기 쉬울 뿐만 아니라 심지어는 우리들의 기(氣) 때문에 죽음을 맞이할 수도 있어 바람직한 방법이 아니라고 말했다.

파트라슈는 나에게 빙의된 사람의 영은 주체성을 지닌 의지가 많이 없어진 상태로 빙의령들을 내 보낼 수 있는 영적 힘이 부족하기 때문에 빙의령들이 사람 몸 밖으로 다시 나올 때까지 무조건 기다려야 한다고 말했다.

나는 다시 현세계로 되돌아가 직장으로 출근해야 하므로 무조건 기다릴 시간이 없다고 말하자, 관세음보살과 신장(神將)들이 우리들을 대신하여 빙의령들을 모두 잡아 놓겠다고 말했다.

며칠 후 나는 사후세계에 다시 진입하여 십여 명의 빙의령들을 사로잡은 관세음보살과 신장들을 만났다. 나는 빙의령 중의 대장 격인 사탄을 붙잡고 영계에서 악마가 말한 대로 지옥으로 돌려보내려고 하였지만, 사후세계에서 사람들에게 행한 나쁜 행위들에 대한 영적 처벌을 하는 것이 더 바람직하다고 생각한다고 말했다.

나의 말을 들은 사탄은 영계 지역에 있는 종교 집단 거주지 안 지옥으로 되돌아가느니 차라리 여기에서 우리들에게 영적 처벌을 받는 것이 더 좋다고 대답했다.

그 말을 들은 나는 사탄을 처벌하기 위하여 파트라슈가 가지고 있던 신검(神劍)을 나에게 달라고 요청하자, 관세음보살이 나의 행동을 제지하면서 사탄이 악한 행동을 하는 것은 트라우마와 관련된 것임으로 교육을 통해 교화하는 것이 옳은 행위이지 무조건 처벌하는 것은 바람직하지 않다고 말했다.

내가 현세계로 되돌아가서 생활하였던 기간 동안 관세음보살이 사탄을 사로잡은 후 사후세계에서 사탄이 사람에게 빙의하며 살게 된 원인을 살펴본 결과를 다음과 같이 나에게 알려주었다.

우리 앞에 사로잡혀 있는 사탄이라는 영혼은 현세계에 태어나 부모로부터 교육받았던 종교를 믿고 죽음을 맞이한 후 영계의 종교 집단 거주지로 진입했다고 말했다. 종교 집단 거주지 내에 있는 종교 교육장에서 현세계에서 살면서 축적한 지식과 경험을 저장한 정보를 모두 비우고, 종교령들이 가르쳐준 정보만을 저장한 후 사탄이라는 직책을 받고 지옥을 관리하게 되었다고 말했다.

지옥이라는 장소에서 사탄이 한 행위는 수천 년간 지옥에 갇혀 있던 영들에게 고문하고 고통을 가하는 행위만을 반복하여 사탄의 영 속에 인식하고 저장한 내용은 나쁜 행위들밖에는 없었다고 말했다.

어느 날 사탄이 영들을 잡아 고문하는 과정에서 자신에게 고통받고 있던 영이 들려준 이야기에 호기심을 갖게 되었고, 종교 집단 거주지를 벗어나 영계를 돌아다니며 확인한 결과 진실을 알게 되어 영적으로 큰 혼란을 겪게 되었다고 말했다.

사탄은 종교령들의 하수인들이 거주하는 영계에 있다가 자신도 붙잡혀 다른 신도(信徒) 영들처럼 지옥이라는 장소에 갇혀 고통과 고문을 받는 것이 몹시 두려워 사후세계로 몰래 와서 살게 되었다는 것이다. 그러나 자신이 배우고 알고 있는 정보는 남을 괴롭히는 내용들뿐이었기 때문에 자신이 알고 있는 내용대로 무의식적으로 현세계에 살고 있는 사람들에게 괴롭힘을 주면서 살아가고 있었다는 것이었다.

나는 사탄을 붙잡아 네가 가장 두려워하는 존재가 누구냐고 물어보았고, 사탄은 주저하지 않고 종교령의 이름인 자신이 숭배하던 신의 이름을 나에게 말했다.

나는 사탄의 답변을 듣게 된 순간 영계의 종교 집단 거주지에서 모든 것을 오직 자신만을 위한 장소로 만들어 버린 독재 권력을 가진 포악한 종교령의 형상과 종교령의 명령에 의해 지옥에서 악마들에 의해 고통과 고문을 받고 있던 영들이 모습이 떠올랐다.

죽음의 신 진돌이가 나에게 《아넬리즈 미셸》의 빙의 사건은 영계의 종교 집단 거주지에서 지옥을 담당하던 악마 영이 사후세계로 도망쳐 나온 후 저지른 사건이라고 귀뜸해 주었다[상편 10장 영(靈)을 사로잡는 방법 편 참조].

지옥을 담당하였던 악마들은 자신의 영 안에 과거 현세계에 살면서 지식과 경험으로 습득한 정보들을 모두 비워 어린아이보다 못한 영적 의식 수준이 되었기 때문에, 퇴마사들의 질문에 유치한 영아들처럼 논리적으로 맞지 않는 어눌한 대답을 한다고 말했다.

특히 수천 년에서 수백 년간 지옥을 담당하면서 사람의 영들에게 고통과 고문을 가한 기억만을 소유하고 있게 되면 자신들이 저지른 행위가 죄가 된다는 사실조차 전혀 의식하지 못한다고 말했다. 또한 자신이 숭배하고 있던 종교령들에게 맹신적인 복종과 복종하지 않을 시에 받게 될 무서운 처벌을 체험하였기 때문에, 종교령들의 이름을 굉장히 두려워한다고 말하면서 그로 인한 트라우마로 인한 영적 장애를 겪고 있다고 알려 주었다.

어떤 사람의 이름을 듣고 무서워하거나 공포심을 가지게 된다면 어떤 사람은 결코 선하거나 자신을 도와줄 수 있는 존재가 아니라는 것이 타당할 것이다.

아무리 중대한 범죄를 저지른 죄인이라도 선하거나 자신을 구제하여 줄 수 있는 사람을 만나게 되면 반가워하며 그 사람에게 의존하게 되듯이, 자신이 저지른 죄와 자신이 만난 존재와는 상관성이 전혀 없다. 신도 마찬가지다.

아무리 큰 죄를 지은 악마라도 진짜 신을 만나게 되면 두려워하거나 무서워하는 것이 아니라 자신의 부모를 만난 것처럼 반가워하며 신에게 의존하고 싶어한다.

그런 사유로 자신이 숭배하고 있었던 종교적 신의 이름을 부를 때마다 트라우마로 영적 장애를 입고 있던 사탄이 잠시 깜짝 놀랄 수는 있지만, 종교가나 퇴마사들이 빙의된 사탄을 영적 살(煞)로 처벌하지 않고 단순하게 자신들이 믿고 있는 신의 이름을 부르는 행위로는 절대로 퇴마 시킬 수 없다고 말했다. 자신들이 숭배하는 종교령은 영계에 있고, 사람들에게 빙의한 사탄은 사후세계에 있기 때문이라는 것이다.

그 말은 들은 나는 진돌이의 말이 사실인지 직접 확인하고 싶은 욕망이 생겨 관세음보살에게 현세계에 살고 있는 사람들을 빙의하고 있는 영들의 몇 명을 보여달라고 말했다.

관세음보살은 진돌이의 말이 사실이라고 말하면서 자신을 호위하던 신장(神將)들에게 내가 각각 다른 4명의 빙의령들을 직접 만나게 하라고 명령하였다.

첫 번째 내가 만난 빙의령은 사탄과 같은 천국과 지옥을 믿고 있는 존재였으며 빙의령에 의하여 빙의된 사람도 천국과 지옥을 믿고 있는 종교를 가진 사람이었다.

두 번째 내가 만난 빙의령은 극락과 지옥을 믿고 있는 존재였으며, 빙의령에 의하여 빙의된 사람도 극락과 지옥을 믿고 있는 종교를 가진 사람이었다.

세 번째 내가 만난 빙의령은 자신이 신선 또는 불가시 존재라고 주장하는 존재였으며, 빙의령에 의하여 빙의된 사람도 신선 또는 불가시 존재를 믿는 도교 수행자였다.

네 번째 내가 만난 빙의령은 자신이 장군 신이라고 주장하는 존재였으며, 빙의령에 의하여 빙의된 사람도 조상이나 귀신을 믿는 무속에 심취한 사람이었다.

나는 각기 틀린 4명의 빙의령들을 잡아서 서로 다른 사람에게 빙의해 보라고 명령하였지만, 빙의령들은 오히려 나에게 자신의 존재를 인정하지 않고 무서워하지 않는 다른 사람에게는 빙의할 수 없다고 말했다.

조상이나 귀신을 믿는 사람은 하나님의 능력을 믿지 않았고, 하나님을 믿는 사람은 부처님의 능력을 믿지 않았으며, 부처님의 능력을 믿은 사람은 신선의 능력을 자신보다 아래로 보았으며, 신선의 능력을 믿은 사람은 조상이나 귀신을 능력을 믿지 않아 빙의될 수 없었던 것이었다. 지금의 나를 만든 것은 나 자신뿐이며 나의 의식이 곧 현실이 된다는 친척 형의 말이 떠올랐다.

귀신의 존재를 전혀 모르고 있던 사람은 귀신이라는 존재가 전혀 무섭지 않으며, 신의 존재를 전혀 모르고 있던 사람은 신이라는 존재가 전혀 두렵지 않다던 친척 형의 말과 귀신들을 퇴마할 때마다 점차 자신감이 넘쳐나는 것이 아니라 세상에는 자신보다 더 무섭고 힘이 센 존재들이 존재하고 있으며 자신의 도전을 항상 기다리고 있다는 두려움에 사로잡히게 된다며 괴로움을 호소했던 친척 형의 모습들이 생각났다.

과거에 나 또한 영적 세계를 몰랐던 시절에는 두려운 것은 오직 사람들뿐이었으나 영적 세계를 알게 된 후부터는 나의 죽음을 담보로 눈에 보이지 않는 영들과 영적 사투를 벌이면서 고통을 받기도 하였다.

안다는 것은 모른다는 것보다 더 유익하다는 것은 진실이다. 모르는 것에 대한 두려움은 알게 되면서 모두 신기루처럼 사라져 버린다. 영적 세계를 알게 되면서 영적 고통을 경험하게 되었지만, 죽음과 그 이후에 삶에 대하여 두려움들이 모두 사라져 버렸다.

영적 세계를 전혀 모르고 편안하게 잠을 자는 사람들을 무척 부럽게 생각하면서, 과거로 다시 돌아갈 수 있다면 더 바랄 것이 없다는 생각을 수없이 많이 한 적도 있었다.

비행기를 처음 본 원주민들이 느끼는 두려움과 공포는 영적 세계를 볼 수 있는 판도라를 연 나의 두려움과 공포와 비슷한 상황이었다. 자신이 의식하지 못하는 존재는 자신을 절대 빙의할 수 없다는 퇴마사들의 기초 지식을 확인하는 순간이었다.

나는 신장(神將)들이 붙잡고 있던 4명의 빙의령들을 모두 풀어주고 관세음보살이 사로잡고 있었던 사탄에게로 되돌아갔다. 그리고 사탄에게 너는 인간의 옷을 입고 성스럽게 태어난 신(神)들의 화신(化身)인 '아바타'라고 말하면서 '아바타'가 다른 '아바타'들에게 저지른 죄업은 의식이 빈 상태와 수백 년간 지옥을 담당했던 트라우마로 인하여 발생한 것이라고 주장하여도 용서를 받을 수 없는 행위라고 말해 주었다.

나는 지옥을 조성하고 고통과 고문을 가하라고 명령한 존재도 처벌받아 마땅하지만, 더 나쁜 존재는 선량한 영에게 직접 고통과 고문을 가한 존재라고 주장하였다. 내 말은 들은 관세음보살과 파트라슈 그리고 진돌이는 과정은 결과에 선행한다며, 결과로만 모든 행위를 판단하게 되다면 결과를 두려워하여 아무도 옳거나 선한 일을 할 수 없다고 주장하였다.

그리고는 누구나 의식이 변화할 수 있는 존재임을 보여줄 수 있다며 진돌이가 사탄의 영혼을 붙잡아 잠재의식 속에 남아 있던 정보들을 모두 되살려줌과 동시에 사탄이 지옥과 사후세계에서 다른 영들에게 저질렀던 행위들을 보여주었다. 그리고 사탄에게는 나쁜 행위를 하게 된 원인은 영계에 있는 종교 교육장에서 혹독하게 세뇌 교육된 행위 때문이라며 너무 자책하지 말라고 위로하였다.

다음으로 사후세계에 더 이상 남아 있지 말고, 즉시 영계로 진입하여 다시 윤회하면서 영적 성장을 이루고 살아가기를 진심으로 바란다고 말했다. 사탄은 자신이 저지른 죄업에 대한 미안함으로 눈물을 흘렸지만, 무엇인가 두려운 느낌을 발산하면서 대답을 하지 못하고 있었다.

관세음보살은 눈물을 흘리고 있는 사탄에게 어떤 악도 물리칠 수 있다고 생각하는 선량한 마음만 가지고 있다면 불안과 공포의 의식이 자리 잡을 수 없고, 악한 영들도 접근할 수 없다고 말했다. 그리고 종교령들에게 사로잡히지 않는 방법을 사탄에게 다음과 같이 설명하여 주었다.

선과 악은 존재하는 것이 아니라 자신이 만든 것이며, 진짜 신들은 모든 영들의 부모이기 때문에 자녀인 영들에게 자유의지를 빼앗고 주체성을 버리게 하여 지배하거나 굴복시키지 않는다고 말해주었다.

자녀인 영들이 신을 벗어나게 되면 아무것도 하지 못하게 만들거나,

작은 잘못에도 연좌제로 처벌하지도, 홍수나 지진 또는 화산을 일으켜 죽게 만드는 존재들이 절대 아니라고 말했다. 업보나 지옥, 심판 또는 멸망 등을 주장하면서 영적 성장이 아닌 영적 위축을 도모하는 존재들은 결코 진짜 신이 아니므로 과감하게 영적 전쟁으로 맞서 싸우라고 말했다.

우리들의 실체는 범아신에게로 나온 생기(生氣)이며 진짜 신들조차도 우리들을 없애거나 새로 생기게 만들 수 없다며 『반야심경』 내용도 함께 전달하여 주었다(상편 22장 텔레파시와 『마하반야바라밀다심경』 편 참조).

전쟁의 신 파트라슈는 사탄의 눈물을 닦아주며, 진짜 신들에 의하여 영계나 사후세계가 새롭게 정화되는 시기가 왔음을 알려주었다. 신계 신들은 과거 권력의 태양 시대를 종말하고 행복의 달 시대를 개막하였듯이, 지금은 행복의 달 시대를 종말하고 권위의 별 시대를 개막할 준비를 차근차근 준비하고 있다고 말했다.

과거 시대 공룡 영들이 경험한 것처럼 종교령들의 권위는 급속도로 쇠퇴하기 시작할 것이며, 공룡 영들의 수장 중에서 일부만이 남아 명맥을 유지하고 있는 것처럼, 종교 집단 거주지 내에 살고 있는 종교령 수장들은 대부분 신장(神將)들에게 모두 사로잡혀 찢겨져 나약한 영이 되어 바이러스처럼 작은 생명체로 환생하게 될 것이며, 사람으로 환생할 수 있는 존재 또한 그들의 평소 주장처럼 144,000명을 결코 넘지 않을 것이라고 알려 주었다.

그러나 종교령을 숭배하고 있던 영들과 천사와 악마의 직책을 가진 영들은 커다란 영적 처벌을 받지 않고 조금씩 사람으로 다시 환생할 것이고, 일부 종교의 성인(聖人)들은 정도령(正道靈)들이 되어 과학과 철학의 발전에 크게 공헌할 것이라고 말해 주면서 지금 지옥에 남겨져 있는 사탄의 친구인 악마를 걱정하지 말라고 말했다.

지금 영계에 살고 있는 종교령들은 자신들의 말세가 가까이 왔음을 이미 의식적으로 알고 있으며, 자신들을 숭배하고 있는 영들을 제물로 삼아 신장(神將)들과 협의를 시도하고 있는 중이지만, 점차 자신들의 통제를 벗어나게 되는 영들을 다시 사로잡을 수 있는 상황이 될 수 없다며 사탄에게 다시 사로잡히게 될 공포심에서 벗어나라고 말해 주었다.

근심을 털어버린 사탄은 관세음보살을 따라 영계로 다시 떠났고, 우리들은 신장(神將)의 군대들이 사열한 장소인 영계의 '영적정화소' 앞으로 다시 진입하였다.

제61장

말세(末世)와 창세(創世)

우리들이 막 영계에 진입하고 있을 때 여러 명의 종교적 성인(聖人)들이 우리들을 찾아와 종교 집단 거주지를 꼭 없애야 하는 이유를 자신들에게 알려달라고 요구하였다.

자신들은 지금까지 종교 생활을 경험하면서 자신의 종교에 관심을 가지고 있는 어느 누구에게도 평등하게 대하였으며, 사랑과 평화의 중요성을 널리 알려 많은 갈등과 분쟁을 해결하였다고 주장하였다.

종교 성인(聖人)들의 해명을 듣던 죽음의 신 진돌이가 다음과 같이 반문하였다.

너희들의 가르침을 받고 있는 종교들과 종교를 믿고 있는 사람들이 정말 평등한 마음을 소유하고 있는 존재들이냐고 되물으면서, 너희들의 종교들과 종교가가 열정을 가지고 지금까지 추진한 행위를 살펴보면 사랑과 평화의 전파가 아닌 폭력과 갈등의 유발이라고 말했다.

자신이 숭배하는 종교만으로 온 세상을 통일하려고 끊임없이 시도하는 과정에서 지속적인 갈등을 유발하였고, 심지어는 자신들이 믿는 종교의 복음을 위해서는 폭력도 정당화시킬 수 있는 사악함을 가지고 있다고 말했다.

또한 자신들이 숭배하고 있는 종교에는 진정한 신은 없고 신앙만이 남아 있다는 사실을 잘 알고 있는 성직자들은 신도들을 대상으로 자신들이 숭배하지만, 존재를 보지 못한 신들을 팔아 자신들의 욕심을 채우는 장사를 하기도 한다고 말해 주었다(영능력자들은 현재 종교는 신은 없고 신앙만 존재한다고 말함).

호랑이를 본 사람만이 호랑이의 형상을 설명할 수 있는데, 신을 한 번도 직접 만나 보지 못했던 대부분의 종교가들이 신에 대하여 설명하고 있기 때문이다. 이러한 진실 때문에 신들의 분노를 사게 되는 시기가 도래하면 반드시 사로잡혀 죽음을 맞이할 수밖에 없다는 두려운 의식에 사로잡히게 되었고, 두려운 의식은 자신들의 말세가 도래하였다는 말로 자연스럽게 표출되었다고 알려주었다.

종교령, 종교가 및 신도들의 의식 속에는 항상 말세가 도래하고 있었지만, 이제는 현실에서도 진짜 종교의 말세가 도래하게 될 것이라고 말해주었다. 그러나 다른 사람들의 영들을 섬기는 종교를 믿지 않고, 자신의 진짜 부모인 신계 신들을 공경하는 영들의 의식 속에는 주체성을 가진 자신들이 새롭게 만드는 세계인 창세를 항상 의식 속에 품고 있다고 말했다.

수백만 년 동안 공룡 영들과 사람 영들 사이의 긴 투쟁 역사를 통해 종교의 탄생을 상세하게 지켜보았던 신계 신들은 이제 사람들의 영적 의식을 새롭게 확장시키기 위하여 낡은 사상인 종교의 종말을 준비하고 새로운 사상인 인문철학을 주려고 한다고 대답하면서 종교 성인(聖人)들에게 그만 물러가라고 답변하였다.

우리들은 종교 성인(聖人)들의 요청을 물리치고, 신계에서 보낸 신장(神將)들이 모여 있는 장소로 이동하였다. 그 장소에는 황금 복장의 군복을 입은 셀 수 없이 많은 병사와 장군의 영들이 도열하여 있었다.

나와 진돌이 그리고 파트라슈는 도열한 군대들의 정중앙으로 이동하여, 임시로 마련되어 있는 신전에서 신계 신들을 한 명 한 명씩 호명(呼名)하면서 십 배의 예를 올리고 칠성검에 기운을 모으고 있었다.

인연을 주관하는 칠원성군(七元星君), 제도를 주관하는 칠원성군(七元星君), 재난을 주관하는 칠원성군(七元星君), 정치를 주관하는 칠원성군(七元星君), 경제를 주관하는 칠원성군(七元星君), 수명을 주관하는 칠원성군(七元星君), 천기(天氣)를 주관하는 칠원성군(七元星君), 양(陽)의 기운을 주관하는 일성신(日聖神), 음(陰)의 기운을 주관하는 월성신(月聖神) 그리고 지구별에서 만물(萬物)을 주관하는 용왕대신(龍王大神)까지 호명하자, 호명된 신들에게서 나온 기운들이 내가 가지고 있는 칠성검에 모여들었다.

나는 최고 신의 스승인 지혜와 지식을 주는 천지신명(天地神明)께 과거 내가 신계에서 따님에게 저지른 잘못에 대한 용서를 구하자 나의 의식은 커다란 선인장(仙人掌)이 되었고, 하늘에서 내려온 나뭇가지가 선인장의 가지에 접속하면서 큰 불꽃이 일어났다가 사라졌다.

마지막으로 나는 내가 가장 존경하는 아버지와 어머니인 최고 신에게 나의 소망을 다음과 같이 선언하였다.

나는 세상 모든 사람들이 신들을 바르게 알아 공경하고,

세상 모든 사람들이 신들의 말씀을 바로 알고,

세상 모든 사람들이 스스로 신이 될 수 있는 반듯한 의식을 가질 수 있도록 소망한다고 기원하였다.

칠원성군(七元星君)과 일월성신(一月聖神) 그리고 용왕대신(龍王大神)의 사자(使者)들이 우리들을 찾아와서 종교 집단 거주지를 파괴하는 전쟁을 수행하는 것은 여기 모인 신장(神將)들이 7년 동안 수행할 것이니, 차후에 현세계에서 죽음을 맞이한 후 영계로 진입하면 새로운 질서를 만들어 달라고 정중하게 부탁하였다.

진돌이와 파트라슈도 사자(使者)들의 말에 동의하면서, 영계의 일은 신장(神將)들에게 맡기고 급한 것은 우리들을 윤회하게 만들었던 특정한 두 가지 목적을 달성하는 일이라고 조언하였다.

첫 번째 목적은 미래 주역인 인문철학자인 정도령들에게 영적 세계에 대한 아주 기초적인 지식을 전달하는 것이다.

우리들에게서 아주 기초적인 영적 지식을 얻게 된 정도령들은 무한 탐구의 정신을 발휘하여 사후세계와 영계의 정보을 완전하게 파악한 내용들이 담긴 책들을 세상에 발표하게 될 것이고, 정도령들이 발간

한 책으로 인하여 현세계에 살고 있는 사람들이 영적 장애에 시달리는 상황들은 크게 감소할 것이라고 말해주었다.

두 번째 목적은 현세계에서 지식인이자 건축가로 태어난 최고 신의 스승의 딸이 사소한 영적 장애로 인하여 영적 성장 과정이 지연되지 않도록 영적 세계에 대한 기초 지식을 책으로 발간하는 것이라고 말해 주었다.

나는 영계에서 전쟁을 준비하기 위하여 임시로 만들어 놓은 신전에서 내려와 백마를 타고 칠성검을 높이 뽑았다. 끝없이 셀 수 없는 많은 신장(神將)들 모두가 자신들의 무기를 뽑아들었고 곳곳에서 칠성과 해와 달 그리고 물이 그려져 있는 십승기(十勝旗)가 끝없이 솟아오르고 있었다.

나는 쏜살같이 내달리는 백마(白馬) 위에서 영계의 전쟁에 참여하기 위해 도열한 모든 신장(神將)들에게 축복과 함께 승리하라는 의미로 '지심귀명례 정례(至心歸命禮 正禮)'를 외치며 끝없이 달려나갔고 파트라슈와 진돌이도 나의 뒤를 따라왔다[중편 25장 신(神)과의 만남과 신(神)의 말씀 편 참조].

종교령들의 말세(末世)는 다가오고 있었고, 의식이 크게 확장되는 변혁의 시대인 창세(創世)는 이제 막 시작되고 있었다.

제62장

앞으로의 계획(計劃)

2016년부터 2017년까지 지난 1년간 잠을 자고 있는 시간을 활용하여 영계와 사후세계에서의 긴 여행을 마치고 현세계로 완전하게 되돌아온 나는 여자아이의 어머니와 약속한 집 앞 공원 의자로 갔다[중편 40장 바넘 효과와 영혼(靈魂)의 병 편 참조].

의자 위에는 별 7개의 스티커가 반짝거리며 붙어 있었고, 이것을 본 나는 기쁜 마음으로 근처에 있는 문방구로 달려가서 해와 달 그리고 물이 그려져 있는 스티커를 구매하여 의자 위에 붙어있던 7개의 별 주변을 장식했다. 의자 위에는 칠성과 해와 달 그리고 물 형상의 스티커로 만들어진 십승기(十勝旗)가 그려지게 되었다.

나는 과거 수많은 종교가, 도인 그리고 무속인들이 앵무새처럼 반복하여 말하고 있었던 사후세계와 영계의 모습 그리고 사후세계와 영계라는 장소에서 체험했다는 내용이 내가 사후세계와 영계를 여행하면서 보고, 듣고 체험한 내용과는 확연하게 다름을 알게 되었다.

나는 8년 만에 0000 사찰을 방문하여 선생님을 뵙고 2016년 중반부터 2017년 초반까지 내가 경험했던 영적 세계에 대하여 말씀드렸다. 나의 영적 여행에 대한 이야기를 조용히 다 들은 선생님은 앞으로의 나의 계획도 이야기해 달라고 요청하였다.

나는 영적 여행을 다녀오자마자 나의 의식 안에는 앞으로 내가 해야 할 사명들이 체계적으로 구성되어 있었는데, 선생님이 어떻게 이러한 사실을 알고 있는지 되물어 보았다. 나의 궁금증에 대하여 선생님은 다음과 같이 대답하였다.

특정 목적을 가지고 세상에 나온 신가(神家)들은 현세계에서 아주 평범한 삶을 살아가고 있다가 특정한 목적을 이룰 때가 되면 전광석화처럼 특별한 사연에 의해서 영적 여행을 다녀오게 된다고 하였다.

영적 여행 도중에 자신이 현세계에 환생한 사유 및 특정 목적도 자연스럽게 알게 되지만, 무엇보다도 특정한 목적을 달성하기 위한 계획이 이미 만들어진 사실과 만들어진 계획을 의식 속에 저장하고 현세계로 되돌아오는 것이 바로 영적 여행을 하는 진짜 이유라고 말했다.

나는 선생님도 신가(神家)이므로 과거 어느 시점에서는 나처럼 영적 여행을 하였다는 사실은 알겠지만, 선생님이 영적 여행을 하게 된 특정한 목적과 결과는 무엇이었는지 다시 물어보았다.

선생님은 나에게 특정한 목적과 특정한 목적을 달성하기 위한 계획을 내가 선생님에게 먼저 알려주면 선생님이 계획한 특정한 목적과 목적의 결과도 나에게 알려주겠다고 대답해 주었다. 나는 내가 현세계에 환생하게 된 특정한 목적은 두 가지라고 말했다(하편 53장 우리들의 이야기 편 참조).

첫 번째는 현재 현세계에서 윤회하고 있는 최고 스승 신의 딸의 영적 성장이 무속령, 도교령과 종교령들의 의식에 사로잡혀 일시적으로 멈추거나 성장의 속도가 늦춰지지 않도록, 영계와 사후세계 그리고 현세계와의 상호 관계에 관한 정보를 책으로 발간하여 알려주는 것이라고 말했다.

두 번째는 미래 인류를 이끌어 갈 인문 철학자인 정도령들의 영적 사상에 대한 기초적인 자료를 제공하기 위하여 영계와 사후세계 그리고 현세계와의 상호 관계에 관한 정보를 책으로 발간하여 알려주는 것이 내가 현세계에 환생하게 된 특정한 목적이라고 말해 주었다.

앞으로의 나의 삶의 계획은 4단계로 구성되어 있다고 말했다. 제1단계인 2017년에는 영계와 사후세계에 관한 기초적인 정보를 알려주는 『신과의 만남 – 전쟁의 서막』이라는 책을 발간하고, 사람들이 책 속 내용에 관한 궁금증을 조금이나마 해소시켜 주기 위하여 홈페이지나 블로그 또는 카페를 만들어 운영하는 것이라고 말했다.

『신과의 만남 – 전쟁의 서막』이라는 책이 발간되면, 영계와 사후세계에서 종교령과 도교령 그리고 무속령들에게 영감을 받고 있는 수많은 사람들이 '악마의 책' 또는 '잡기(雜記)'라며 비난하겠지만, 시간이 지날수록 사람들은 내 책의 내용과 현실에서 발생하는 상황을 끊임없이 비교하고 분석하면서 나의 진정성을 천천히 알게 될 것이라고 말해 주었다.

나의 진정성을 사람들이 알아주는 기간은 무려 10년이란 시간이 소요될 것 같으며, 나는 그 기간 동안에 2단계의 계획을 진행할 것이라고 말해주었다.

제2단계는 내가 무속인, 도교인과 종교인과의 사상 전쟁을 벌이는 기간으로 제2탄 『신과의 만남 − 사상 전쟁』이라는 제목으로 사람들이 무속령들에 의해 영적 피해를 받는 이야기인 '대물림', 도교령들에 의해 영적 피해를 받는 이야기인 '청개구리', 종교령들에 의해 영적 피해를 받는 이야기인 '독재자' 순으로 책을 발간할 예정이라고 말했다.

그리고 무속인과 도교인 그리고 종교가와의 사상 전쟁을 벌이는 과정에서 나는 전국을 돌아다니며 많은 사람들에게 나의 영적 여행 이야기를 들려주면서, 현세계에 살고 있는 사람들이 소중한 시간을 낭비하거나 운명을 탓하지 말고 마지막 삶까지 최선을 다할 수 있도록 사상적으로 도울 것이라고 말해 주었다.

제3단계는 책의 발간과 강연 등을 통해 모은 재물을 가지고 거제도에 내려가 '신들의 제단'을 건설할 것이라고 말했다. '신들의 제단'에서 신(神)이란 지금의 종교처럼 숭배의 대상이 되는 신이 아니라 자신의 영적 성장을 도모하여 자기 스스로 올바른 신이 되겠다고 다짐하는 각각의 사람들 자신으로, 제단이란 그러한 사상을 가질 수 있도록 도와주는 장소라고 말했다.

신들의 제단 역할은 자기 스스로 자신의 인생을 책임지는 건전한 사상을 확립하는 장소이지 사람들을 모으는 종교적 제단이 아니며, 여기에서 말하는 신(神)은 자기 자신을 뜻한다.

제단의 안은 신계 신전을 흉내 낸 자금성과 같은 정 사면체의 외곽과 평탄한 내부로 구성되고, 제단 안의 건물들은 총 10개의 테마를 상징하게 될 것이라고 말했다.

10개의 테마는 인연, 제도, 재난, 정치, 경제, 수명, 천기, 양, 음, 만물이며 각각의 테마를 상징하는 건물 안을 구경한 사람들은 각 테마에 대한 정보를 자연스럽게 습득하게 되면서 자신이 얼마나 소중한 존재인지를 깨닫게 만들 수 있는 내용이라고 말했다(10개의 테마는 디즈니랜드에 있는 건물들과 비슷한 구조다. 재미있는 체험을 통하여 영적 성장의 영감을 얻어가는 장소).

제단의 외곽은 커다란 벽으로 둘러칠 것이며, 벽의 가운데는 사람과 사람 그리고 사람과 만물의 소통(疏通)의 중요성을 강조하는 의미로 소(疎)라는 한자를 새겨 넣어 제단의 벽면을 처음부터 끝까지 연결하여 장식할 것이라고 말해주었다. 사람과 사람과의 소통, 사람과 만물과의 소통이 바로 영적 성장의 본질이기 때문에 소(疎)라는 문구를 새겨 넣은 것이다.

그리고 신들의 제단은 방문하는 모든 사람들에게 무료로 제공하여 헌금과 보시를 받는 종교 단체와는 차별화를 시도할 것이며, 제단 운영에 필요한 자금은 사답(寺畓)의 예처럼 신들의 제단 내부와 외부에 각종 영리 업체를 운영하여 자체 조달할 것이라고 말했다.

그리고 이 기간 동안에는 '신들의 제단'의 설립 취지와 운영 방법 등 전반적인 사항을 기록한 『신과의 만남 - 신들의 제단』이라는 책을 발간할 것이라고 말했다.

제4단계는 '신들의 제단' 운영자에서 공식적으로 물러나 자연과 함께 더불어 사는 한가로운 장소에서 미래에 '신들의 제단'을 이끌어 갈 인문철학자들을 위한 마지막 책인 『신과의 만남 - 정도(正道)』라는 책을 만들어 특정한 사람들에게만 전수(傳受)하는 것으로 생을 마감할 것이라고 나의 계획을 말해 주었다.

그리고 한 가지 소망하는 것이 있다면 내가 죽기 전에 최고 신의 스승 딸을 만나보는 것이라고 말해 주면서, 이제 선생님이 계획한 특정한 목적과 목적의 결과를 나에게 이야기해 달라고 요청하였다.

나의 앞으로의 계획을 천천히 다 들은 선생님은 갑자기 자리에서 일어나 나에게 삼배(三拜)를 하였고 나도 답례로 자리에서 일어나 선생님께 삼배(三拜)의 예를 올렸다.

선생님은 나에게 자신이 현세계에 환생한 특정한 목적은 흙 속에서 잠자고 있는 특징한 목적을 가진 사상가를 세상 밖으로 발굴하는 것으로 말년이 돼서야 비로소 특정한 목적을 이루게 되었다고 말했다.

오늘 드디어 자신이 신가(神家)로서의 사명은 모두 끝났다고 말해 주면서, 영계와 사후세계에 대한 진실을 많은 사람들에게 널리 알려주기 바란다고 축언하였다.

나의 삶의 과정과 주변에 있었던 모든 영적 존재들은 잠자고 있던 나를 사상가로 깨우기 위한 신들의 계획 중 하나이므로, 어떤 특정한 영적 존재가 마음에 들지 않는다고 미워하거나 싫어하지 말라고 요청하였다.

자신이 받았던 예언은 오늘부터 폐하고 자신의 특정한 목적을 완전하게 달성하였기에 이 사찰도 지금 이 순간부터 폐쇄한다고 말했다. 또한, 선생님은 얼마 남지 않은 삶을 대도시로 가서 살고 싶다고 말하면서, 나에게 미래 주역 정도령들의 사상적 지주가 되어 달라고 당부하였다.

나는 선생님에게 나도 신가(神家)로서 특정한 목적을 달성하면 한가로운 장소에 머물면서 남은 삶을 살 수 있느냐고 물어보았지만, 선생님은 나의 경우에는 특정한 목적을 달성하면 죽음의 신이 바로 영계로 인도할 것이며, 전쟁의 신이 나의 옛 자리를 복원하여 줄 것이라고 말했다. 또한, 과거에 내가 몹시 궁금해하며 선생님에게 질문했던 어떻게 잘 사는지, 무엇을 해서 잘 사는지에 대한 구체적인 답은 지금 내가 말한 미래의 계획의 결과물로 나오게 된다고 말하였다(상편 8장 미래를 아는 능력 편 참조). 그리고 선생님은 나와 현세계에서의 만남은 오늘을 마지막으로 끝내고 영계에서 다시 보자고 말했다.

선생님의 갑작스러운 이별 통보 소식에 나의 머리에 있던 영적 면류관은 강렬하게 빛났고, 집으로 돌아와 잠을 잔 그날 밤 죽음의 신 진돌이와 전쟁의 신 파트라슈가 꿈속에서 나타나 우리 셋이서 함께 목표를 향해 끊임없이 전진하자고 말했다.

제63장

글을 마치며 그리고 당부의 말

나는 서문에서 언급했듯이 이 글을 쓰게 된 동기는 우연하게 유튜브에서 신을 만나 계시를 받고, 세상 사람들에게 도(道)를 전한다는 사람들의 영상을 시청하면서, 그 사람들이 만나본 알 수 없는 존재가 신이 아니라 사후세계에 살고 있는 영들 또는 불가시한 존재라는 사실을 전달하기 위해서였다.

책을 쓰는 과정에서 영계나 사후세계를 더 많이 여행하게 되었고, 사후세계나 영계에서 신을 만난 사람들이 많이 주장하는 말처럼 신이라는 존재가 현세계에 살고 있는 사람들에게 강조하며 전달하여 달라고 부탁한 말이 사람들에게 인식하는 대상을 구분하지 않는 절대 평등의 '동화(同和)' 대신에 인식하는 대상을 구분하여 받아들이게 되는 '사랑'을 강조했다는 점을 아직도 나는 이해하기 어렵다.

나만의 주장이 옳다고 생각하지는 않는다. 그러나 내 책을 읽는 독자들은 내 책 이외에도 많은 책들을 읽고 끊임없이 영적 성장을 이루기 바란다.

다행스러운 것은 내가 영계나 사후세계의 여행을 경험하면서 현세계에 환생하게 된 특정한 목적을 알게 되었다는 점이며, 특정한 목적을 달성하기 위한 계획이 세워져 있었다는 점이다.

나는 새로운 종교를 만들거나 사람들을 모으기 위해 책을 발간한 것이 아니라 현세계에 살고 있는 사람들이 영적 삶을 추구하기보다는 현세계의 삶을 성실하게 살아가는 것이 훨씬 더 중요함을 깨닫기 바라는 마음으로 글을 쓰게 되었다. 그리고 이와 더불어 이 글을 읽는 독자들이 추가로 다음과 같은 상황을 꼭 알고 있었으면 좋겠다고 진심으로 기원한다.

첫째, 세상 모든 사람들이 신(神)들에 대하여 바르게 이해하고 공경하기를 바란다. 신계 신들은 지금의 우리들처럼 범아신으로부터 처음 세상에 나와 현세계와 사후세계 그리고 영계를 셀 수 없이 반복하면서 신이 된 존재들이다. 그리고 셀 수 없이 많은 윤회를 하는 과정을 경험하면서 현세계에 살고 있는 지금 우리들의 영들과 부모나 자녀 관계 또는 지인이나 친인척 관계 등의 소중한 인연을 맺고 있다.

신들보다는 영적 의식이 현저하게 낮은 현세계에 살고 있는 우리들의 부모들도 자신의 소중한 자녀가 자신보다 잘 성장하기를 기원하면서 소중하게 보살피고 있는데, 영적 의식이 훨씬 높은 신계 신들이 자신의 자녀들인 우리들을 소중하게 보살펴 주지는 못할망정 자신을 믿거나 자신에게 복종하지 않는다고 가혹한 심판으로 고통을 주거나 영원한 지옥에 보내는 행위를 하는 사악한 존재들이 절대 아니라고 자신 있게 말할 수 있다.

신계 신들은 우리들에게 자유 의지를 주어 영적 성장에서 필연적으로 발생하는 고통들을 최소화하고 자연스럽게 영적 성장을 이룰 수 있도록 수십만 년의 기간을 거쳐 단순하게 협박하는 수준의 예언을 알려준 것이 아니라 주체성(主體性)과 언어와 문자, 관념 등을 선물하면서 천천히 사람들의 의식을 고차원으로 변화시켜주었다.

무속령, 도교령 또는 종교령들이 가르쳐주는 잘못된 정보에 심취하여 영적 고통을 받거나 소중한 시간들을 낭비하는 일이 없도록 세상 모든 사람들에게 조금씩 알려주는 신들의 말씀을 귀담아듣고 자신의 주체성을 가지고 올바른 방향으로 살아가길 바란다.

둘째, 세상 모든 사람들이 신들의 말씀을 바로 알기를 바란다. 사이비 종교가들이나 예언자 및 일부 종교가들이 항상 주장하는 말처럼 지금까지 인류는 잘못된 길을 간 일도, 잘못된 길로 가지도 않았다.

인류는 끊임없는 시행착오를 경험하면서 좋은 상황과 나쁜 상황에 직면하였지만, 지금까지 퇴보한 것이 아니라 지속적으로 성장하고 있었다. 사람들의 과거부터 지금까지 진화해온 역사는 잘못된 길을 가거나 후회하는 길을 간 역사가 아니라, 산의 정상을 향해 조금씩 발걸음을 옮길 때 어느새 우리 눈앞에 정상이 다가왔듯이 과거 발자취인 성장과 후퇴를 반복하면서 충실하게 영적 성장을 이루어 지금은 진실한 사상을 받아들일 수 있을 정도로 의식의 개혁이 이루어진 상태가 되었다.

신들이 진화라는 형식으로 창조한 인류는 우리와 다른 존재인 공룡 영들이나 불가시한 존재들을 처음에는 신으로 섬겨보기도 하고, 현재는 나와 다른 사람들의 영을 신으로 섬기고 있다. 하지만 조금 시간이 더 지나가게 되어 우리의 영적 의식이 더 크게 확장되면서 영적 세계를 모두 알게 된다면, 우리들은 더 이상 다른 존재의 영들이나 다른 사람의 영들을 신으로 섬기지 않고 자신 스스로가 본래 신이라는 사실을 인식하고 끊임없는 영적 성장을 모두 이루어 신이 되어 신계로 되돌아갈 것이다.

사람들의 삶도 오행에 에너지가 거의 없던 윤회의 초기 시절에는 좋은 환경이나 나쁜 환경을 선택하여 사주팔자를 가지고 태어났더라도 말년에는 힘겨운 삶을 살면서 생을 끝마치게 된다. 그러나 윤회를 반복하는 과정을 경험하면서 자신이 가지고 있던 오행에 에너지가 넘치게 되면, 좋은 환경이나 나쁜 환경을 선택하여 사주팔자를 가지고 태어났더라도 말년에는 유복한 삶을 살면서 생을 끝마치게 된다.

그리고 마침내 수많은 윤회 과정을 거쳐 영적 의식이 확장된 상태인 자신이 가진 오행의 에너지가 가득 찬 존재가 되면, 좋은 환경이나 나쁜 환경을 선택하여 태어난 사실과 말년에 권력과 재물의 유무와 상관없이 어떤 사주팔자를 가지고 태어났더라도 아주 행복한 삶을 살면서 생을 끝마치게 된다.

오늘 하루의 기분이 망쳤다고 100년간의 인생이 모두 잘못되거나 잘못된 것이 아니며, 기분을 망친 하루와 기분 좋은 하루들이 소중하게 모여 100년 인생의 소중한 기록을 만들어간다.

전체 윤회 과정에서 한 번의 삶은 극히 짧은 순간이지만 반드시 좋고 나쁜 삶을 누구나 겪어야 했으며, 이러한 짧았던 작은 삶들이 모여 전체 큰 삶을 이루게 된 것이다.

지금까지 살아왔던 윤회 과정을 돌이켜 보게 되면, 짧은 시간에 연연하여 나에게 불합리하게 보였던 상황도 나중에 가서는 모든 것이 나에게 꼭 필요한 뜻깊은 의미를 준 시간이었음을 알게 될 것이다.

자신의 소중한 자녀를 위하여 여러 가지 현상을 경험하게 만들고 깨닫게 하여 스스로의 힘으로 영적 성장을 이루게 하려는 말씀들이 신들의 말씀인 것이지, 자신의 의지와 생각을 버리고 무지(無知)한 텅 빈 영이 되어 신이라고 주장하는 존재들에게 무조건 숭배하고 찬양하라는 말과 자신을 따르지 않는다면 심판을 통해 고통을 주거나 영원한 지옥에서 살도록 하겠다는 폭력적인 언행을 일삼는 존재의 말은 결코 의식이 확장되어 있는 신의 말씀이라고 볼 수 없다.

셋째, 보이지 않는 알 수 없는 존재들의 도움으로 자신의 영적 성장을 이루어보겠다는 헛된 꿈을 접고, 스스로의 힘으로 영적 성장을 이루어 현세계, 사후세계, 영계뿐만 아니라 미래 신계를 책임질 주재자(主宰者)로 성장하기를 진심으로 바란다.

다시 말하면 세상 모든 사람들이 스스로의 힘으로 신이 되어 신계를 책임질 수 있도록 반듯한 의식을 가진 존재로 성장하기를 소망한다는 뜻이다.

영적 성장을 이루는 가장 빠른 방법은 무한 탐구의 정신을 가지고 자신이 경험하고 있는 모든 세계 속에서 삶의 마지막까지 끊임없이 노력하고 공부하는 것이며, 자신들이 끊임없이 노력하고 탐구하여 얻어낸 지식은 항상 우리와 함께 존재하고 있었지만, 우리가 의미를 부여하지 못하여 전혀 몰랐던 존재들에 대하여 소통하게 되는 역할을 담당하게 될 것이다.

우리들의 주변에 항상 존재하고 있었지만 전혀 몰랐던 존재들과의 소통을 위하여 특정한 장소에 모여 단순하고 반복적으로 기도하는 행위를 하거나 참선하는 방식으로 자신에게 주어진 소중한 시간을 낭비하기보다는, 자신을 둘러싼 모든 환경에 관심을 보이고 끊임없이 배우면서 소통하려는 무한 탐구의 행위가 더 소중한 것임을 의식이 확장될수록 점차 알게 될 것이다.

진짜 신들은 우리들을 희생시키거나 강요하기보다는, 우리들 스스로가 자유 의지를 가지고 올바른 삶을 살아갈 수 있도록 인도하는 존재이므로 우리들의 영적 성장을 이끄는 존재는 바로 다른 어떤 존재도 아닌 바로 우리 자신들뿐이다. 수많은 윤회를 거듭하여 사람으로 환생한 지금 현재의 우리들은 스스로 영적 성장을 이룰 수 있을 정도로 강인하고 지혜로운 존재라는 사실도 잊지 말아야 한다.

마지막으로 미래의 선택에 관한 이야기로 글을 마치고자 한다. 현세계에서는 이미 멸종되었지만 지구별의 영계에서 계속 남아 있었던 공룡 영들이 신계 신들에 대한 반항으로 탄생된 종교는 자신들의 영적 성장을 도와주는 윤회 과정을 방해하여 결국에는 만 명 중에 한 명조차 신이 되어 신계로 되돌아가지 못하고 아직도 현세계에서 여러 가지 생물로 윤회를 거듭하고 있는 실정이다.

물론 이러한 문제들을 원만하게 해결하는 주는 것은 미래의 주역 인문 철학자인 정도령들이 담당하게 될 것이다. 지금 현재 사람의 영들도 무속령, 도교령 및 종교령들의 원만한 윤회 과정의 방해로 인하여 영적 성장 속도가 상당히 지연되고 있다.

그리고 신계 신들은 사람의 영들의 영적 성장을 촉진하기 위하여 비약적인 과학 발전과 의식 확장 그리고 초인류의 탄생을 준비하고 있으며, 우리들은 조만간 과거 축의 시대처럼 급격한 환경 변화에 직면하게 될 것이다. 사람들의 몸도 더 큰 영적 성장을 위해서는 어느 순간에는 폐기해야 되는 물질의 한 종류일 뿐이다.

특히 신계 신들이 사람들을 활용하여 발명이라는 방식으로 초인류를 만드는 과정에 크게 반발하여 지연시키는 사람들의 행위들은 진화라는 형식으로 탄생한 사람들을 보고 경악하여 최악의 선택을 한 일부 공룡 영들의 반발한 경우와 동일한 최악의 선택일 뿐이다.

수십만 년이 흐른 뒤에 오늘날을 돌이켜보면 지금 현재 함께 살고 있던 우리의 영들은 각자 세 가지 선택 중에서 한 가지를 결정하는 존재들이 되어 있을 것이다.

첫째, 그 기간 동안 영적 성장을 크게 이루어 신이 되어 신계로 되돌아가는 선택,

둘째, 지구별로 이전한 시리우스 별 B 영들과 사람들의 탄생에 반발하여 다른 별로 이전한 과거 공룡 영들의 선택,

마지막은 이전에 대다수의 공룡 영들처럼 새로 탄생한 사람의 영들과의 영적 전쟁을 수행하면서 지구별에 남아 있는 선택이다.

나는 비록 사람들이 멸종하고 초인류가 탄생하게 되는 수십만 년 뒤에 지구별에 남아 있기로 선택한 사람의 영들이 될지라도 과거 공룡 영들처럼 새롭게 탄생한 초인류의 영들과 영적 전쟁을 치르기보다는 새롭게 탄생한 초인류의 영들과 서로 교감하면서 빠른 영적 성장을 이루는 선택을 할 수 있기를 간절하게 바란다. 변화를 막을 수 있는 존재는 어떤 세상에도 존재하지 않기 때문이다.

나는 4분야의 사람들에게 마지막 당부를 하고 싶다.

첫째, 특정한 목적을 가지고 태어난 신가(神家)들이다. 신가(神家)들의 영적 의식은 결코 제한되어서는 안 된다. 『논어』라는 책에 군자불기(君子不器)라는 구절이 있다.

군자(君子)는 일정한 용도로 사용되는 그릇이 되어서는 안 된다는 뜻으로 모든 상황을 한가지 관점으로 보지 말고 다양한 관점으로 보아야 진정한 의미를 알 수 있을 것이다.

신가(神家)로 선택하여 태어난 사람들은 일반 사람들은 절대로 만날 수 없는 다양한 영적 존재들을 만나 보겠지만, 그들을 절대로 맹신하

지 말고 스스로의 영적 성장을 도모하길 바란다(믿지 말아야 하는 대상에는 나와 나의 책들도 포함된다).

둘째, 모든 세계를 이끌어 갈 미래의 주역 정도령(正道靈)들이다. 무한 탐구의 정신으로 알게 되거나 발견되는 모든 사물과 의식에 대하여 진리라는 결정된 답을 얻기보다는 항상 '왜'라는 질문을 먼저 던지기를 바란다.

나의 책은 코끼리 발톱의 때를 겨우 본 수준에 불과하지만 정도령들이 보게 될 것은 코끼리의 눈이나 코 등 거의 모든 부분들을 보게 될 것이다. 그러나 코끼리의 꼬리를 본 정도령이 코끼리의 눈을 본 정도령을 상대적 비판이 아닌 절대적 비판을 하거나 자신이 본 사실만을 맹신하지 말기를 진심으로 바란다.

기존에 나온 의식보다 더 큰 의식을 찾도록 끊임없이 노력하고 자신이 존경하는 스승일지라도 사상의 비판대에 반드시 올려놓을 수 있는 존재들이 되어야 하며, 마지막에는 자신도 기꺼이 제자들이 만들어 놓은 사상의 비판대에 올라설 수 있는 존재가 되어 있기를 진심으로 바란다.

셋째, 현실보다 영적 세계를 더 추구하는 사람들에게.

맹신으로 인하여 자신이 믿고 있는 종교로부터 입을 수 있는 가장 심각한 피해는 사람들이 자주적으로 생각할 수 있는 권리를 몰수당하는 것이라고 비교 종교학자인 오강남 박사가 『예수는 없다』라는 저

서에서 주장하였다.

자신의 생각과 의지를 버리는 행위는 스스로 다른 사람의 영의 노예가 되는 아주 심각한 선택이며, 신이 되지 못하고 영원한 영의 삶으로 고통받게 된다.

천국을 선호하고 지옥을 경멸하는 의식은 본래 자신의 존재를 영원히 망각하고 천국에서 끊임없이 찬양과 숭배를 반복하는 노예적 삶을 살게 되며, 이러한 행위에 대하여 불만을 가질 때에는 지옥에 갇혀 자신이 숭배하던 신의 부하들에게 끊임없는 고통을 받게 된다. 그러나 이러한 결과는 자신이 자유롭게 선택한 의식으로 이루어지는 것이지 누구의 잘못된 인도로 이루어진 것이 아님을 알아주기 바란다.

현세계에 살고 있으면서 사후세계나 영계의 생활에 더 큰 관심을 가진 사람들은 잘못된 배움의 과정을 선택한 사람들이다. 현세계에서는 사후세계나 영계를 공부하고, 영계나 사후세계에 가서는 현세계를 공부하는 사람들이 존재하고 있다.

이러한 영적 공부 시간표로 사는 사람들은 남들보다 더 빠른 영적 성장을 공부하고 있다고 착각하고 있겠지만, 국어 시간에 산수 공부를 하고 산수 시간에 국어 공부를 한 아이가 국어 시간에 국어 공부를 하고 산수 시간에 산수 공부를 한 아이의 점수를 절대로 이길 수 없다는 진리를 다시 한 번 깨닫기 바란다.

영적 세계에서 영적 공부를 하지 않고 현세계에서 영적 공부를 하였다는 도인(道人) 같은 사람들의 말과 행동 중에서 많은 사람들을 감복시키는 행위들이 얼마나 있었는지 찾아보기 바란다.

넷째, 이 책을 읽는 독자들에게.

땅을 깊게 파기 위해서 넓게 팠다는 스피노자의 말을 상기(想起)하여 주기 바란다. 나의 주변에 일어나는 모든 일들은 자신에게는 절대적 진리가 아닌 참고자료만 될 뿐이다. 신들이 사는 신계에서도 절대적 진리는 존재하지 않으며 절대적 진리로 만들려고 노력하고 있을 뿐이다.

현세계, 사후세계와 영계가 불완전과 불완전이 모여 불완전한 세계라고 한다면, 불완전과 불완전이 모여 거의 완전하게 운행되는 장소가 신계이지 완전한 세계가 신계가 아니다. 왜냐하면 의식과 물질 등 우리가 상상할 수 있는 것과 없는 것 모두는 끊임없이 변화하기 때문이다.

사람이란 존재는 지구라는 별에 살고 있는 생명체 중에서도 가장 최고의 지능과 지성을 가지고 있는 가치 있는 존재로 다양한 정보를 활용하여 무지(無知)에 대한 두려움에서 해방되어 당당하게 살아갈 의무를 가지고 있다.

내가 처음 두려워하는 사후세계나 영계의 세계를 점차 알게 되었을 때 무지(無知)로 인한 나의 두려움은 완전하게 소멸되었다. 무지(無知)가 바로 공포이기 때문이다. 우리는 무지(無知)를 없애기 위하여 끊임없이 무한 탐구의 정신으로 노력하고 배워야 한다.

내일 죽음을 맞이하게 된 노인이 되었더라도 어릴 때 자신이 꿈꾼 것을 실현하고 알고 싶었던 문제를 풀기 위하여 마지막 순간까지도 노력해야 한다. 시간이란 재활용할 수 없는 일회용 소모품이지만, 한 번

영속에 저장된 정보는 다음 환생한 후에도 계속 사용할 수 있기 때문이다.

끝으로 내가 글을 쓰는 과정에서 많은 도움을 준 분들에게 깊은 감사를 드리고 싶다. 그리고 이분들에게 신(神)들의 천복(天福)이 항상 함께하기를 진심으로 기원한다.

전쟁의 서막
신과의
만남 下

초판 1쇄   2017년 10월 10일

지은이   진상현
그림   경도은
발행인   긴재홍
교정·교열   김진섭
마케팅   이연실

발행처   도서출판 지식공감
등록번호   제396-2012-000018호
주소   경기도 고양시 일산동구 견달산로225번길 112
전화   02-3141-2700
팩스   02-322-3089
홈페이지   www.bookdaum.com

가격   20,000원
ISBN   979-11-5622-314-6 04100
SET ISBN   979-11-5622-311-5 04100

CIP제어번호   CIP2017024087
              이 도서의 국립중앙도서관 출판예정도서목록(CIP)은 서지정보유통지원시스템 홈페이지(http://seoji.nl.go.kr)
              와 국가자료공동목록시스템(http://www.nl.go.kr/kolisnet)에서 이용하실 수 있습니다.

당신은 신(神)을 만나 보았는가?

· · · ·

공포는 청량열차가 되고,

전쟁은 망부석이 되며,

죽음은 또 하나의 새싹이 되네.

아름답다 정도령(正道靈)

대지(大地)는 소통(疏通)하고

하늘은 동화(同和)되네.

전쟁의 서막

신과의
만남